文明经典 二

《文明经典》教材编写组◎编

唐　杰　谢利民◎主编

重庆大学出版社

图书在版编目（CIP）数据

文明经典. 二 / 唐杰，谢利民主编. --重庆：重
庆大学出版社，2023.9（2024.1重印）
ISBN 978-7-5689-4175-4

Ⅰ.①文…　Ⅱ.①唐…②谢…　Ⅲ.①世界史—文化
史—高等学校—教材　Ⅳ.①K103

中国国家版本馆CIP数据核字（2023）第176686号

文明经典（二）

《文明经典》教材编写组　编

唐　杰　谢利民　主编

策划编辑：张慧梓

责任编辑：陈　曦　　版式设计：张慧梓
责任校对：邹　忌　　责任印刷：张　策

*

重庆大学出版社出版发行
出版人：陈晓阳
社址：重庆市沙坪坝区大学城西路21号
邮编：401331
电话：(023) 88617190　88617185（中小学）
传真：(023) 88617186　88617166
网址：http://www.cqup.com.cn
邮箱：fxk@cqup.com.cn（营销中心）
全国新华书店经销
重庆升光电力印务有限公司印刷

*

开本：720mm×1020mm　1/16　印张：15.5　字数：247千
2023年9月第1版　2024年1月第2次印刷
ISBN 978-7-5689-4175-4　定价：38.00元

文明以止，立德树人。

大学的教育职能，与国家和人类文明的兴衰紧密联系，一流大学的生命力向来就在于其自觉地植根于文明传统、担当促进文明永续发展的使命。因此，综观世界著名大学的人才培养，除了注重专业训练外，都要通过文明传统教育，培养学生远大的志向、正确的国家认同和文明意识，从而构成一所大学的精神抱负与卓越意识的坚实基础。

21世纪以来，面对国家与社会对高等教育和人才培养提出的新需求和高要求，中国大学纷纷开始注重以经典阅读为核心的人文通识教育。重庆大学从2020年开始谋划，到2021年秋季学期正式开设"文明经典"人文通识核心课程，每年覆盖约6500名大一新生，实现了通识教育从1.0阶段的分布式选修课程，向2.0阶段的共同必修课程的转变，这是学校本科教育发展史上的一件大事。

这一开创性工程，立足"培养什么人、怎样培养人、为谁培养人"这一根本问题，发掘基础文科对于学生成才的重要意义，以经典阅读的方式实施成体系的"文明传统"教育，致力于在专科学习之外，培养"有文化的"社会主义建设者和接班人。通俗而言，课程设置的朴素初衷是希望无论学生学习什么专业、将来从事什么工作，作为受过高等教育的大学生，首先都应该是有着文明自觉意识的"读书人""文化人"，具备家国情怀和全球文明的历史视野。

> 刚柔交错，天文也；文明以止，人文也。观乎天文以察时变，观乎人文以化成天下。（《易传》）

天文者，自然之规律；人文者，社会之教化。通乎天文而修之以人文，对于现代高等教育人才培养来说，我们笃定这两者是不可或缺的。

为统筹推进课程建设，学校在2021年6月成立由时任重庆大学校长张宗益教授亲自牵头负责的人文通识核心课程建设领导小组，举全校之力，协调各职能部门从制度、资金、平台等各个方面给予支持保障，营造文明传承、文明交流互鉴的教学与读书环境。承担课程教学任务的博雅学院全体教师，以服务全局、担当奉献为旗帜，成立课程组，设立召集人和经典导师，采取集体研讨等形式，克服各种困难，在时间紧、任务重的条件下，实现教师自身的全员通识、跨学科交流，完成了教案讲义和上课准备，确保课程顺利开课。

在课程运行进入第三个学年之际，"文明经典"课程的教材即将付梓，体现了重庆大学教学管理运行和课程建设的务实作风与高效率，也意味着课程组全体教师的心血终于有了第一个可见的结晶，这是无论如何都让人欣喜的事情。值此机会，对在本教材中呈现的内容和体例，作出以下几点说明：

一是关于"文明"的指涉范围。从课程设计的理想状态而言，本课程应该对世界几大文明的主要经典都要有所反映，但考虑到学科基础和师资储备，以及学时、学分要求等既有条件，从便于实施的角度，课程暂且分为"文明经典A"和"文明经典B"，分别涉及中华文明经典和西方文明经典。当然，以字母排序命名，也就期待着或者不排除将来随着相关条件的具备，会开设C、D、E等等的课程，以及通过其他配套的文化讲座与活动，来弥补现有的不足。而在出版时，A、B课的教材名称分别为《文明经典一》《文明经典二》。

二是关于"经典"的编列选择。即使中西文明经典，其数量也是汗牛充栋，我们首先从"人文通识"的角度，排除了自然科学类经典，这并非因为它们不重要，而毋宁说它们太重要，也应期待将来建设另一门相关的核心课程；其次是根据历史顺序，按照文明自我更新演化的内在线索，选择每一阶段的代表性文本，并力图在总体上涵盖文、史、哲、政四个横向维度。因此，每个文本都体现一个单元主题，反映文明演化过程的一个阶段和侧面，而它们共同勾勒出了文明的整体轮廓。

三是关于"主题"的不完整性。在最初的课程方案中，几经酝酿论证，我们在中西文明中各选择了12本经典，分别对应12个单元主题，以严格体现中西文明演化发展的各个典型阶段及其特征。但是在集体备课研讨和实际教学过程中，讲义有成熟和不成熟之别，课程教学和学生学习的实际容量也有限，为此我们按照先成熟先教学的思路，A、B课程各确定了6本必读必讲经典，其他则为选讲经典。在此呈现的是第一批成熟的6本经典讲读，随着课程建设的继续，将来还会不断修订和增补其他主题的经典讲读内容。

四是关于"通识写作"的内容。核心课程设计了课前预读、读书报告、小班讨论和大班授课四个教学环节，旨在通过全面强化过程和研讨，让学生真正"进入"和"感受"经典，并培养文献阅读、沟通交流、说理写作等多方面能力。每个学期A、B课程共有约70个教学大班行课，约210个小班开展讨论1000多场，而每个学生需要提交6次读书报告，总数近4万篇。从实际效果来看，2022年6月本科生院对4096名学生的调查显示，课程总体正面肯定达到了79.84%，其中超过一半的学生认为，本课程中最能促进学习的是读书报告写作环节，这一环节使学生的写作能力得到了极大提升。为反映相关教学环节的成果，我们在本教材中专门安排一章，对经典阅读类读书报告写作给予指导。

五是关于"体例"的安排和撰写分工。为确保单元主题的明确和内在线索的连贯，本教材的每一章涉及一部经典，体现文明自我更新演化中的一个主题，同时章前有主题提示和内容引导，章后有"结语"、思考题和扩展阅读建议等，以促进学生按照我们梳理的线索和要义深入把握文本。

《文明经典二》各章内容的作者如下：第一章何祥迪（《伊利亚特》），第二章潘亦婷（《伯罗奔尼撒战争史》），第三章肖馨瑶（《哈姆雷特》），第四章谢利民（《第一哲学沉思集》），第五章钟融冰（《社会契约论》），第六章沈秋（《论道德的谱系》），第七章石磊（通识写作）。作者提交书稿后，编委会成员唐杰、谢利民、黄瑞成、余昕分别领取1-2章内容作了编审和修订；最后为确保内容要点的完善和风格的统一，由唐杰和谢利民作了整体的统稿工作，并补充了编者序和导论。

最后要感谢关心支持这套教材出版的学校各部门和社会各界！感谢重庆大学出版社副总编雷少波、策划编辑张慧梓，他们的高瞻远瞩、督促指导和细致工作，是本教材能顺利出版的关键。

从文明传统教育的高度，将习惯上已分属各学科的经典放在一起，按照内在线索进行串讲，开设大规模的核心课程，这在国内还属于较为新颖的尝试。一切新事物都有它的稚嫩之处，况且作者和编者的水平都极其有限，无论是经典选编还是要义讲读，一定存在诸多不足，亟待各位专家和读者的批评指正。

《文明经典》教材编写组

2023 年夏 于博雅书院

"文明经典"是过去时代流传下来的"伟大著作（great books）"，它们承载着人类历史上不同群体的传统、经验和智慧，并仍然在影响和塑造着我们今天的文明特征与内涵。因此，我们阅读这样的经典著作，并非只是好奇地考证已成过去的"历史"，而是一起去探索那些无论过去还是将来，都会发人深省以至行之有效的要素和原理。

这将是一趟奇妙而意味深长的旅程，经典阅读和思考总会充满冒险和艰难，但它会帮助我们不断拓宽眼界，在世界文明的宽广视野中确立起复兴中华文明的自觉意识，也会大胆许诺：让每一个读者在与经典的相遇中，都能找到自我成长、自我实现的历史坐标和价值经纬。

价值维度与未来向度

现代人习惯于工具理性思维，无论做什么事情，总要问一问它有什么"用"。因为只有说清楚事物的用处、它的目的何在，似乎才能"说服"我们接受或实施某个行动。然而构成各种"用"的基础的，恰恰是我们关于什么为"好"的观念，即价值的取向。假如一切以功利为善好，则学钢琴是为了考级、散步是为了锻炼身体、上大学只是为了找个好工作，除此之外我们便见不到其他。工具理性主导下的唯功利主义，不仅将一切事物都手段化了、一切行为都算计化了，而且使周围世界变得极其无聊，甚至人类自己也容易被理解为只是手段而非目的。

为什么不可以只是单纯地喜欢音乐本身而弹钢琴，喜欢和朋友一起聊天而散步，为了接受更好的教育、提升精神境界而上大学？如果我们也困惑于这些问题，希望超越当下，获得不同的生命视野和世界观念，那么须得首先明白，价值的取向、价值的尺度是有着古今演变和文化分别的，尤其在秩序剧变的大时代。

从古今演变而言，过去某些激动人心的观念在今天可能无人问津，而今天我们焦虑内卷的目标，在将来也或许不值一提。经典著作中有着"人类之文野，国家之理乱"[1]，它们正是大时代的标本和纪念碑。古往今来，不同文明的善恶观念、生活方式、政教形态，国家兴亡之理、社会治乱之因、人事更迭之机，都在这些伟大著作中被保存和探讨。阅读这些经典，我们会领悟意义的丰富性和道理的多重可能性；进入这些文本，体会圣贤处世的复杂情境，我们也可期待自己会变得宽广、从容，学会以历史的眼光审视时代的处境，思考我们自己求索学问与历练"技器"，终究所为何事、意义何在。

从文化分别而言，地球上多样化的文明群体，在不同地理环境与历史机缘中生长繁荣，每一种探索都如生命般珍贵，它们曾经长期有所交流、共同丰富着人类的生存可能性，尝试着与世界相处的不同方式。而今天，现代信息和交通手段带来的全球交往，正加速重塑人类的经验方式，人类也前所未有地需要共同应对全球性挑战。因此，文明交流、文明互鉴，这既是过去的历史常态，也是迫切正酣的未来大趋势。

在这样的背景下，中国一流大学的人才培养，同学们自己的成才与择业，理应放眼全球、面向未来，去拥抱丰富灿烂的全球文化。为此，我们在传承好中华优秀传统文化的同时，更要对世界文明的发展脉络、核心价值与成果有基本了解。在这方面，文明的经典文本是最基本的进入路径。

经典选编讲读的原则

作为人文通识核心课程，我们在课程教学中首先选择涉及中华文明和西方文明的人文社科经典作为阅读文本，并且在选编讲读时，还遵循以下三项原则：

---

[1] 引自 1929 年《重庆大学成立宣言》："人类之文野，国家之理乱，悉以人才为其主要之因。必人才日出，然后事业日新；必事业日新，然后生机永畅。"

一是"以史为纲"刻画文明特质。即希望以历史演化为纵向贯穿线索，编选能体现中西文明传统、文化精神特质的主要经典。其中，西学上迄古希腊罗马，下止于 20 世纪初，中学上迄先秦，下止于清末民初，最后都落在彼此新的时代剧变与社会转型的关键处。所选文本尽量体现从古及今的阶段性，同时也力图涵盖文学、历史、哲学、政治四个横向维度，体现一定的丰富性。如此，虽一定不能周全完备，但大致能勾勒出文明的精神轮廓。

二是"文明以止"呈现核心价值。经典虽然产生自特定的历史，但它又超越了历史，汇入到文明的深处，成为文明核心价值的体现。所选文本尤其重视反映在时代剧变、治乱更替之际，中西文明各自吸纳整合、自我更新的经验与成就。显然，这是以现代中国的问题意识为视野，尝试重新理解古今、理解世界。在这一视野下，中华文明的人本、仁政、和谐观念，封建与大一统的历史经验，西方文明关于自然法、理性国家、权利与自由的思辨与建制，都是有资于理解和构筑现代中国的核心价值观、政治秩序和生活方式的核心要素。

三是"把握大势"理解复兴逻辑。文明本身正如生命一样有其不断应对挑战、生长演化的过程，中西概莫能外。但在这一观念指导下，我们会在文本讲读中尤其指明，中华文明内在精神的"包容"吸纳与多元一体特征，"周虽旧邦，其命维新"的自我更新意识，使其在历史上总能够不断应对挑战、新之又新。因此，近代以来虽遭遇"三千年未有之大变局"，身处"古今中西"的历史处境，但对于中华文明来说，不过是又一次复兴与更新的历史大机缘。

归根结底，选编和讲读文明经典，是由我们作为现代中国人的时代意识和问题意识指引的。我们可以从变革与延续、危机与应对的历史辩证法中，看到文明生命体的自我更新发展，从世界历史的宏大视野和中西比较的对照线索中，揭示出中华文明的悠久生命力与未来潜力。而更重要的是，当我们每个人带着朴素的原初生命经验与这些伟大的经典相遭遇时，也就让过去与现在、历史与现实、整体与个人处境，发生了沟通或"短路"，去激发、寻求那些今天行之有效、给予我们启示和力量的生命原则，去不断校准我们自己在历史中的位置。

文明经典B的内在线索

自严复1898年翻译《天演论》以来，我国学界引介西方文明典籍，因"救亡图存"的形势需要，关切重点常落在"民主"与"科学"，难免一叶障目。西方文明在近代的成就及其所主张的价值与精神，既是在特殊地域和历史中酝酿而生，也是其不断因应挑战、经历古今之变的演化结果。因此，我们必须以历史沿革和义理之变的双重视野，才能溯源西方文明传统之根本。文明经典B在西学经典的选编讲读方面，其内在线索包含以下几个维度：

一是"诗学－叙事"和"哲学－科学"两大传统的交融与消长。前者造端于荷马史诗，通过古希腊罗马的抒情诗、悲喜剧、史述与演说辞等，流溢于中世纪英雄史诗、骑士文学，并囊括犹太－基督教圣经传统本身，及至文艺复兴文学、浪漫派潮流等等，仍然属于这一传统。我们选择的经典中，《伊利亚特》《伯罗奔尼撒战争史》《哈姆雷特》《审美教育书简》《论道德的谱系》等，都具备典型的"诗学－叙事"特征。

后者发端于早期希腊自然哲学，经毕达哥拉斯、柏拉图、欧几里得，中古哲人波埃修、安瑟尔谟、阿奎那等不断发展，到文艺复兴后马基雅维利、伽利略，以至近代哲人和科学家培根、霍布斯、笛卡尔、牛顿、康德等等，呈现出一条蔚为壮观的"哲学－科学"精神大道。《理想国》《君主论》《第一哲学沉思集》《社会契约论》等可以说体现了这一传统。

可以通俗称之为"文学"与"科学"的这两大传统，它们在历史演进中交融变奏、此消彼长。例如柏拉图期望以"哲学－科学"精神取代"诗学－叙事"，体现的是哲学理性对于以荷马史诗为代表的神话叙事的反动。然而这一反动在希腊的衰落中并未能奠定一种长久的政治秩序，随后犹太－基督教传统乘机将西方改造纳入一种新的基于神话叙事的统治关系中。作为"否定之否定"，文艺复兴时代的人文主义者们则高扬理性主义精神，随着宗教改革、启蒙运动等系列思潮和社会革命的推进，西方逐步迈入一个高度理性化的近代社会。而面对理性主义和现代性的重重危机，卢梭、席勒、尼采等重新又激活了诗学传统，引领了新的一轮对西方文明的反思与批判潮流。

二是突出"国家与人"这一政治关系的古今之变。这个关系的第一个层面是哪个在先哪个在后的问题。在古希腊和罗马，城邦被视为和家庭、村坊一样的自然共同体，代表着共同的善，"人天生就是城邦动物"，没有城邦也就没有真正意义上的"人"。无论是荷马的"神一样"的英雄，还是修昔底德、柏拉图笔下的护卫者，公民们参与公共事务，实现城邦共同的善，同时也就实现了自己生命的目的、光荣和福祉。后来的基督教同样设置了至善，但却将其实现放到了天堂的救赎中，要通过信仰和尘世的苦行才能获得拯救；希腊人和罗马人则根本不需要这种个人拯救，他们献身于国家即可实现生活的意义。

文艺复兴、宗教改革和启蒙运动开启了西方翻天覆地的"古今之变"，在"国家与人"的先后关系的理解上也发生了颠倒。从此，个体无论在"发生"还是在"本性"上都被看作先于国家：首先存在的是自然状态下一个个"孤独的个体"而非"城邦的动物"；个体生命的意义首先在于"自我保存"，而非自我实现。自我保存因此被确定为个体的自然权利（natrual right，自然的正当），也同时即是它的"自由"。如此，国家不再是"自然"生成的，而只是众多个人通过理性契约"人为"建立的，国家存在的合法性只在于保障个体的自由和权利。

"国家与人"关系的颠倒，是因为对人性的理解或者说预设发生了根本变化。这一新的人性论的依据，在霍布斯那里被追溯到了作为动物的人的自我保存的"本能"，在笛卡尔那里被追溯到纯粹的不可怀疑的"自我"，两者一起构造出了"理性个体"、现代个人的观念，成为现代政治社会的基本原子、第一性存在。而这一理性个体的文学形象我们在哈姆雷特那里看到，他无法再信仰命运和诸神，必须自己负起责任、将一切置于自己理性的决断之下，由此显得彷徨痛苦、优柔寡断，所谓哈姆雷特式悲剧反映了现代孤独个体的困境，而其根源即在此。

"国家与人"关系还有一个层面是国家与人之间的同构性。用柏拉图的话来说，"国家是大写的人"。这一观念贯穿在西方历来的国家学说中，但是因为对人性理解的古今之变，对国家的理解也发生了深刻变化。古典的个人和国家都以实现至善为目标，但现代国家正如现代个人一样以"自我保存"为原则；进而，正如个人按自我保存的现实主义原则通过理性契约建立政治社会，国家作为主体也以此原则彼此构造起国际社会。归根结底，国家像个人一样被理解为理性个体、主体，这样的理性国家，其雏形在马基雅维利的《君主论》中被提出来，而在卢梭的《社会契约论》中达到了完善的理论表述。

三是以"科学精神"为关切点梳理科学世界观的思想条件。西方文明在近代以来的强势，以科学之用、技器之强为其重要体现。科学为什么诞生在西方，而没有诞生在非西方？这一李约瑟难题，引导我们在经典的选编讲读中关切西方文明中科学精神起源的思想条件。

如前所述，荷马式的神话世界观，为希腊哲学的理性世界观所替代，既而柏拉图的形式主义也与亚里士多德的经验主义相融合，此一传统的赓续及其在近代的发扬，或为科学精神的思想条件之一。近代以来，古典和宗教传统中目的论的世界观，为基于因果作用的机械论世界观所代替，随之古典的形式主义发展为可计算的普遍数学方法，而与经验主义注重实验观察的方法相结合，得以成功描述世界演进的过程，此或为科学精神的思想条件之二。基于对人性和自然的重新理解与哲学论证，主体主义和理性主义获得统治地位，对个人和国家本质的重塑、对诸神的驱逐，最终赋予资本主义和市场主体的逐利竞争以全面合法性，"知识"成为了"力量（权力，power）"而不再意味着德性，促成了对科学知识生产最迫切的追求，此或为科学精神的思想条件之三。简而言之，即数学（形式）、实验（经验）、市场竞争三大主要因素的结合。

在近代科学世界观的形成方面，既是科学家又是哲学家的笛卡尔是重要枢纽，同时我们也认为他是现代政治文明的哲学奠基人。通过《第一哲学沉思集》这部经典的讲读，可见笛卡尔倡导的普遍数学方法如何成为科学兴起的重要支柱和方法论；而他关于不可怀疑、不可分割的理性自我的哲学建构，又如何成为了现代政治社会理性个人的哲学基础。近代的西方社会即在这样的理性主义及其科学世界观的统摄之下，在政教秩序和物质技术两方面发展演进，直至危机四伏。由之席勒和尼采等对理性主义的彻底批判，也就有着颠覆近代整体世界观和秩序的重大影响，而马克思主义以及后来的各种反思批判潮流，都在试图从多角度开启新的文明更新可能性。

综上来看，本课程对西方经典的编选讲读会有着这样一些特点：经典是历史的产物，要放在历史的语境中去理解，而历史治乱相仍，文明一直在不断自我更新和演化；沉淀流传下来的经典，恰恰体现着文明自我更新的成果和成就，我们由之可观及一时之文明气象；我们将顺着上述几个重要的内在线索，去剖析呈现所选每一经典的重要义理、基本内容等等。

尽管本教材的第一版中只结集了六部经典的讲读内容，但希望在我们讲读的引导下，大家能真切感受到阅读之"好"、经典之妙、思想视野之宽阔，同时经典也会通过我们每一个人的阅读和参与获得其绵延的生命力。道路一定会充满困难和晦涩，但读者和经典彼此成就的这样一次精神之旅，还是值得期待！

目录

《伊利亚特》

《伯罗奔尼撒战争史》

《哈姆雷特》

《伊利亚特》

　　"荷马史诗"是西方最早的文学作品，在西方是家喻户晓的英雄史诗。其中的《伊利亚特》涉及的是希腊联军围攻小亚细亚的城市特洛伊的故事。这场战争也奠定了希腊民族共同的记忆，成为西方文明有记录的一个辉煌开端。《伊利亚特》极具文学艺术审美特征的叙述，反映着古代希腊社会的神话、风俗、历史、地理和信仰等，也反映着人们常说的希腊精神甚至西方文明的原初形态。荷马史诗的影响源远流长，我们要了解西方文明，从《伊利亚特》出发是一个极好的入口。

关键词：希腊、特洛伊、史诗、愤怒、选择、责任、悲剧

第一章
文明的起源与传说

现代西方文明有两个源泉，一个是以"理性"为底色的古希腊－古罗马文明，另一个是以宗教"信仰"为根基的希伯来－基督教文明，俗称"两希文明"。鉴于传世文献较之其他载体（如墓穴、文物、建筑、雕塑、绘画等）在影响文明的起源和发展方面扮演着更加积极的角色，我们认为希伯来－基督教文明以《圣经》为开端，而古希腊－古罗马文明则发端于荷马史诗。

荷马史诗是西方现存最古老的文献，主要指《伊利亚特》和《奥德赛》这两部史诗，前者描述特洛伊战争第十年阿基琉斯的愤怒，包括两次愤怒的原因、过程和结果，后者描述特洛伊战争结束后奥德修斯在各地漂泊十年才返回故乡的故事，包括他漂泊到什么地方，遇见什么事情，在他漂泊过程中家庭和城邦发生了哪些事情，以及他返回故乡后如何重建家庭和城邦。

荷马史诗的内容和思想涉及文学、历史、政治、伦理、宗教诸方面，也见证了西方从充满野兽和蛮横神灵的"神话世界"，逐渐进入可以按照自己的样子理解和创造神灵的"人性世界"的过程，因此我们可以将荷马史诗的核心理解为"人本主义"。但这种人本主义包括两个方面，一方面它强调人应该按照理性来选择和行动，这是人与神、动物区别开来的基本特征；另一方面，它又强调人的理性是有限的，人类无法彻底把握其生活的世界，因此即使按照理性来生活也未必能够保证成功和幸福。这两个方面所带来的冲突及其所产生的苦恼，贯穿在荷马史诗的故事之中，体现了荷马或者说希腊人

的某种悲剧意识，反映了他们对世界和命运的一种独特体验和深刻认识。

三千年以来，朗诵、阅读、研究和效仿荷马史诗是西方文教传统的核心组成部分，也是培养有文化、有教养者的最重要手段，几乎所有西方重要的思想家都在不同程度上受到了荷马史诗的影响。

第一节　荷马史诗源远流长的影响史

荷马史诗主要指《伊利亚特》（*Iliad*）和《奥德赛》（*Odyssey*）这两部叙事诗，[1] 它们由公元前 9 世纪左右的吟游诗人荷马（Homer）创作，是迄今为止西方世界现存最古老的文献。荷马史诗以公元前 12 世纪的特洛伊战争为背景，讲述特洛伊战争第十年阿基琉斯（Achilles）的愤怒的故事，以及特洛伊战争结束后奥德修斯（Odysseus）漂泊十年返回故乡的故事。

但是，荷马史诗不仅开创了愤怒和返乡这两个文学母题，还涉及到其他许多文学主题，包括荣誉、权力、爱情、婚姻、友情、复仇、流浪、忠诚、正义等；不仅讲述了战争与和平的故事，还涉及到神话、宗教、政治、经济、文化、教育、家庭、技术等生活内容；不仅是古希腊文学的开端和不可逾越的高峰，也可以说是现代语言学、历史学、政治学、伦理学、考古学等学科的源头。

希腊人的教科书

荷马史诗被一代又一代的吟游歌手在希腊各地演唱，既绕梁于王公贵族的府邸，也流连在街头巷尾的百姓生活中，更成为各地举办的盛大节庆上必不可少的歌唱竞赛节目。至少从公元前 7 世纪开始，作为口头演唱的荷马史诗就逐渐被官方用文字记录下来以保存，据说吕库古、梭伦、庇西斯特拉图斯父子都曾经主持过这项工作。因此，荷马史诗是希腊人妇孺皆知和喜闻乐见的诗歌，也是希腊人的教科书。

---

[1] 本书关于荷马史诗的引文和参考如无特别说明均源自 [古希腊] 荷马，《伊利亚特》，罗念生、王焕生译，北京：人民文学出版社，1994 年版，以及 [古希腊] 荷马，《奥德赛》，王焕生译，北京：人民文学出版社，1997 年版。

公元前 6 世纪的诗人色诺芬尼（Xenophanes of Colophon）说"当初有荷马，所有人从他那里受到了教育"；[1]前 5 世纪的古希腊史学之父希罗多德（Herodotus）也说，"他们［荷马与赫西俄德］把诸神的家世交给希腊人，把它们的一些名字、尊荣和技艺教给所有的人并且说出他们的外形。"[2]荷马史诗甚至成为古希腊人亲密的人生伴侣，正如公元 1 世纪一位名为赫拉克利特的语文教师所说的那样：

他［荷马］的诗歌几乎可以说是我们婴儿期的襁褓，我们喝他的奶来滋养我们的心灵。他伴随我们每个人成长：我们渐渐长大，他就分享我们的青春；我们成年时，他也以其盛年出现在我们的灵魂中；甚至我们步入老年也从不厌倦他。一旦我们停下来，又渴望跟他重新开始。总之，对于世人而言，生命终结之日方是荷马剧终之时。[3]

一直被模仿

荷马史诗是希腊其他史诗的模仿对象，[4]是古希腊悲剧题材的源泉，包括埃斯库罗斯的《奥瑞斯特斯》、索福克勒斯的《厄勒克特拉》和《菲洛克忒忒斯》以及欧里庇得斯半数以上的作品都可以视为荷马史诗的续集；它回响在非常个性化的古希腊抒情诗当中，米姆涅墨斯（Mimnermus of Colophon）和西蒙尼德（Simonides of Ceos）都直接引用过《伊利亚特》（6.146）"人生如树叶枯荣"的意象以感叹人生无常和生命短促；它还是古希腊历史和哲学驳而不倒的强大竞争对手，譬如修昔底德的《伯罗奔尼撒战争史》和柏拉图的《理想国》。

希腊化时期，荷马史诗随着希腊文化的传播而扩散，甚至在埃及也催生

---

[1]［德］恩斯特·狄尔编，《古希腊抒情诗集》（第一卷），王扬译，上海：上海人民出版社，2018 年，第 105 页。

[2]［古希腊］希罗多德，《历史》（2.53），王以铸译，北京：商务印书馆，1959 年，第 134-5 页。

[3] Heraclitus, *Homeric Problems*, edited and translated by Donald A. Russell and David Konstan, Atlanta, GA: the Society of Biblical Literature, 2005, p.3.

[4]［古希腊］荷马等，《英雄诗系笺释》，崔嵬，程志敏译，北京：华夏出版社，2010 年。

出埃及王子伊纳洛斯（Inaros）抗击波斯入侵的英雄诗歌。这个时期的作家难以创作出能够比肩荷马史诗和希腊悲剧的著作，主要是对古代作品（尤其是荷马史诗）进行"改写、加工和润色"。[1] 模仿荷马史诗实际上成为了老派作家对抗当时粗鄙和世俗文学的重要手段，在公元前三世纪就产生了阿波罗尼俄斯（Apollonius of Rhodes）的《阿尔戈英雄纪》（*Argonuatica*），特里菲奥多洛斯（Triphiodorus）的《劫掠特洛伊》（*The Sack of Troy*），昆图斯（Quintus of Smyrna）的《荷马史诗续集》（*Posthomerica*）等著名史诗。此外，经过最著名的亚历山大里亚图书馆的三位馆长上百年的努力（约 284–145BC），荷马史诗在这个"整理国故"时期得到系统整理、校对和注疏，成为流传到今天我们手中的样子。

在古罗马时代，西方世界的中心从雅典转移到罗马，荷马史诗失去了赖以生存的语言、群众和文化基础，其影响力主要局限在罗马少数精英知识阶层。恩纽斯（Quintus Ennius，前 3 世纪）毕生的目标是成为"拉丁人的荷马"；维吉尔模仿荷马史诗的题材创作了《埃涅阿斯纪》，谱写了罗马鼻祖埃涅阿斯艰难的流浪和建国史；政治家西塞罗（Cicero）、哲学家塞涅卡（Seneca）、讽刺作家卢基里乌斯（Lucilius）在其著作中对荷马史诗的引用信手拈来。古罗马时期精英阶层对荷马史诗的偏好催生出社会学习荷马史诗的兴趣，至少在公元 1 世纪，荷马史诗和维吉尔史诗成为罗马学校的核心课程，教育家昆体良（Marcus Fabius Quintilianus）认为教育"最好的原则就是从阅读荷马和维吉尔开始，尽管一个人需要更成熟的判断才能理解他们的品质。但是一个人总有成熟的时候，因为他将会不止一次地阅读这些作家"。[2]

最广泛被阅读的经典

从基督教登上政治舞台直到中世纪结束，荷马史诗作为异教文学代表被打入冷宫。文艺复兴重新发掘古希腊－古罗马资源之后，荷马史诗得以

---

[1]［英］吉尔伯特·默雷《古希腊文学史》，孙席珍，蒋炳贤，郭智石译，上海：上海译文出版社，1988 年，第 389 页。

[2] Robert Fowler(eds.), *The Cambridge Companion to Homer*, Cambridge: Cambridge University Press, 2004, p.267.

重见天日。但丁在《神曲》中将荷马誉为"诗人之王"，仿照奥德修斯下降哈得斯的故事来描写自己在地狱中的见闻。薄伽丘的《菲洛斯特拉托》（*Filostrato*）、乔叟的《特洛伊罗斯与克丽西达》（*Troilus and Criseyde*）和莎士比亚的《特洛伊罗斯与克丽西达的悲剧》（*The Tragedy of Troilus and Cressida*）都取材于特洛伊战争的同一个爱情故事。

17—18世纪的法国和英国文坛掀起"古今之争"，荷马成为这场论争的主角，赞扬还是贬低荷马成为区分崇今派与崇古派立场的试金石；19世纪以来，荷马重新获得超过维吉尔和贺拉斯的声誉，托尔斯泰说"荷马史诗的著作是艺术的、诗歌的和原创的著作"，[1]当代美国著名评论家哈罗德·布鲁姆甚至说"将乔伊斯、普鲁斯特、贝克特、卡夫卡称作现代主义者是很荒唐的，他们的力量仍然来源于荷马传统。"[2]

时至今日，荷马史诗早已成为西方人阅读最广泛的著作（仅次于《圣经》），这不仅源于荷马史诗高超的叙事手法和根植于人类的好奇心和审美趣味，更得益于荷马史诗对世界和生活的本质透射出的超越时空的深刻理解和体验。

第二节　阅读荷马史诗需要的背景知识

历史还是故事？

根据现代史学的考据和重构，古希腊历史分为新石器时代（公元前7000—公元前3000年），青铜器时代（公元前3000—公元前1200年），

---

[1] George Steiner, Robert Fagles(ed.), *Homer: A Collection of Critical Essays*, ING: Prentice-Hall, 1965, p.16.

[2] 邱迪玉编译，《以量取胜的挂名文学评论家？——记八年前对布鲁姆的一次攻击》，《文汇报·文汇学人》2019年11月1日。

铁器时代（公元前 1200—公元前 700 年），古风时期（公元前 700—公元前 480 年），古典时期（公元前 480—公元前 323 年）和希腊化时期（公元前 323—公元前 30 年）。在青铜器时代末期，希腊文明、克里特文明和近东文明的交流开始萌芽，在由此引发动荡不安的战争局势当中，最宏大的一次战争就是持续十年之久的特洛伊战争。

按荷马史诗和其他文献的记载，这场战争的起因是特洛伊王子帕里斯（Parris）拐跑了斯巴达王后海伦及其财产，因此斯巴达国王墨涅拉奥斯联合其兄弟迈锡尼国王阿伽门农，召集希腊领土上的各部族，集结 1186 艘战船，跨过爱琴海远征特洛伊，旨在夺回海伦及其财产，并索取一笔可观的赔偿。特洛伊城邦固若金汤，加上特洛伊特人也联合爱琴海东部沿岸城邦负隅顽抗，使得战争持续了十年之久。最终阿基琉斯杀死特洛伊将领赫克托尔，奥德修斯则利用木马计攻破特洛伊城门，希腊人毁灭道路宽广的特洛伊城邦，终结了普里阿摩斯家族的统治。

现代人一度怀疑特洛伊战争的真实性，认为荷马史诗的记载不过是一些神话传奇，直到施里曼（Heinrich Schliemann）先后在特洛伊遗址发掘出特洛伊城（1871—1873 年）、在迈锡尼遗址发掘出房屋与墓葬（1876 年），以及伊文斯（Arthur Evans）在克里特岛挖掘出克诺索斯王宫遗址（1900 年）后，特洛伊战争的故事才逐渐得到证实。

历史总是由胜利者来歌唱 / 书写的，战争是古代社会最重大的历史事件，总是在当时就会被歌唱 / 书写。特洛伊战争在整个古代都被视为最宏大的战争，战争结束后其人物和事件便由希腊吟游诗人们编成各种故事进行歌唱，这些歌曲经过几百年的口头表演、创作和传播形成了稳定的韵律、程式语、主题和人物性格，最后在公元前 9 世纪左右的荷马手中集大成。

荷马是谁？

然而，荷马是谁？荷马是否是两部荷马史诗的作者？荷马如何创作荷马史诗？由于荷马史诗没有关于荷马的任何信息，人们又得不到任何其他同时代的记载，这些疑问自公元前 5 世纪以来就成为聚讼纷纭且莫衷一是的"荷马问题"，而且在 1795 年沃尔夫出版《荷马绪论》之后又成为现代荷马研究的首要问题。

根据一篇被视为公元前 4 世纪《荷马传记》（*Lives of Homer*）的记载，当时许多城邦都在争夺荷马的公民身份权，各种有关荷马出生地、父母和创作的说法可谓五花八门。[1] 不过，这却反映出荷马是云游四方和行踪不定的吟游诗人这个事实，揭示出荷马被希腊人视为最伟大和引以为傲的诗人（歌手），同时也表明荷马史诗塑造了希腊人的民族认同和文化认同。

鉴于两部荷马史诗的规模宏大和风格差异，从古至今，人们曾怀疑目不识丁的盲人荷马是否有能力创作它们。有人认为《伊利亚特》是荷马所作，而《奥德赛》则不是，因为两部著作在内容、思想和风格上有很大的差异；也有人提出前者是青年荷马所作，而后者是老年荷马所作，因为前者歌颂青年的情感和勇猛，后者歌颂老年的克制和智慧；或者，荷马只是漫长口头创作传统当中众多吟游诗人的一员，两部荷马史诗都不是荷马所作，而是后人汇编和整理而成；又或者，进行汇编和再创作恰恰就是荷马本人，他是集大成者。

我们认为，在没有掌握足够的其他证据去推翻荷马作者身份的情况下，必须承认荷马是荷马史诗的作者。哈佛大学古典学家帕里和洛德曾经到南斯拉夫采风（1927—1929 年），发现当时还有一些文盲吟游诗人能够演唱大量民族史诗歌曲，这就证明了歌手 / 诗人完全可以凭记忆创作史诗。他们对比南斯拉夫史诗与荷马史诗，发现两者有惊人的相似性：歌颂英雄、简单节奏、固定修饰语、反复叙述等，因此荷马史诗完全可能由一个人来创作。帕里 – 洛德的理论和观点不仅得到荷马研究的公认，也被广泛运用于分析其他民族口头史诗。

古希腊神话体系

翻开荷马史诗时，我们会惊讶地发现它不仅描写了人的言行，还描写了神的言行，而且人与神之间也存在互动关系，古希腊神话成为普遍支配古人

---

[1] *Lives of Homer*, edited and translated by Martin L. West, Cambridge, Mass:Harvard University Press, 2003, pp.319–321.

生活方式的"宗教"。

古希腊神话体系是本土自然崇拜结合其他民族的神话和宗教混合而成的产物，包括了巴比伦神话、印度神话、埃及神话、亚述神话、闪族宗教等，其内涵集中体现在荷马史诗和赫西俄德的《神谱》当中。后来，罗马人征服了希腊人，但希腊文化反而在精神上"征服"了罗马人，其重要的标志是希腊神话被改装成了罗马神话；直到基督教在罗马世界兴起并被确立为罗马国教时（392年），古希腊 – 罗马神话才逐渐丧失支配公民精神的意义。

古希腊神话体系包含四位"元始天尊"和"四大神族"。四位"元始天尊"也就是卡俄斯（Chaos，混沌神）、该亚（Gea，大地女神）、塔尔塔罗斯（Tartaros，地心神）和爱若斯（Eros，性爱神）。四大神族分别是：（1）混沌繁衍出"夜神家族"；（2）该亚生乌兰诺斯（Uranos，天空神）、蓬托斯（海神）和高山神，然后该亚又与乌兰诺斯繁衍出"天神家族"；（3）该亚与蓬托斯繁衍出"海神家族"；（4）宙斯当王后又组建和繁衍出"奥林波斯山神"。[1]

诸神的这些谱系又以三代"神王"为主干：乌兰诺斯是第一代神王，他因为荒淫过度而被自己最小的儿子克洛诺斯（在该亚的帮助下）阉割；克洛诺斯推翻父亲而成为第二代神王，他为避免父亲的覆辙，在其子女出生时就会将他们吞食，但结果还是被自己最小的儿子宙斯（同样是在该亚的帮助下）推翻；从此宙斯成为第三代、也是永久的神王。荷马史诗所涉及的诸神，正是宙斯所掌管的奥林波斯山神家族，他们也是史诗中的主要英雄和国王的家世所追溯的祖先。

古希腊神话是多神论，它将神等同于万物及其力量的掌控者，因此它以神话的方式所表达的，首先是一套致力于解释万物起源、发展、结构和本质的宇宙论，反映了先人们对于世界运行的理解："追踪赫西俄德的神谱，意味着理解其宇宙层次之演变，以及决定演变的各种本原。"[2]

---

[1] 古希腊神话的详细谱系，参见，［古希腊］赫西俄德，《神谱笺释》，吴雅凌译注，北京：华夏出版社，2010年。

[2] Jenny Strauss Clay, *Hesiod's Cosmos*, Cambridge: Cambridge University Press, 2003, p.14.

现存古希腊神话的主线是讲述宙斯如何争夺、运用王权和稳定世界的故事，因此这种自然神话也蕴含着深刻的政治原则，即最高统治者凭借运气和力量获得最高权力，但是他必须依靠正义和法律来统治，如此才能确保江山永固和天下稳定。这种"神义论"也被当作人间政治权利的正当性来源，不仅荷马英雄身份和国王权力往往被追溯到诸神那里，而且一切诸神和凡人都必须敬畏和服从作为正义化身的宙斯的意志。

因此，虽然后来的自然哲学取代了希腊神话的世界观，并且也因为这神话中描述了诸神的许多弑父、乱伦、偷情、盗窃等不道德现象而遭到哲学的批判，但是，它深刻影响了希腊人的生活，反映了希腊风俗、禁忌、信仰等方方面面的观念，到今天仍然对西方社会影响深远。

金苹果判断

古希腊神话对人间生活的深刻影响无处不在，甚至特洛伊战争的起因也据说与诸神的纷争有关，因为帕里斯之所以会拐跑海伦，就可追溯到"金苹果判断"的故事。

当年，女神忒提斯嫁给佛提亚国王佩琉斯，邀请众神来参加婚礼，却唯独没有邀请不和女神厄里斯（Eris），于是她很气愤，来到宴会上抛下一个金苹果，上面写着"给最美者"。宙斯的妻子赫拉、智慧女神雅典娜和爱情女神阿佛洛狄特都想要那个金苹果，她们去找宙斯评理，而宙斯碍于和三位女神的关系，就让她们去找帕里斯判断。

帕里斯此时正在放羊，因为他一出生就被预言会给特洛伊带来毁灭，他的父母因此把他送走，却恰被牧羊人收养成人。三位女神来找帕里斯，分别向他允诺各种报答，以争取让哈里斯将这个金苹果判给自己。赫拉许诺让他"统治大地上最富有的王国"，雅典娜许诺让他"成为人类当中最智慧、最勇猛的战士"，阿佛洛狄特则许诺让他拥有"世上最美丽的女人做妻子"。一心只爱美人的帕里斯最后把金苹果判给了阿佛洛狄特，也因此就得罪了雅典娜和赫拉，她们发誓要报复特洛伊人，毁灭他们的城邦。而阿佛洛狄特则再次发誓，保证让帕里斯获得世上最美的女人。

帕里斯后来认祖归宗，回到父母身边，做回了特洛伊王子。由于父亲即国王普里阿摩斯，经常怀念早年被拐到斯巴达的妹妹赫西俄涅，想要积极表现的帕里斯便自告奋勇，要去斯巴达寻找姑姑。他来到斯巴达，刚好海伦的丈夫墨涅拉奥斯外出，海伦就依照对外乡人和王子的礼遇接待了帕里斯。帕里斯对海伦一见钟情，而海伦也对这位远道而来的英俊王子心生欢喜。帕里斯这时忘记了此行的真正使命、忘记了他的城邦和人民，而只确信海伦便应该是爱神许诺过的世上最美的女人。有女神诱惑诺言的撑腰，他召集随他而来的战士，袭击了国王的宫殿，掠夺了财富和珍宝并劫走海伦，回到特洛伊。

等到墨涅拉奥斯回来时，发现自己的妻子和财产被洗劫一空，顿时暴跳如雷，立即前往迈锡尼寻找其兄弟阿伽门农，召集所有希腊人一起去攻打特洛伊，以讨回海伦及其财产，如此才爆发了特洛伊战争。

"金苹果判断"的故事，固然是一个神话，但毋宁说其中表达的是荷马或者说希腊人的一种生活体验。即当人们穷尽自己的理性和手段，去盘算选择和安排生活时，却往往并不能如愿以偿，甚至那些旷日持久的宏大事件背后的起因，只是类似于三女神攀比谁最美这种有些荒谬轻浮的偶然因素。生活充满艰难，人们殚精竭虑，而冥冥中似乎又有着像宙斯这样的力量在主宰着一切。所以，"金苹果判断"所折射的，无非是对人的有限性的认识，对命运无常的苦恼，这在很大程度上构成了贯穿在荷马史诗中的悲剧意识。我们以下将通过对阿基琉斯和赫克托尔这两位英雄的处境、选择及其命运的分析，来进一步揭示这样一种悲剧的特征。

第三节 《伊利亚特》的内容与形式

现存《伊利亚特》共计 24 卷 15693 行。这一故事不是从帕里斯拐走海伦讲起，也不是从希腊联军攻打特洛伊讲起，而是从特洛伊战争进展到第十年时，希腊联军统帅阿伽门农和最勇敢的英雄阿基琉斯之间的争吵讲起。它不是以阿基琉斯的死亡结束，甚至也不是以特洛伊沦陷结束，而是以阿基琉斯杀死特洛伊主帅赫克托尔，最终消除愤怒结束。纵观全书，《伊利亚特》有两条基本线索，第一条是"显性"的线索，即围绕阿基琉斯的两次愤怒及其导致的结果，第二条是"隐性"的线索，即特洛伊人如何反复从事不正义行为及其导致的结果。

从愤怒到复仇

特洛伊地区克律塞城的阿波罗祭司来到希腊军中，请求用礼物赎回自己的女儿克律塞伊斯，但是阿伽门农不答应，于是祭司祈求阿波罗惩罚希腊人（第1天，卷1）。阿波罗响应祈求，给希腊军营降下了瘟疫，导致大量士兵感染瘟疫去世（第2—10天，卷1）。

天后赫拉鼓动阿基琉斯召开全军大会，阿基琉斯从先知口中得知瘟疫的原委后，便要求阿伽门农归还克律塞伊斯，而阿伽门农则剥夺阿基琉斯的女俘布里塞伊斯，以补偿自己的损失并羞辱阿基琉斯。阿基琉斯一怒之下退出战斗，希望母亲忒提斯女神去请求宙斯帮助自己恢复荣誉（第11天，卷1）。待诸神结束埃塞俄比亚宴会之后（第12—23天，卷1），忒提斯前往天庭请求宙斯挫败希腊人，以此彰显阿基琉斯的重要性并恢复其荣誉（第24天，卷1）。

宙斯报梦给阿伽门农，欺骗他第二天可以攻下特洛伊城；阿伽门农决计开战。虽然墨涅拉奥斯在争夺海伦及其财产的决斗中战胜帕里斯，但埃阿斯也在决斗中略胜赫克托尔，甚至狄奥墨得斯在雅典娜女神的帮助下击伤爱神阿佛罗狄忒和战神阿瑞斯，但是希腊军队总体上开始战败（第25天，卷2—7）。

战争双方停战一天，收集、焚烧和埋葬尸体（第26天，卷7.381–482）。

翌日，双方继续战斗，希腊人进一步失败，并建筑防御体系（卷8）；当晚阿伽门农在涅斯托尔的建议下被迫派使者向阿基琉斯求和，阿基琉斯则回应说除非火烧到他的船边才参加战争（卷9）；半夜时分，奥德修斯和狄奥墨得斯打探特洛伊军情，成功偷袭特洛伊军营（卷 10）。

希腊人与特洛伊人第三次开战，希腊各部族首领和国王纷纷受伤（第 28 天，卷 11—15）。帕特罗克洛斯被涅斯托尔说服，披上阿基琉斯的战袍出战，他杀死萨尔佩冬后被赫克托尔所杀，战火烧到希腊人军营（卷 16—17）。阿基琉斯惊闻好友帕特罗克洛斯去世，再次愤怒不已，宣告重返战场，杀死赫克托尔，替挚友复仇，并接受母亲送来的铠甲（卷 18）。阿基琉斯召集大会，跟阿伽门农释怨（第 29 天，卷 19），在当天战斗中杀死赫克托尔，击退特洛伊军队，扭转战局（卷 20—22）。

随后，阿基琉斯火化帕特罗克洛斯（第 30 天），埋葬骨灰，举办葬礼竞技（第 31 天），但他仍然怒不可遏，反复踩躏赫克托尔的尸体（第 32—43 天，23 卷）。宙斯派忒提斯告知阿基琉斯应该归还赫克托尔的尸体，当特洛伊国王普里阿摩斯请求赎回儿子赫克托尔的尸体时，阿基琉斯想起自己的父亲也将白发人送黑发人（自己）而痛苦，并愿意归还赫克托尔的尸体。特洛伊人为赫克托尔哭泣（第 44 天），收集柴火（第 45—53 天），火化尸体，埋葬骨灰（第 54 天，24 卷）。

荷马史诗是用来唱和听的

荷马史诗首先是诗歌，诗歌的首要标志是歌，而歌的本质是格律，即音节、节奏（音步）和韵律。中国诗歌的格律强调音调平仄和押韵，英语诗歌的格律强调音调轻重，古希腊诗歌的格律则强调高低和音值长短。荷马史诗采用六音步格（hexameter）的格律，也就是说每一行诗句就是一个乐句，每个乐句都由六个"长短短"（— UU）音步组成，因此也称为"长短短六音步格"（dactylic hexameter）。并且由于它的节奏比较缓慢、严肃和庄重，具有英雄气概，因此亦称"英雄六音步格"（heroic hexameter）。

作为被文字记录下来的歌曲，荷马史诗既是口头文学的终结，也是希腊书面文学的开端，也正因此它跟后世典型的书面文学还是有很大的差异。例如，它首先是用来唱和听的，而不是用来看和读的；它的创作本身被归功于缪斯女神，而荷马只是"歌者"。此外，荷马史诗反复使用"足智多谋""神圣的"这样固定的修饰语和程式语来满足格律需要，而书面文学一般强调修饰语要有变化；荷马史诗更基于灵感的自然流露，书面文学则更显示作者的人力雕琢；荷马史诗率直、快速和明朗，而书面文学倾向于卖关子和隐晦；荷马史诗在表演中创作，而书面文学通过文字来创作；荷马史诗在演唱中会根据观众和场合而不断变化，书面文学则有预期的固定读者，并脱离了作者而成为独立文本；因此荷马史诗在传播过程中会产生变异，而书面文学则不会；等等。

"环形结构"

现代古典学者还发现荷马史诗的叙事具有"环形结构"的特点，所谓环形就是相同或相似的语言、概念、人物、主题、事件、时长等要素，按照一定顺序出现，然后又以逆序方式出现，如此构成一个"环"（其基本形式是A–B–C–B'–A'）。

（A）我的孩儿啊，不幸的我为什么生下你？
（B）但愿你能待在船边，不流泪，不忧愁，
（C）因为你的命运短促，活不了很多岁月，
（B'）你注定要早死，受苦受难超过众凡人；
（A'）我在厅堂里，在不幸的命运中生下了你。《伊利亚特》1.414–418

这种环形叙述几乎无处不在，小到几行诗句的人物对话或叙述，大到整本书的情节故事安排，因此构成大环套小环、环环相扣的奇妙结构。环形结构源于口头歌手将故事各部分简单连贯起来的需要，有利于歌手记住自己之前所说的，赋予作品环状和平衡。荷马将这种实践的工具作为一种艺术的工具，赋予自己著作以形状和清晰性。[1]

---

[1] C.H.Whitman,Homer and The Heroic Tradition, New York: W.W. Norton & Company,1958, pp.249–284.

第四节 阿基琉斯的悲剧：两难选择中的多重困境

悲剧是一种文学体裁，例如，我们把古希腊文学划分为三种体裁，分别是史诗、戏剧和抒情诗，而戏剧又可以划分为悲剧与喜剧。但悲剧的内容或要素究竟有什么特征呢？对此历来各家各有说法："决定悲剧全部组织结构的基本形式就是揭示目的及其内容，以及人物性格及其冲突与结局，这两方面的实体性因素"（黑格尔）；[1] "出人意料的丰富性，随着一个人死去而消失"（伊格尔顿）；[2] "悲剧将人生的有价值的东西毁灭给人看，喜剧将那无价值的撕破给人看"（鲁迅）。[3]

基于各家的说法，我们在此抽绎出关于悲剧的一种简洁的结构性特征，即它涉及人在某种处境下进行判断、选择和行动，最后却导致自己的悲惨结局。因此它至少包括两个要素：好人处于某个具有多种可能性的处境当中，并在这种处境下运用理性进行选择和行动；揭示出好人因其理性不足和价值冲突而导致自身失败或毁灭的生活真理。

我们将运用这样的悲剧观念来分析阿基琉斯和赫克托尔这两位人物，以便展示出荷马史诗对于世界和生活本质的观察和理解。

"阿基琉斯之踵"

阿基琉斯的身世，根据传说可以追溯出这样一个谱系：宙斯与埃吉娜（Aegina）生埃阿科斯（Aeacus）；埃阿科斯娶恩德斯（Endeis）生佩琉斯（Peleus）；佩琉斯娶女神忒提斯（Thetis）生阿基琉斯。

在"金苹果判断"中我们提及过忒提斯与佩琉斯的婚姻。这个婚姻其实是宙斯安排的，宙斯原本喜欢忒提斯，但是普罗米修斯告诉宙斯，忒提斯注

---

[1] ［德］黑格尔，《美学》（第三卷下），朱光潜译，北京：商务印书馆，2006 年，第 301 页。

[2] Terry Eagleton, *Sweet Violence: The Idea of the Tragic*, Oxford: Blackwell Publishing, 2003, p.27.

[3] 鲁迅，《再论雷峰塔的倒掉》（1925 年）。

定会生下一个比父亲强大得多的孩子。宙斯担心如果有一个比自己强大的孩子，自己的王位就有可能不保，于是就把忒提斯许配给人间的国王佩琉斯。因此，阿基琉斯出身王族，他是凡人和女神相爱所生的，所以他是半神半人，也就是"英雄"。

阿基琉斯纵然注定比父亲强大，但是他也难免一死，他的母亲想要让他变得不朽，于是抓起他的脚，把他倒立起来，拿到烈火上烧，把一切凡人的性质都烧掉。在就要大功告成的时候，阿基琉斯的父亲进来了，他感到很震惊，以为忒提斯要烧死自己的儿子，于是阻止了忒提斯的行为。结果阿基琉斯全身都刀枪不入，唯有那没有来得及烧的脚踵成为他致命的弱点。这被称为"阿基琉斯之踵"，它经常用来说明再强大的人都有自己的弱点，每个人都应该清醒认识自己，扬长避短。

阿基琉斯是天生的战士和英雄。她的母亲预知阿基琉斯的两种命运：如果他参加战争，则会战死沙场，如果不参加战争，则会颐养天年。她不想失去儿子，为了阻止他上战场，便把他打扮成女孩子，放在斯基洛城邦的吕科墨德斯（Lycomedes）宫廷抚养。期间，阿基琉斯与公主得达米娅（Deidamia）相爱，并生下儿子涅奥普托勒摩斯（Neoptolemus）。

当奥德修斯来找阿基琉斯参加战争时，他无法从女人堆里认出阿基琉斯，于是他把一张盾牌和利剑放在地上，吹响战斗号角，那些女孩立即逃跑，唯独阿基琉斯本能地拿起盾牌和利剑，准备战斗。于是阿基琉斯被认出来，并被邀请去参加特洛伊战争。

阿基琉斯在特洛伊战争当中表现神勇，取得杰出的成就，他曾经攻破和征服了 23 个城邦，一般将国王及其儿子杀光，抢劫了女人和财产，例如安德罗马克的忒拜城邦（《伊利亚特》6.413–428），布里塞伊斯的米涅斯城邦（《伊利亚特》20.291–6）。

阿基琉斯最后死于阿波罗与帕里斯之手（《伊利亚特》22.360），正是被箭射中了脚踵。他的儿子协助奥德修斯攻下特洛伊城（《奥德赛》11.505–537），得胜后娶了"海伦和墨涅拉奥斯的女儿"（《奥德赛》4.5–7）。

对阿伽门农的愤怒及其三重困境

《伊利亚特》着重描述了阿基琉斯的两次愤怒，第一次是因为阿伽门农当众夺取代表阿基琉斯荣誉的女俘布里塞伊斯，第二次是因为赫克托尔杀死替阿基琉斯参战的挚友帕特罗克洛斯。

在第一次愤怒中，阿伽门农与阿基琉斯争吵的原因我们可以具体地从三个层面去理解：

为了女人而争吵。阿伽门农喜欢克里塞伊斯，甚于喜欢其合法妻子，因为她的容貌、身材和手工不亚于其合法妻子（《伊利亚特》1.113-115）；而阿基琉斯也喜欢布里塞伊斯，因为她是阿基琉斯攻下米涅斯城邦时虏获的，也是全军分配给他的礼物，象征着他的巨大荣誉。他们双方都不愿意交出自己所爱的女人，但是他们又不得不放弃自己的所爱。为了女人而争吵，乃至发动战争，这是荷马史诗开创的西方文学母题。

为了荣誉而争吵。克里塞伊斯和布里塞伊斯，这两个女人都是战利品。战利品一般在战斗结束后分配给各联盟，由各联盟进一步分配给各首领和士兵，而分配原则主要依据人们在战斗中的贡献。因此战利品的好坏多寡直接跟战士的军功大小和荣誉高低挂钩。阿伽门农是三军统帅，他自然就可以首先挑选最好和最多的战利品，比如最美和最好的克里塞伊斯，而阿基琉斯是最勇猛的战士，他也可以被分配较好和较多的战利品，比如较美和较好的布里塞伊斯。

阿伽门农认为归还克里塞伊斯意味着丧失荣誉，所以他要剥夺阿基琉斯的女人来补偿自己，而阿基琉斯认为战利品的分配本来就不合理了，如今阿伽门农还要剥夺他的战利品，那简直是得寸进尺，他说：

> 你竟然威胁我，要抢走我的荣誉礼物，
> 那是我辛苦夺获，阿开奥斯人敬献。
> 每当阿开奥斯人掠夺特洛亚人城市，
> 我得到的荣誉礼物和你的不相等；
> 是我这双手承担大部分激烈战斗，
> 分配战利品时你得到的却要多得多。（《伊利亚特》1.161-6）

因此阿基琉斯和阿伽门农争夺女人，背后是争夺最好的礼物和最高的荣誉，是在为谁是最好的阿开奥斯人而争吵。

为了社会地位而争吵。阿伽门农和阿基琉斯都是最好的阿开奥斯人，这应该从不同层面来理解。涅斯托尔正确地指出：阿基琉斯最有力量，是最好的战士；而阿伽门农最强大，是最有权势的国王（1.275-384）。然而，阿伽门农和阿基琉斯都依据自己的原则，认为自己比对方更强。阿伽门农认为阿基琉斯在挑战他的权威，而阿基琉斯则认为阿伽门农没有资格支配他。例如阿伽门农说：

> 这个人很想高居于众人之上，
> 很想统治全军，在人丛中称王，
> 对我们发号施令；可是会有人不服从（《伊利亚特》1.287-9）。

而阿基琉斯则反唇相讥：

> 如果不管你说什么，我在每一个行动上
> 都听命于你，我就是懦夫和无用的人。
> 你且把这些命令发给其他的人，
> 不要对我发号施令，我不会服从你（《伊利亚特》1.293-6）。

我们看到，在《伊利亚特》当中，希腊人召开过5次公民大会（1.55，2.50；7.385；9.10；19.40），前后两次都是阿基琉斯召开的，中间三次是统帅阿伽门农召开的。很显然，阿基琉斯僭越了自己的权力，他随意挑战阿伽门农的权威，不仅亲自召开公民大会，还在公民大会上讨论阿伽门农的过失。反观其他英雄，例如涅斯托尔、奥德修斯、狄奥墨德斯，他们都极力维护阿伽门农的权威。

阿伽门农对阿基琉斯因此恨之入骨，他要通过打压和羞辱阿基琉斯，来证明自己的地位和权威，他说：

你是宙斯养育的国王中我最恨的人，
你总是好争吵、战争和格斗。
……
但是我却要亲自去到你的营帐里，
把你的礼物、美颊的布里塞伊斯带走，
好让你知道，我比你强大，别人也不敢
自称和我相匹敌，宣称和我相近似（《伊利亚特》1.176—187）。

由于希腊人在战场上的失败，阿伽门农在涅斯托尔的建议下被迫派使者向阿基琉斯求和。阿伽门农开出了最高规格的求和礼物，包括归还布里塞伊斯、赠送 26 位美女、许配自己的女儿、赠送大量财宝、划给他七座城池，还派出了最强的求和使者，包括足智多谋的奥德修斯、阿基琉斯的义父福尼克斯、仅次于阿基琉斯的英雄埃阿斯。然而，阿基琉斯不为所动，直到后来挚友帕特罗克洛斯战死沙场，悲愤交加之下，他才勉强与阿伽门农和解，再上战场。

在整个争吵及求和的发展过程中，阿基琉斯面临系列的两难选择：

其一，是赫拉让阿基琉斯去召开公民大会的（《伊利亚特》1.55），因此，阿基琉斯如果不照办则违背赫拉的意志，犯了不敬神之罪；如果照办则僭越了自己的权力，挑战了阿伽门农的权威。

其二，当阿伽门农扬言要剥夺阿基琉斯的女人时，阿基琉斯如果拔刀相向，杀死阿伽门农，那么他就是杀了赫拉同样喜爱和关心的人（1.208）；如果压住怒火，把自己的女人交给阿伽门农，那么他无异于承认自己地位低下，应该服从阿伽门农，进而表明他挑战阿伽门农是不当之举。

其三，阿伽门农求和时，如果阿基琉斯接受了求和，那么就等于他服从了阿伽门农，承认他是可以被收买的，甚至是可以被玩弄于股掌之间的；如果阿基琉斯不接受求和，那么他就违背了在古希腊普遍适用的"求和"规则，即一个人或神应该接受大量礼物而息怒（9.496—523），进而承受巨大的道德舆论压力。

确实，我们看到，在阿伽门农剥夺了阿基琉斯的女人之时，连最普通、最丑陋的士兵特尔西特斯，都胆敢替阿基琉斯打抱不平（2.211-242）；而在阿基琉斯拒绝求和之后，整个社会舆论便从同情阿基琉斯，转向谴责阿基琉斯，例如奥德修斯（9.676-692）、狄奥墨德斯（9.696-709）、涅斯托尔（11.655-764）、帕特罗克洛斯（16.20-45），都谴责阿基琉斯自私自利、桀骜不驯、铁石心肠。

阿基琉斯陷入了困境，即无论他怎么选择，结果都是糟糕的。他先后选择了尊崇神的旨意召开公开大会、压住怒火交出女人，即被迫服从了权威，而作为补偿他宁愿置身战事之外，采取不合作的态度，拒绝参战、拒绝求和，却由此失却了希腊人对他的爱戴，等到他再上战场时，已今非昔比，只能一步步滑向某种悲壮的结局。

对赫克托尔的愤怒及其三重困境

在第二次愤怒当中，阿基琉斯同样面临多重困境。

阿基琉斯最好的朋友帕特罗克洛斯怜悯希腊人，他被涅斯托尔的爱国主义精神所感动，决计说服阿基琉斯上战场或自己直接上战场。为此，在第16卷，帕特罗克洛斯埋怨阿基琉斯因为恐惧死亡而不参战，导致大量希腊人战死沙场；他接着请求要披着阿基琉斯的铠甲亲自上阵，阿基琉斯拗不过他的哀求，也难以承受他的谴责，于是答应让他带领部族人员弥尔米冬人去参加战斗，而他本人则要坚持等到战火烧到自己的舰船才参战。

帕特罗克洛斯提出这个请求使得阿基琉斯陷入第一重困境，他进退维谷。其一，如果他不允许帕特罗克洛斯上战场，那么他的好朋友会一直伤心流泪，并从道德上谴责他。其二，如果他允许帕特罗克洛斯上战场，那么结局只能是二选一：要么是帕特罗克洛斯战死沙场，导致他失去最好的朋友；要么是帕特罗克洛斯得胜归来，导致他再也无法恢复自己的荣誉，因为他是可以被替代的，人们可以不再需要他。

阿基琉斯非常清楚自己的困境，所以他同意帕特罗克洛斯参战，同时也警告他不可恋战，他说道：

帕特罗克洛斯啊，尽力去打击特洛亚人，
去保护船舶免遭毁灭，不让他们
纵火烧船，截断我们神往的归程。
但是请听我要你这样做的用意是什么，
好使你在全体达那奥斯人中为我树立
赐给你荣耀，你也不要没有我单独同
好斗的特洛亚人作战，使我更让人瞧不起。
你可以屠戮特洛亚人，但不要贪恋
战斗和厮杀，率领军队追向伊利昂，
从而惹得奥林波斯的那位不死的神明
下来参战：射神阿波罗很宠爱他们。
你一经解救了船只的危难便返回这里，
让其他的将士们在平原上继续与敌人拼杀。（《伊利亚特》16.80-95）

阿基琉斯的方案本来可以挽救好友，只要帕特罗克洛斯不恋战，就既彰显了英勇不至于命丧，又避免阿基琉斯自己名誉扫地。但不幸的是，帕特罗克洛斯被阿波罗、欧福尔波斯和赫克托尔合力杀死。阿基琉斯的方案落空，而听闻好友的死讯，他先是伤心欲绝：

阿基琉斯一听陷进了痛苦的黑云，
他用双手抓起地上发黑的泥土，
撒到自己的头上，涂抹自己的脸面，
香气郁烈的袍褂被黑色的尘埃玷污。
他随即倒在地上，摊开魁梧的躯体，
弄脏了头发，伸出双手把它们扯乱。（《伊利亚特》18.22-7）

继而无比愤怒，决定要去杀掉赫克托尔，为朋友复仇，他说：

我的心灵不允许我再活在世上，
不允许我再留在人间，除非赫克托尔
首先放走灵魂，倒在我的枪下，
为杀死墨诺提奥斯之子把血债偿还。（《伊利亚特》18.90-3）

最后是冷静地准备接受自己死亡的命运。他对母亲最后所说的话有三层意思：如果未能为朋友复仇，那么活着还不如死去（18.98-106）；他要跟阿伽门农和解，重返战场复仇（18.107-113）；即使复仇成功自己最终也还会死，那他也愿意在获得荣誉之后随时赴死（18.114-126）。

于是在第 19 卷阿基琉斯召开公民大会，要跟阿伽门农和解，他说"现在我已把胸中的怒火坚决消除，不想把害人的仇怨永远记心里"（19.67-8）。他既不关心阿伽门农是否亲自前来求和、真心承认错误（阿伽门农把自己的过错归咎于诸神），也不再关心阿伽门农赔偿的礼物，甚至打算不让士兵吃早餐就战斗。这只能说，他对阿伽门农的怒火被更大的怒火所掩盖了。

在此，阿基琉斯面临第二重困境：如果他不跟阿伽门农和解，他就无法顺理成章地上战场，无法为朋友复仇，但他跟阿伽门农的和解只能是貌合神离；如果他跟阿伽门农和解，他就能够上战场为朋友复仇，但是他并不能因此像他以为的那样获得荣誉了。他的义父福尼克斯在第 9 卷劝说他时，已经讲明了这个道理，他说：

> 接受礼物吧！阿开奥斯人会敬你如天神。
> 要是你得不到礼物也参加毁灭人的战争，
> 尽管你制止了战斗，也不会受到尊敬。（《伊利亚特》9.603-5）

因此，阿基琉斯在好友战死后才要求参战，已远远不如在 9 卷答应参战那么令人尊敬了，因为现在他只是为了自己而战，不是为了他人而战；只是为了复仇而战，不是为了爱国而战；只是为了杀人而战，不是为了荣誉而战；只是为了接受死亡而战，不是为了光荣地活着而战。

阿基琉斯跟赫克托尔的仇恨是不共戴天的仇恨，他跟赫克托尔的决斗也是你死我活的决斗。这场决斗跟前面帕里斯与墨涅拉奥斯的决斗，赫克托尔与埃阿斯的决斗，狄奥墨德斯与格劳科斯的决斗，以及阿基琉斯与埃涅阿斯的决斗都不同。因为阿基琉斯上战场后又会面临第三重困境：如果他被赫克托尔杀死，则无法复仇，毫无荣誉地死去；如果他杀死赫克托尔，命中注定他自己的死期也会来临，他母亲，他本人，他的战马，他的对手赫克托尔都清楚这个命运（18.95-6；19.415-23；22.355-360）。

归根结底，尽管阿基琉斯是最伟大的战士，但是他也无法在这些困境当中找到周全的解决办法，命运正如先知们预言的那样令人无奈，他的母亲和他自己也都知道，他终将战死沙场。因此，阿基琉斯的悲剧是真正的、最大的、最可怕的悲剧，他的任何选择和行动都必然导致他的毁灭。并且他最终被愤怒所支配，被他无法控制的自身的力量所支配，成为最无情的杀人工具。他由于荣誉丧失而退出战斗，他试图重返战场恢复荣誉，但最终却毫无荣誉地死去。

尽管如此，从艺术和思想启迪的角度来看，荷马塑造的这一悲剧英雄的形象，鲜活昭然、永垂不朽，它让我们意识到人类生活始终存在困境，人类也似乎始终无法彻底摆脱这样的困境，无论古往今来，无论英雄还是凡人。它也让我们从这种典型的形象和处境中去学习，去努力理解人类生活的本质，仍然尝试用理性去应对不可能消除的悲剧困境，不被单纯欲望、激情的原始野性所支配，正显现出有限人生的意义。

第五节　赫克托尔的悲剧：完美男人的荣誉与命运

赫克托尔是特洛伊的王子，也是众多王子中被寄予最高厚望的合格的储君，他统领特洛伊联盟的军队而且是特洛伊一方当中最骁勇善战的英雄。在《伊利亚特》当中，赫克托尔这个名字是唯一出现在所有章节的人物名字，他要么以自己身份出现，要么通过别人之口说出来。可见，赫克托尔对于特洛伊人而言是最重要的人物，对于荷马而言也是最重要的角色之一。

唯一具有完美家庭的英雄

当阿基琉斯在战场上嘲笑埃涅阿斯来参战是没有自知之明时，埃涅阿斯回应自己跟阿基琉斯一样出身高贵，并自豪地报上自己的血统和家谱（20.200–258）。据此，我们得知赫克托尔的家世可以追溯到宙斯和厄勒克特拉（Electra）的结合，而他的父亲普里阿摩斯（Priam）国王娶了赫卡柏（Hecuba）生下赫克托尔（Hector）、帕里斯（Paris）、波吕多罗斯（Polydorus）等等。

因此，赫克托尔不是普里阿摩斯的唯一儿子：普里阿摩斯有很多儿女（6.242–250），那些英勇的儿子都战死沙场了（24.249–251）。赫克托尔也不是普里阿摩斯最喜欢的儿子：普里阿摩斯最宠爱那位年龄最小、脚步最快的波吕多罗斯（Polydorus，20.407–410），甚至宠爱帕里斯还要甚于赫克托尔。赫克托尔甚至不是普里阿摩斯的长子，赫克托尔之所以能够成为储君，是因为他是最后一位能够合格担任"城邦和人民的保卫者"（24.498）的王子。

赫克托尔有一位非常忠诚的妻子安德罗马克（Andromache）。安德罗马克本是特拜城邦的公主，现在却只能依靠赫克托尔，因为阿基琉斯洗劫了她的城邦，杀死了她的所有父母兄弟，所以她说："赫克托尔，你成了我的尊贵的母亲、父亲、亲兄弟，又是我的强大的丈夫"（6.429–430）。安德罗马克为赫克托尔生下一位儿子，此时还襁褓之中，如果赫克托尔不死，他的儿子本来可以成为未来特洛伊的国王。

总之，赫克托尔是《伊利亚特》中唯一一位具有完美家庭关系的人物，他上有老下有小，在家庭当中扮演多重身份，他既是儿子，又是兄弟，既是丈夫，又是父亲。尤其重要的是，赫克托尔在所有这些角色当中都是优秀榜样。

作为儿子，他尊重他父亲的权威，努力保护父亲的地位，在《伊利亚特》第3卷，他请普里阿摩斯为帕里斯与墨涅拉奥斯的决斗发誓（3.116-7），他默默地执行父亲的决议（3.313-4），他是唯一优秀到足以继承父亲的财产和王权的儿子，他的父亲称赞"他是人中之神，不像凡人的儿子，而像天神的儿子"（24.259–260）。

作为兄弟，赫克托尔每次见到帕里斯，都会拿最严厉的话去谴责他、教导他，但是他也会尽力保护自己的兄弟周全，他有权力将海伦及其财产归还给希腊人（22.113-4），但是他没有这样做，所以帕里斯坦然接受赫克托尔的批评，海伦也说赫克托尔从未对她冷言恶语。赫克托尔接受兄弟的良好建议，比如在《伊利亚特》第6卷，赫勒诺斯建议他回城，给雅典娜女神献祭，他立刻照办。

作为丈夫，赫克托尔跟妻子一往情深，他返回城邦的间隙还忘不了跟他的妻子告别，他安慰他的妻子，让她别担心他。他说人总是要死的，人的死期是注定的，谁也不能违反和改变这个命运（6.485-490）。

作为父亲，他希望自己的儿子成为最勇敢的战士、声名远扬的英雄，以及最强大的君主（6.476-481）。这是荷马史诗笔下父亲教导儿子的标准教科书。格劳科斯的父亲这样教育他（6.207-210），阿基琉斯的父亲这样教育他（11.783-4），帕特罗克洛斯的父亲也这样教育他（11.785-9）。

城邦的战士与统帅

赫克托尔不仅属于家庭，更加属于城邦。他自始至终都是一名骁勇善战的英雄。他首先以"杀人者"的身份出现在《伊利亚特》当中，而且是经由最勇猛的阿基琉斯之口说出来的。在第1卷，阿基琉斯发誓咒骂阿伽门农，他说：

> 总有一天阿开奥斯儿子们会怀念阿基琉斯，
> 那时候许多人死亡，被杀人的赫克托尔杀死，
> 你会悲伤无力救他们；悔不该不尊重
> 阿开奥斯人中最英勇的人，你会在恼怒中
> 咬伤自己胸中一颗忧郁的心灵。（《伊利亚特》1.240-4）

赫克托尔被称为"杀人者"（androphonoio），而战神阿瑞斯则被称为"杀凡人者"（brotoloige，6.31，6.455，6.518），因此赫克托尔是一名如战神般的战士。杀人者这个属性只能属于战士，因为杀人者只有在战场上才被视为正义的和高贵的。赫克托尔本质上是一位战士，他的家园就是战场。在第6卷，赫克托尔作为"杀人者"（6.497）必须辞别妻儿、离开城邦，奔赴战场，战

死沙场，那个真正属于他的地方（6.494–502）。在第 16 卷，赫克托尔作为"杀人者"（16.77）带领特洛伊人攻到希腊人船边，阿基琉斯咒骂阿伽门农的誓言成为现实。在第 17 卷，赫克托尔作为"杀人者"（17.428）杀死帕特罗克洛斯及其御者。直到第 22 卷，面对父母的苦苦哀求，赫克托尔没有丝毫返回城邦的意思，最终被阿基琉斯所杀，阿基琉斯唯一一次成为"杀人者"（24.479），赫克托尔不再被称为"杀人者"，而是被称为"驯马者"（《伊利亚特》24.804）。

赫克托尔毫无疑问是最杰出的特洛伊战士。荷马曾经把他比作一条咆哮着流入大海的江河，让当时表现最勇猛的狄奥墨德斯也感到颤抖（5.596–600）。但赫克托尔并非像帕里斯所说的那样，仅仅是一把砍杀敌人的斧子，他想要成为英雄，追求不朽的人生，也就是建功立业，被后世传颂（6.358，7.91）。

赫克托尔除了是战士和英雄之外，他还是一位负责任的统帅。作为统帅，赫克托尔更多的不是像阿伽门农那样发号施令，而是到城邦和战友最需要的地方去。可以说，哪里需要赫克托尔，哪里就有赫克托尔的身影。例如，在第 3 卷，帕里斯说要跟墨涅拉奥斯决斗，以决定海伦及其财产的归属，以及整个战争的胜负，赫克托尔立即为他安排决斗；在第 5 卷，萨尔佩冬呼吁赫克托尔参与战斗、命令首领和士兵们坚守阵地，于是赫克托尔立即鼓励士兵们；在第 6 卷，赫勒诺斯建议赫克托尔回城，向雅典娜女神献祭，赫克托尔立即跳下战车，背着大盾牌回城；在第 12 卷，波吕达马斯建议特洛伊部队下车，走过希腊人的战壕，赫克托尔迅速照办。

荷马理想化了赫克托尔？

在《伊利亚特》当中，特洛伊人经常会下跪求饶，而希腊人则不会；希腊人死了总是得到复仇，而特洛伊则很少；希腊人纪律严明，而特洛伊人则混乱嘈杂；特洛伊人获得短暂胜利，被认为是宙斯的意志，以便彰显希腊人和阿基琉斯的荣誉；希腊首领纷纷受伤，但是没有死去，而特洛伊首领则纷纷惨死等等。可见，荷马的叙述是带有偏爱的，因为特洛伊人犯下不正义的行为，所以荷马偏爱希腊人也就是遵循了正义的原则。

由此，荷马本不应该会塑造一位完美的特洛伊人，但是他描述的赫克托尔却几乎是一位完美的男人：有爱、有温度、有耐心、有担当、有责任、有勇气、有能力等等。荷马不仅歌颂赫克托尔的功绩，还对赫克托尔之死深表同情。这不能不说是一件很奇怪的事情。

有学者认为，荷马恰恰是出于道德的考虑，凭空创造出赫克托尔这样的人物形象。诗人谴责帕里斯，并创造一位英雄，这位人物的高贵性足以为帕里斯的过失赢得人们的同情[1]。这种道德论解释是非常精彩的，我们阅读《伊利亚特》也有这样一种感受，如果没有赫克托尔，那么特洛伊人简直罪不可赦，死不足惜，但是有了赫克托尔，我们会发现原来特洛伊人并不完全是懦弱、出尔反尔、毫无道德的人；有了完美的赫克托尔，我们对于这一位英雄的毁灭多少有一些同情，乃至于对于特洛伊的沦陷多少有一些同情。

也有人主张，荷马史诗的赫克托尔形象是从之前就存在的歌颂赫克托尔的史诗那里挪用过来的，这符合口头诗歌的历史汇编过程；或者至少可以说，荷马是在赫克托尔事实存在的基础上，在已有诗歌和歌手的基础上进行了再创作和升华。荷马要么继承传统，要么修改传统，但是不太可能完全虚构人物或故事。[2]

综合这些看法，在没有其他足够证据的情况下，我们倾向于认为，赫克托尔至少在荷马史诗之前已被歌手吟唱，而荷马则进一步作了艺术加工和润色，最终呈现出一位几乎完美的男人。其改编的目的或者说艺术的效果在于：一方面让读者看到特洛伊人并不是那么不堪，而且只有他们也足够勇敢，战胜了特洛伊人的希腊人才显得更加勇敢；另一方面，也符合荷马史诗本身一贯的悲剧性意识，即哪怕再完美的男人也同样会失败，毕竟他不是神、也比不上神。

---

[1] John A. Scott, *The Unity of Homer*, Berkeley, California: The University of California Press, 1921, p.226。

[2] Frederick M. Combellack, "Homer and Hector", *The American Journal of Philology*, Vol. 65, No. 3, 1944, pp. 209-243

身份冲突与生死荣誉

上一节指出，阿基琉斯面临着系列两难选择的处境，他在选择和行动中无可避免地失败，我们把可能性处境和最终的失败视为悲剧的两个核心要素，前者体现的是人的选择或自由，后者体现的是命运或神的安排。赫克托尔同样面临着系列两难选择，但不一样的是，尽管在选择时每种可能性都通向失败与毁灭，赫克托尔的强烈责任意识和荣誉感，却使得他的选择倾向早已是明确而坚定的，这造就了赫克托尔悲剧中的一种庄严神圣的氛围。

第一重悲剧：家庭身份与城邦身份的两难选择。赫克托尔在家庭中扮演儿子、兄弟、丈夫和父亲的角色，在城邦中扮演战士和统帅的角色。赫克托尔可以在这两种身份中进行选择，但他的悲剧本质上不在于选择一个身份就无法选择另一个身份，而在于他无论选择哪个身份都注定会失败和毁灭。在荷马的悲剧意识中，这种人类终有一死的命运是不可更改和无法突破的，它通过典型的、放大的英雄人物的悲剧人生才更明显地展示出来。

在《伊利亚特》第6卷，赫克托尔曾经回城向雅典娜献祭，并向他的妻子安德罗马克告别，而他的妻子则建议赫克托尔回归家庭，不要出去战斗，她说：

> 你得可怜可怜我，待在这座望楼上，
> 别让你的儿子做孤儿，妻子成寡妇，
> 你下令叫军队停留在野无花果树旁边，
> 从那里敌人最容易攀登，攻上城垣。（6.431-4）

赫克托尔答复道：

> 夫人，这一切我也很关心，但是我羞于见
> 特洛亚人和那些穿拖地长袍的妇女，
> 要是我像个胆怯的人逃避战争。
> 我的心也不容我逃避，我一向习惯于

勇敢杀敌，同特洛亚人并肩打头阵，

为父亲和我自己赢得莫大的荣誉。（6.440-446）。

可见，一方面在安德罗马克看来，赫克托尔的家庭身份与城邦身份是对立的。如果要做一位合格的丈夫和父亲，那么他就应留在城邦里面，不要出去战斗；如果要做一位合格的士兵和统帅，那么他必须离开家庭，出去战斗。在这种对立关系中，赫克托尔却选择了城邦身份，他由于羞耻感而不能停留在家里，由于荣誉感而愿意走上战场。

另一方面，赫克托尔认为，即便他选择了家庭身份，他最终仍然要离开家庭。他的家庭观念不仅在于他的妻子和儿子，而且首先还在于他的父母和兄弟：他首先是一位儿子，然后才是父亲。也就是说即便他站在家庭立场，他的首要任务也是保护父亲，其次才是保护儿子（22.486-7）。保护父亲就是要为父亲赢得荣誉，他也是这样教导自己的孩子的，而荣誉就体现在"杀死敌人，带回血淋淋的战利品"（6.480-1）。

在家庭身份和城邦身份之间，赫克托尔的确处于两难境地，他没有办法兼顾，并且实际上他选择任何一个身份也都通向失败和毁灭。他意识到了这种命运，所以他以极端的方式来安慰妻子：所有人都是有死的，每个人的死期都是注定的，不必担心他，也不必担心自己。人皆有一死，就此而言两种选择结果是一样的；但是他并没有因此就无所谓，因为死又有着轻重之别：他必须选择城邦身份，同特洛伊人作战、赢得荣誉。

既然赫克托尔早已明确，因此他的回家告别，仍然属于战场的间隙，他无法真正"回家"，这个完美男人早已将生命托付给了城邦。尽管终有一死，但为了城邦而死，虽败犹荣，由此荷马笔下的赫克托尔更加凸显出完美男人形象。如果一个人毫无羞耻心，毫无荣誉感，毫无责任心，他就不会遇到这种选择矛盾，比如帕里斯。帕里斯是一位随遇而安的多变人物，他可以上战场耀武扬威，也可以退缩投降，他不会遇上赫克托尔这种两难选择，也不会这样慷慨悲壮地奔赴命运。

第二重悲剧：城邦身份当中统帅与战士的两难选择。赫克托尔选择了城邦身份，但是他同时扮演着两个角色，一个是为他人做嫁衣裳的统帅，一个是为自己而战斗的战士。作为统帅，赫克托尔的宗旨是"为国家而战"（《伊利亚特》12.248），"为国捐躯"（15.496），他的任务是防止一切危害国家的行为发生，跟一切危害国家的行为做斗争，帮助特洛伊盟军战胜希腊人。

在《伊利亚特》里面，他的第一次发言就是谴责他的兄弟帕里斯，骂他是"父亲、城邦和人民的大祸"（3.50）。他的第一个行动就是"鼓励将士战斗，引起可怕的喧嚣"（5.496）。他使用"人民的财富，作为礼物和给养"，召集盟邦参战，鼓励盟友士气（17.220-6）。他对于自己犯错导致军队折损深感自责（22.104-5）。赫克托尔是一位合格的统帅，他的责任心和人格魅力，赢得其他领袖的支持和喜欢，比如潘达罗斯（5.210）、萨尔佩冬（5.683）等。

但是赫克托尔更愿意做一名战士、一名杀手、一名英雄。这样一来，他就可以做纯粹的自己，他不需要出于责任而帮助别人，他可以出于荣誉而为自己奋斗。他告别妻子，走出家庭，迈向战场的第一步就是要挑战任何希腊人，杀死任何胆敢应战的希腊人，以便日后别人可以传颂他的事迹，进而"名声将不朽"（7.91）。他挑战埃阿斯不成功，又扬言要挑战作战神勇的狄奥墨德斯，他这样说道：

但愿我在自己的日子里能
长生不老，像雅典娜、阿波罗受尊重，
像明天会给阿尔戈斯人带来祸害一样（8.539-541）。

如果他做统帅，他可以协调、指挥、组织和帮助所有首领和士兵，但是他只能获得"一半"的荣誉，正如他所言：

如果有人能够把帕特罗克洛斯的尸体
拖进驯马的特洛亚，迫使埃阿斯退却，
我将把战利品分他一半，我自己获得
另外一半：荣誉和他共享均分。（《伊利亚特》17.229-232）

如果他做战士，那么他可以获得"全部"荣誉，但是他将无法指挥全军，无法顾全大局。例如，当他亲自剥夺帕特罗克洛斯的铠甲，"带来巨大荣誉"（17.131）时，他却没有去保护盟友萨尔佩冬的尸体，从而先后遭到格劳科斯两次的严厉谴责（16.538–547；17.141–168）

赫克托尔是最好的战士，他说"在好战的特洛亚人中，我是最杰出的枪手"（17.834–5）。赫克托尔也是最好的统帅，这可以从他死后他父亲的话看出来，普里阿摩斯说，"我那么多儿子正值华年被他（阿基琉斯）杀死。我曾为他们惨遭不幸伤心地哀苦，但这次为赫克托尔却使我悲痛欲绝"（22.423–5）。但赫克托尔的麻烦就在于，他必须在这两种角色当中来回互换，这使得他在任何一个角色方面都无法做到极致，以致看上去显得并不那么突出。

当两种角色交织在一起时，赫克托尔最终还是选择了做一名战士、做一名英雄，他要做纯粹的自己，去获得"全部"的荣誉。在《伊利亚特》第22卷，赫克托尔要在城外跟阿基琉斯决战，他的父母苦苦哀求，让他返回城邦，以免被阿基琉斯杀死。此时此刻，他想到的不是家庭，也不是城邦，不是作为统帅的进退，而是他个人的羞耻感和荣誉感，孤注一掷，在终有一死的命运中去点亮自己。而这也就涉及到他的第三重悲剧。

第三重悲剧：战士角色中生存与死亡的两难选择。赫克托尔选择做一名战士、一名英雄，这样一来他就会时刻面临生存还是死亡的问题，这中间的选择我们可称之为"阿基琉斯的难题"，因为阿基琉斯在《伊利亚特》第9卷谈到他的命运时曾说道：

> 我的母亲、银足的忒提斯曾经告诉我，
> 有两种命运引导我走向死亡的终点。
> 要是我留在这里，在特洛亚城外作战，
> 我就会丧失回家的机会，但名声将不朽；
> 要是我回家，到达亲爱的故邦土地，
> 我就会失去美好名声，性命却长久，
> 死亡的终点不会很快来到我这里。（《伊利亚特》9.410–416）

要么战死而短寿和不朽，要么回家而长寿和无名，这就是阿基琉斯在生存与死亡问题上的两难选择与处境。在第22卷赫克托尔的父母曾经恳求他回城，但赫克托尔拒绝了，如上所述，他要做纯粹的战士，去获得全部的荣誉。

当赫克托尔接下来面对阿基琉斯的时候，他已意识到自己的死亡，他说"或者我杀死他胜利回城，或者他把我打倒，我光荣战死城下"（22.109-110）。根据荷马史诗的回环创作手法，第二种可能性一般会成为现实。此外，宙斯也已经明确表明他的意志：

> 天父取出他的那杆黄金天秤，
> 把两个悲惨的死亡判决放进秤盘，
> 一个属阿基琉斯，一个属驯马的赫克托尔
> 他提起秤杆中央，赫克托尔一侧下倾，
> 滑向哈得斯，阿波罗立即把他抛弃。（《伊利亚特》22.109-110）

赫克托尔接受了他的死亡，他懂得人总是有死的，但他更懂得他有权选择过怎样的生活，以及以怎样的方式死去。他说：

> 我不能束手待毙，暗无光彩地死去，
> 我还要大杀一场，给后代留下英名。（《伊利亚特》22.304-5）

赫克托尔的完美和伟大不在于他能够战胜阿基琉斯，而在于他意识到死亡而毫不畏惧死亡，并试图以获得荣誉和不朽的方式超越死亡。他选择一种英雄的人生，他要做一个纯粹的自我，成为后人歌颂的榜样。赫克托尔的悲剧固然凸显出了人类的自然界限，人类根本无法克服死亡，人类无论多完美也要走向死亡；但是赫克托尔的悲剧又以文化的方式超越了这种自然的界限。在文化的意义上，赫克托尔将被火化和埋葬，他的石头坟冢将刻上他的名字，他的形象和事迹将成为后世的歌颂，他将被后世永远铭记而超越死亡。

结　语

荷马史诗作为西方文明的开端，深刻影响了西方对于世界和生活的理解。对于西方而言，古希腊历史上曾经发生过的三场战争——特洛伊战争、波斯战争和伯罗奔尼撒战争——以及对这些战争的歌唱、描述和记载构成他们想象"东西方"关系的原始模型，在这种原始模型中西方被想象成备受东方或大陆国家侵犯的受害者，被想象成反抗东方奴役和专制的自由者和民主者，被想象成战胜东方的正义者和叙事者。这样一种想象从古希腊世界延伸到基督教世界，又从基督教世界延伸到现代西方殖民主义时期，进而从殖民主义时期延伸到20世纪冷战和当前的中美俄关系当中。然而这仅仅是他们理解古典作品的一个方面，而且是非常片面和有偏见的理解，还有另一个方面被他们故意遗忘了，那就是通过荷马史诗的诸神和英雄来反思人类有限性和悲剧命运。

本章旨在通过荷马史诗（Homeric Epics）的英雄故事和神话传说，呈现古希腊文明的那些起源和开端性要素，重点是分析《伊利亚特》的阿基琉斯和赫克托尔这两位英雄人物形象，并透过他们的选择所导致的悲壮结局来揭示荷马的英雄主义伦理观、悲剧观，而难点在于透过他们的悲剧体悟古希腊人在神话世界观下对人类有限性的思考。人能够而且应该依赖理性来生活，但是理性并不能确保人在复杂的生活世界中获得成功或幸福，这是贯穿在荷马史诗中的悲剧意识，也将成为西方历史和思想的永恒主题，我们在后续经典的阅读中，会一再遭遇这一主题。

【思考题】

1. 你觉得古希腊神话对于希腊人的政治生活、道德生活和日常生活有什么样的意义？你更喜欢荷马史诗的哪些人物（包括神和人），你能在他的言行中读出其他的人生哲理吗？你是否可以运用本章提出的悲剧概念去分析荷马史诗的其他英雄人物，以及分析你阅读过的其他著作的人物形象呢？

2.你在生活中曾经遇到哪些选择困境？你是如何在这些困境中进行思考、选择和行动的？你是否也曾经在这些行动当中失败过？由此看来，命运在多大程度上掌握在自己的手中？你是否设想过人终有一死的限度，你在未来的生活中将会如何通过自己的努力来认识自己并实现自己的"不朽"呢？

【扩展阅读】

1.荷马史诗的中译本目前主要有四种，傅东华译本（1934/1958），罗念生和王焕生译本（1994/1997），陈中梅译本（2008），赵越和刘晓菲译本（2012），这里主要推荐罗念生和王焕生译本。罗念生是我国著名希腊语翻译家，他曾因为高质量翻译大量古希腊语著作而被希腊政府于1987年授予"希腊最高文学艺术奖勋章"；他还和另一位希腊语翻译家水建馥主编了《古希腊语汉语词典》，为我国希腊研究做出重大贡献。王焕生也是我国翻译古希腊作品和西方著作的名家，曾经翻译过《古希腊悲剧戏剧全集》、西塞罗文集等大量西方古今作品，于2001年荣获第二届鲁迅文学奖翻译奖。

2.关于荷马史诗的神话体系以及神话的功能，可以参考（古希腊）赫西俄德的《神谱》（吴雅凌译注，华夏出版社，2010），（德）古斯塔夫·施瓦布的《希腊古典神话》（曹乃云译，译林出版社，2010）；关于荷马史诗故事内容和相关知识的基本介绍，可以参考程志敏的《荷马史诗导读》（华东师范大学出版社，2007），陈中梅的《神圣的荷马》（北京大学出版社，2008），以及 Robert Fowler：The Cambridge Companion to HomerCambridge University Press，2004.）

3.关于荷马社会政治结构的分析可以参考晏绍祥的《荷马社会研究》（上海三联书店，2006）；关于荷马社会经济状况的研究可以参考美国学者芬利的《奥德修斯的世界》（刘淳、曾毅译，北京大学出版社，2019）。

4.对荷马史诗进行人类学和悲剧的解读，以及关于荷马史诗英雄主义的研究，可以参考 James M. Redfield, *Nature and Culture in the Iliad: The Tragedy of Hector*（Duke University Press Books，1994）；陈斯一的《荷马史诗与英雄悲剧》（华东师范大学出版社，2021）。

5. 对于荷马史诗做出细致而富有哲学意味的精彩解读著作，可以参考伯纳德特的《弓弦与竖琴——从柏拉图解读〈奥德赛〉》（程志敏译，华夏出版社，2003）；对于西方人遗忘荷马史诗和《圣经》教导的批判，可以参考西蒙娜·薇依的《〈伊利亚特〉，或力量之诗》，吴雅凌译，《上海文化》2011 年第 3 期。

《伯罗奔尼撒战争史》

公元前 5 世纪后期，以雅典为首的提洛同盟和以斯巴达为首的伯罗奔尼撒同盟之间，爆发了旷日持久的战争，标志着以雅典为代表的古希腊城邦文明开始由盛而衰。作为战争的亲历者，修昔底德以谨严的笔法和深刻的洞察力，反思着其中涌现的文明危机，完成了这部在西方最受崇敬的战争史。我们透过作品波澜壮阔的内容，可以一窥鼎盛时期古希腊城邦文明的原初样貌，例如以雅典民主制为代表的希腊各城邦的政治制度、邦际往来、军事联盟，以及这个时期繁忙的殖民活动等等，更能感受到作为思想家的修昔底德那些穿越千年、意味深长的历史启示。

关键词：古希腊、修昔底德、历史、战争、城邦、民主制、殖民

第二章
文明的原初特征

    修昔底德的《伯罗奔尼撒战争史》是古希腊最为繁盛的城邦时代的重要历史作品，记录的就是作者自己经历的战争和时代。但修昔底德的重要性，不仅在于他留下了关于这场战争当时的唯一记录，更在于他冷峻的写作风格和哲人式的洞察力，使其作品展现出不同寻常的张力和独特的视野。

    修昔底德开创了一种新的史学构想，他所依循的严格编年体例，冷峻谨慎的写作风格，对政治或军事事件有深度和立体感的叙述，对"表面原因"和"实际原因"的区分，以及贯穿作品始终的对"真实"的探求，在看似客观冷静的表述中暗含的道德内涵和判断，都使得他永远不会过时，也让阅读这部作品本身成为能获得智慧启迪和道德升华的精神旅行。

    《伯罗奔尼撒战争史》被视为"现实主义分析的经典之作"[1]，也被视作国际关系领域"现实主义范式第一代表"[2]。它呈现了雅典民主制下帝国权力与荣耀的巅峰，古希腊城邦之间令人眼花缭乱的结盟与对抗、贸易与往来；藉由这部作品我们可了解西方文明初期的城邦政治、民主制度和殖民活动，而作品中体现的以雅典为代表的希腊城邦文明之盛衰变化，对于理解历史和现实都具有深刻的启示意义，尤其值得我们驻足揣摩。

---

[1] Gregory Crane, *Thucydides and the Ancient Simplicity: The Limits of Political Realism* (Berkeley: University of California Press, 1998), p.4.

[2] 魏朝勇：《修昔底德的历史身位》，载刘小枫选编《古典诗文绎读·西学卷·古代编（上）》，华夏出版社，2008，第251页。

修昔底德的作品主导并塑造了古代西方几个世纪的历史写作，经过文艺复兴，成为了西方史学的典范。在近代，它对如托马斯·霍布斯、大卫·休谟、亨利·亚当斯这些思想家，以及二十世纪的诗人如 W.H. 奥登，政治军事领袖乔治·马歇尔等代表的西方精英阶层的思想，都有着深远影响。此外，从对"冷战"的修昔底德式解读，到近年来所谓"修昔底德陷阱"的热门论辩，修昔底德对西方政治思想以及全球政治观念的影响从未消失。[1]

---

[1] Hunter R. Rawlings III, "Why We Need To Read Thucydides", in *A Handbook to the Reception of Thucydides*, Christine Lee, Neville Morley ed. (Wiley-Blackwell, 2015), p.551.

第一节 城邦文明的时代

城邦文明

欧洲最早的文明是爱琴文明，它先是以克里特岛为中心，也称米诺斯文明，在公元前 17– 前 15 世纪达到鼎盛，继而衰落；后来又以希腊半岛伯罗奔尼撒的迈锡尼为中心，也称迈锡尼文明。《伊利亚特》中的阿伽门农就是传说中的迈锡尼王。

迈锡尼文明大概在公元前 1100 年灭亡，此后三个世纪由于文字湮灭、文化衰落，习惯上称为"黑暗时代"，实际上这可能是一个兼有倒退和发展的阶段。大概公元前 8 世纪前后，希腊地区开始重新进入到一个人口增长、文化繁荣的时代，一般称为"古风时代"。很可能正是在黑暗时代末期，希腊进入了城邦文明的时代。

所谓城邦，即城市国家，其希腊文是 πόλις（polis），原意指"固防的居民地"，它兼有"城市"和"邦国"两层含义。希腊城邦的起源仍未有定论，从目前的研究来看，其兴起与发展应当是多中心、多路径的。在古风时代，希腊人的商业和殖民活动相当活跃，最古老的一些殖民地似乎先于殖民者的故地而率先形成了城邦，如叙拉古。此外，也可能与小亚细亚地区的殖民地有关，又或发端于希腊大陆的东部地区，还可能是近东的城邦文化向西发展的结果。[1]

古希腊城邦一般规模较小，除了斯巴达或叙拉古这些少数例外，大多城邦面积不超过 3000 平方公里，人口也不多，通常由一座城市和城市近郊的乡

---

[1] 可参考汉森（Mogens Herman Hansen）的相关研究，如，Mogens Herman Hansen, *Polis: an introduction to the ancient Greek city-state*（Oxford: Oxford University Press, 2006）。

村地带构成。[1]对于古希腊人来说，"城邦出于自然的演化，而人类在本性上也正是一个城邦动物"[2]。因此，城邦决定了古希腊人的存在方式和生活秩序。相应地，公民权在希腊城邦文化中至关重要，城邦首先是一个公民共同体。英文中的"政治（politics）"一词，便是源自polis衍生的形容词，其本义是"与城邦公民□□□□□□□□□□□□"外，古希腊的城邦彼此相对独立，但因为语言和宗教信□□□□□□□□□统一性。

殖民活动

城邦文明的发展从一开始就伴随着殖民活动。希腊地区多山地少平原，不利于大规模的农业发展和人口集中生活，但得益于海洋条件，交通和贸易则发展较早，这促进了殖民活动的开展，形成了大大小小的定居点。古希腊语表示殖民的用语主要由 κτίζω（ktizo）及 οἰκέω–οἰκίζω（oikeo–oikizo）系列构成，其意义即为"居住""定居"。[3]

我们阅读修昔底德时常会见到"殖民地"一词，但古希腊的"殖民"情况相当复杂，在"殖民"这个统一的称谓下包含不同性质、不同动机的殖民活动。早期的希腊殖民基本上是无组织的行为，从古风时代起，殖民活动变得更具系统性，城邦将其部分人口送至殖民地定居，并且常常事先求取神谕卜问吉凶；且这时主要的殖民活动为农业耕种。此外，殖民地的建立既有和平互惠式的，同样也有暴力冲突式的，[4]而后者似乎在本篇所关注的公元前五世纪更为突出。

和近现代殖民不同的是，古希腊的殖民地虽然天然与母邦有所联系，但很多时候并不从属于母邦，所以母邦与殖民地之间有如两个邦国一样也会发

---

[1] M.H.Hansen, *Polis: an introduction to the ancient Greek city-state*（Oxford: Oxford University Press, 2006），p.139.

[2]亚里士多德《政治学》1253a，中译参见吴寿彭译本，第7页，商务印书馆1983年，略有改动。

[3]今天英文的殖民（colonisation）一词对应的拉丁文"colonia"，来自"colonus"，表示"土地耕种者""农民"，而其动词"colere"则意为"耕种、种植"。

[4] Gocha R.Tsetskhladze, *Greek Colonisation: An Account of Greek Colonies and Other Settlements Overseas, Volume 1*（Leiden: Brill, 2006），p.liii.

生冲突。例如，在古典时代的殖民活动中，最活跃的两个城邦就是科林斯和雅典，它们与其殖民地的关系就错综复杂，其中一些摩擦事件也成为了伯罗奔尼撒战争的重要起因。

轴心时代

我们还可在更大的空间和时间坐标轴上定位希腊的城邦文明。1949 年，德国思想家雅斯贝斯在其《历史的起源与目标》中提出"轴心时代"的概念。他认为公元前 800-200 年间，在多个古代文明中都出现了影响深远的文化突破，产生了一批思想伟人，如中国的孔子、老子等诸子，印度奥义书的作者和佛陀，伊朗的琐罗亚斯德，希伯来先知以赛亚、耶利米，希腊的荷马、群哲和修昔底德等等。[1]

荷马史诗、希腊哲人的思想以及修昔底德的《伯罗奔尼撒战争史》，都产生于城邦时代，即是说西方最早期的经典是城邦文明的果实。"城邦时代"同时作为西方文明的"轴心时代"，可见城邦文明对于西方文明重大深远的影响，也可凸显出其在世界文明发展史上的重要地位。

现代学者认为荷马史诗大概作于公元前八世纪晚期或七世纪早期，即黑暗时代之后。[2]荷马史诗中的内容，多少与公元前一千多年前的迈锡尼文明有关，也对黑暗时代和古风时代有所反映。但是荷马史诗毕竟是文学作品，其中很多内容是虚构和理想化的想象。而《伯罗奔尼撒战争史》则如作者所宣称的那样，试图追寻真实——这作品在某种意义上，正是记录了作者所经历的城邦时代。因此我们阅读《伯罗奔尼撒战争史》，即是在阅读作者对西方文明"轴心时代"、对城邦文明的记录，并且确切来说，它还记录了作者眼中所见的希腊城邦如何由盛转衰。

"伯罗奔尼撒"

《伊利亚特》是叙述传说中的特洛伊战争的史诗，《伯罗奔尼撒战争史》

---

[1]［德］卡尔·雅斯贝斯，《历史的起源与目标》，魏楚雄、俞新天译，华夏出版社，1989，第八页。

[2] Barbara Graziosi, *Homer*（Oxford: Oxford University Press, 2016），p.31.

同样也描述了一场战争，这就是公元前431—404年间，以雅典为首的提洛同盟，和以斯巴达为首的伯罗奔尼撒同盟之间的战争。

《伊利亚特》的故事时间跨度只有几十天，选取了战争中某几日或某个有代表性的时段来叙述，而《伯罗奔尼撒战争史》是按照编年体例逐年记叙，从公元前431年直到公元前411年。这整整二十年的记述，恰恰是特洛伊战争加上奥德修斯返乡所需要的总时长。不过战争实际上并非结束于公元前411年，而是公元前404年，所以作品并未完整记录战争的终结和雅典的失败。究竟出于何种原因未能完成，也是人们争论的话题之一。

这场战争被后人称为伯罗奔尼撒战争，"伯罗奔尼撒"是在希腊大陆南端的半岛，也就是斯巴达所在的地区，其希腊语 Πελοπόννησος（Peloponnesos），本意为"珀罗普斯的岛屿"。其中"伯罗奔"即来自"珀罗普斯"，他是荷马史诗中阿伽门农和墨涅拉奥斯的祖父；而"尼撒"来自nesos，即为岛屿之意。了解了伯罗奔尼撒的含义，我们也就不会觉得这个名称太过佶屈聱牙了。

"历史之父"

荷马史诗中也有可以稽索史实的部分，但总体而言很难把它看作真正的史著。而修昔底德的这部作品，则是一部编年史体例的史书。那么，这是西方第一部史书吗？

大家可能知道被誉为西方"历史之父"的希罗多德，他是修昔底德的前辈。希罗多德的作品《历史》，主要讲述了伴随波斯帝国的不断扩张而发生于约公元前490—前479年的"希波战争"。最开始波斯大流士王两次出征希腊，以雅典人取得了马拉松战役[1]的胜利而告终，这是第一次希波战争。后来大流士之子薛西斯卷土重来，希腊人在斯巴达国王的领导下，在温泉关战役中以少击多，惨烈阻击波斯大军，最后以雅典海军统帅忒弥斯托克勒斯

---

[1] 据说在马拉松战役胜利后，雅典的长跑能手斐力庇第斯极速跑了40多公里，回雅典报捷，然后倒地身亡。今天马拉松长跑的历史来源即在此。

（Themistocles）[1]主导的萨拉弥斯（Salamis）海战、斯巴达摄政王泡桑尼阿斯（Pausanias）指挥的普拉泰亚（Plataea）陆战，[2]决定了对波斯的胜利，这是第二次希波战争。

因此，希罗多德是古希腊有较为完整的作品存世的第一位史家。其实西语中的"历史"（例如英文 history）一词便起源于希罗多德的作品。希罗多德在其作品开篇便说："以下所展示的，乃是哈里卡那苏斯人希罗多德调研（ἱστορία，historia）的成果"。[3]在此，古希腊文 historia 一词，原意为"征询、调查"。后人即以此词命名希罗多德的这部作品，也同时奠定了西方史学的开端。

希罗多德的作品故而有着不可替代的价值。但对于理解今天的西方文明，理解其政治观念的渊源，一般会认为修昔底德更为重要，甚至也有人认为他才是西方"真正的历史之父"。[4]对此我们可以说，修昔底德和希罗多德一样是西方史学奠基人。

尽管如此，在古希腊并不存在如今的学科划分，我们不能将修昔底德的作品定义为狭义的学科意义上的"历史"。[5]实际上，这部作品产生于当时戏剧、演说、逻辑、自然哲学、哲学以及历史这些新兴文体之间，其中内容可以看到这些来自不同层面的元素的交融，这是古典作品的魅力所在，也显示出作者本人的综合素养。

---

[1]本文关于《伯罗奔尼撒战争史》的引文和参考如无特别说明均源自：［古希腊］修昔底德，《伯罗奔尼撒战争史》，何元国译，中国社会科学出版社，2017。文中一般采用此译本所用译名，括号内附所对应专名的常见英文形式。

[2]《伯罗奔尼撒战争史》第一卷中会谈及此二人的结局。

[3]希罗多德原文使用的是伊奥尼亚方言形式 ἱστορίη。译文参考，［古希腊］希罗多德，《历史》，徐松岩译，上海人民出版社，2018，第51页。

[4]Jean Bodin, *Methodus ad facilem historiarum cognitionem*（Apvd Iacobum Stoer, 1610），p.270.

[5]Jeremy Mynott, *Thucydides: The War of the Peloponnesians and the Athenians*（Cambridge University Press, 2013），p.xv.

第二节　修昔底德：其时其人

群星闪耀

孟子言知人论世，虽然我们对修昔底德本人的了解很少，所幸还是比对荷马的了解略多一些。我们不知道修昔底德具体的生卒年，但他所生活的时代就是这场战争发生的时代，也就是在公元前五世纪，属于希腊的古典时代（约公元前 500–323）。[1]

这时期对应我们中国历史正是春秋战国之交。我们的春秋战国时代一边是列国相争，一边是百家争鸣，而在公元前五世纪的希腊，同样是战争频仍、群星闪耀。这个世纪的希腊，以希罗多德记述的希波战争开始，以修昔底德记述的伯罗奔尼撒战争结束。尽管如此，这却是希腊世界的黄金时期，各个领域人物辈出。

古希腊三大悲剧家之一埃斯库罗斯和伟大的琴歌诗人品达，有半生是活在公元前五世纪。希罗多德，以及另外的两位悲剧家索福克勒斯、欧里庇得斯，雕塑家菲狄亚斯，他们一生都在公元前五世纪度过。哲学家巴门尼德、恩裴多克勒、阿那克萨哥拉、德谟克里特和普罗泰哥拉斯都先后从公元前五世纪走过。苏格拉底也生活于这个时代。苏格拉底的弟子柏拉图、色诺芬以及出色的喜剧诗人阿里斯托芬则出生在公元前五世纪下半叶。柏拉图出生时，伯罗奔尼撒战争刚刚开始不过两三年，他的整个青年时期都浸染在战争的阴霾中。

这些熠熠生辉的人物中的大多数都来自雅典或在雅典生活过，修昔底德也是雅典人。

斯巴达与雅典

公元前五世纪的希腊有几个重要的城邦，如科林斯、忒拜（Thebes）、

---

[1] 关于希腊历史分期，也可参见本书第一章第二节相关内容。

阿尔戈斯，而斯巴达与雅典是其中最大也最重要的，可以说它们是所有希腊城邦的领袖。也正是由于这两个城邦的勠力同心，希腊人才能在希波战争中以自己的力量打败波斯入侵者，而希波战争对于"希腊精神"、希腊民族意识的形成，也起了特殊的推动作用。

然而，从制度到气质，这两个城邦都大相径庭。

传说可能在青铜时代之后，黑暗时代的公元前十世纪左右，来自北方的多里斯人占领了伯罗奔半岛上称为"拉科尼亚"（Laconia）之地，[1]征服了当地原住居民。[2]八世纪晚期又向西扩张，征服了美塞尼亚地区，那里的原著居民就是后来所谓的黑劳士（heilos）。

拉科尼亚大多为山地，但斯巴达位于欧罗塔斯河谷，地处平原，农牧业较为发达，地理环境封闭，文化上也倾向于保守谨慎。斯巴达人寡言慎语，注重纪律、传统、长者权威，以及同辈人之间的平等，国体稳定。他们拥有独一无二的政体，公元前五世纪，斯巴达人由两位国王共治，每年从公民大会中选出五位监察官，监察官虽然任期只有一年，却握有实权。斯巴达公民数量不多，所有的斯巴达男性公民都是职业战士。居住乡下的黑劳士是斯巴达人的农奴，每年都需上缴他们收获的部分粮食给斯巴达人。斯巴达只有很少的生产者（手工业者）和商人，保持最低限度的对外贸易。

我们对神秘的斯巴达人所知不多，一些晚期的材料呈现了各方面都相当独特的斯巴达社会。但无可置疑的是斯巴达全民皆兵，拥有令全希腊人都会不由感到胆怯的最强的重装步兵战士，到公元前五世纪仍然如此。当时斯巴达已经控制整个伯罗奔尼撒，与许多城邦结成同盟，这些城邦接受斯巴达领导，这就是后人所说的"伯罗奔尼撒同盟"。斯巴达在本著作中又被称为"拉刻代蒙（Lakedaimon，又译为拉栖代梦）"，所以修昔底德较常用的说法是"拉刻代蒙人及其盟邦"。在希波战争时期，为了抗击波斯，斯巴达被推举为全希腊城邦的领袖，可见其地位和威信。[3]

---

[1] 所以斯巴达也被称为拉科尼亚。

[2] 可能就是后来所谓的皮里奥西人，从事商业和手工业，服务于斯巴达人，虽然并非奴隶。

[3] 可参考 Simon Hornblower, Antony Spawforth（eds.），*The Oxford Classical Dictionary*（Oxford University Press, 2012），pp.788-789。

　　而雅典，无论在经济还是其他方面，都与斯巴达完全相反。雅典农业条件不佳，工商业特别是海外贸易则相当发达，雅典所在的半岛有优良海港——比雷埃夫斯港。伯罗奔尼撒战争前的雅典，经历了希波战争，拥有了强大的海军，民主制度也已完全建立，社会开放，文化繁荣至于惊人的地步；公元前五世纪的那些重量级人物大多来自雅典或在雅典生活过，而他们每一个人的影响都远远超越一个城邦、一个时代。可以说公元前五世纪的雅典集中体现了古希腊文化的最高成就，而此时其国力也已到达顶峰。

　　第二次希波战争结束之后，公元前 478/477 年，雅典人与爱琴海沿岸的许多城邦共同创建了一个同盟，盟址设在基科拉迪群岛的提洛岛上，"提洛同盟"之名即由此而来。根据修昔底德的记录，最初各盟邦以自愿的原则在雅典指挥下团结盟邦的全部力量，防备波斯再度袭击。同盟成员根据各自的能力和意愿，要么提供战舰士兵，要么缴纳贡金（1.95.1–1.98.3）。

　　可见，在公元前 5 世纪中期，经历了希波战争之后，斯马达与雅典都达到了其发展中的鼎盛阶段，并以各自为中心形成了城邦联盟。因此，修昔底德在其作品开篇即表明："他从一开始即预见到这场战争规模宏大，比以前任何战争都更值得叙述。因为双方势力如日中天……"（1.1.1）。

被流放的将军

　　我们对修昔底德极为有限的了解大多来自其本人在书中的叙述。他是雅典人，应该出生于公元前 455 年之前，大概在公元前五世纪末去世。他的父亲似与色雷斯王族，以及希波战争中马拉松战役的主帅弥尔提阿得斯（Milthiades）及其子有亲缘关系，但这并不确定。确定无疑的是修昔底德在公元前 430 年感染瘟疫而大难不死（2.48），此外就是他在前 424/23 年当选为雅典十将军之一（4.104）。[1]

　　雅典的十将军是指的什么呢？在公元前六世纪末、五世纪初，雅典最高执政者、当时的首席执政官克里斯提尼进行了诸多改革，包括将阿提卡划分为十个新的公民部落；每个部落为军队提供一个步兵团，同时每个部落也选

---

[1] Antonios Rengakos, Antonis Tsakmakis, *Brill's Companion to Thucydides*（Brill, 2006），p.24.

出一名将军，构成十将军委员会；十将军后来作为军事指挥官也有了政治领袖的地位，每年选举一次，但对连选连任的次数并无限制。十将军事实上就是这一战争时期雅典最有影响力的政治人物。[1]

就在修昔底德当选将军的这一年，斯巴达将领布剌西达斯（Brasidas）进攻安庇波利斯（Amphipolis）——这是雅典人在爱琴海北部的战略重镇。此时修昔底德正驻扎在约半日路程之遥的塔索斯（Thasos）。安庇波利斯的守将、另一位雅典将军向同在色雷斯地区的修昔底德求援，当修昔底德傍晚赶到时，布剌西达斯已然诱降成功，安庇波利斯落入敌手。修昔底德也因此遭流放二十年，在这期间他广泛游历、收集史料。对他而言这也许是某种不幸，却由此为我们酝酿出了一部深远影响的杰作。

第三节　"战争史"之主题与结构

书名与主题

这部作品传统上被称为《伯罗奔尼撒战争史》，但修昔底德本人并没有如此命名自己的作品。学者们根据不同的考虑，曾对本书的题名提出不同建议。

比如 2017 年中文版新译本的译者何元国先生虽然沿用了《伯罗奔尼撒战争史》，但鉴于本作前三个单词是"修昔底德，雅典人，记载……"，他认为可以称为《雅典人修昔底德之史记》。

而由于"伯罗奔尼撒战争史"这个名字只强调了斯巴达代表的"伯罗奔尼撒"一方，故而有学者例如迈诺特（Jeremy Mynott）将之命名为《伯罗奔尼

---

[1]另参 Simon Hornblower, Antony Spawforth（eds.）, *The Oxford Classical Dictionary*（Oxford University Press, 2012）, p.1405.

撒人与雅典人之战》[1]。

此外，考虑到全书内容和作者主旨，吴于廑先生则称之为"战史"，[2] 刘小枫先生称之为"战争志"。[3]

顺着上述这些提议的指引，我们不妨再来读一读修昔底德在开篇的自白：

"修昔底德，雅典人，于伯罗奔尼撒人（即斯巴达人及其盟邦）与雅典人交战伊始，就着手记载这场战争。他从一开始即预见到这场战争规模宏大（μέγαν），比以前任何战争都更值得（ἀξιολογώτατον）叙述。因为双方势力如日中天（ἀκμάζοντες），且全面备战，而且他发现其余的希腊人，有的立即站到交战的这一方或那一方，有的正打算这么做。对于希腊人和一部分蛮族而言，这是迄今为止最大的（μεγίστη）骚动（κίνησις），甚至可以说波及差不多整个人类。此前甚至更早的事件，由于岁月的流逝，不能够弄得一清二楚了。我从证据出发作出判断，经过最细致的（μακρότατον）探究才肯相信。我的结论是，无论是战争还是其他，这些事件的规模都相形见绌。"（1.1.1）

确实，作者强调战争就是他的主题。

修昔底德要描述的是一场战争，不是别的战争，就是"伯罗奔尼撒人与雅典人"的这场战争。而在第一卷开始说明这场战争的源起之前，修昔底德不吝笔墨地回顾了过去发生的战争，以证明他要记载的这场战争是最大的一场战争、最值得书写的一场战争。

在被称为"考古篇"的第一卷 2-19 节，他追溯希腊古早之时直至修昔底德所生活的时代，希腊发生了哪些变化，说明古早之时希腊弱小；并有理有据地考察荷马描述的特洛伊战争，批评诗人"难免有所修饰和夸大"（1.10.3），因此特洛伊战争的"规模并不很大"（1.10.5）；而公元前五世纪希腊人刚刚经历的另一场大战，即希罗多德叙写过的希波战争，虽然是"过去最大的

---

[1] Jeremy Mynott, *Thucydides: The War of the Peloponnesians and the Athenians*（Cambridge University Press, 2013），p.xxvii.

[2] 吴于廑：《古代的希腊和罗马》，生活·读书·新知三联书店，2010，第 202 页。

[3] 刘小枫：《古典学与古今之争》（增订本），华夏出版社，2017，第 28 页。

事件"，也"仅两场海战和两场陆战便决出胜负"。

修昔底德的结论是："人们若从事实出发来探究，将会发现这场（伯罗奔尼撒人与雅典人的）战争比以前的都要伟大"（1.21.2）。

修昔底德的"创作"

修昔底德批评荷马和散文作者（其中或许也包括希罗多德）修饰和夸大，"追求的是吸引听众，而不是真实可靠，其故事无从检验"。他也同时表明他本人追求的是"确凿的证据"和"实情"（1.21.1–2）。

我们该如何看待修昔底德写作内容本身的真实性？

因为首先，我们会在书中读到大量的演说词，大约占到全书篇幅的四分之一。由于民主政治以公民的意见表达为前提，演说及修辞对于古希腊的政治生活来说就显得至关重要。至少从修昔底德的时代开始，凡有意在雅典政治中有影响力者，必须掌握修辞术。相应地，智术师们（sophistes）在这一时期大为活跃，他们通过教授演说和修辞术收取高额学费；他们大多并非雅典人，在全希腊各处游历，却在雅典获得最大的成功。[1]修昔底德作品中丰富的演说词，证明了修辞术对雅典政治决策的影响力。

在1.22.1–4，作者说明了这些演说词的来源，即有些是亲耳听到的，有些是听他人转述的，但无论如何都是不可能逐字逐句记载下来的。这就意味着，修昔底德对演说词的记述中就包含有"创作"的成分。在此，他表明他的处理方式在于：一方面使演说者说出根据场合必需说的话，另一方面要尽可能保持实际讲话的大意。

其次，对于书中记叙的大量历史事件，修昔底德也强调，其材料来源要么是"亲历"，要么从"亲历者"处得来。他申明他的处理方式是：尽可能用最严格、最仔细的方法探究每个细节，以求符合"事实"。但是他也明确地承认，由于记忆的不确切，和亲历者立场的差异，肯定存在着不足。

---

[1] Harvey Yunis, "Political Uses of Rhetoric in Democratic Athens", in *The Greek Polis and the Invention of Democracy: A Politico-cultural Transformation and Its Interpretations*, Johann P.Arnason, Kurt A.Raaflaub, and Peter Wagner ed. (Chichester, West Sussex, UK: Wiley-Blackwell, 2013), p.146.

总之，修昔底德的整部作品是"言"与"事"的结合，他试图以"确凿的证据"来呈现"实情"，在阅读整部作品时，读者也能感受到其中冷静平淡的文风。与此同时，其中不可避免地也会存在着"创作"的内容，对此修昔底德尝试以"合理"的方式极力去呈现真实，且归根结底并不认为这种创作带来的瑕疵如何至关紧要。因为，他说他的著作"不想赢得听众一时的奖赏，而是想成为永远的财富"（1.22.4）。即是说，其著作的根本主旨，既不在于奇闻逸事的引人入胜，也不在于追求严丝合缝的历史细节，而是在于借过去启迪读者、预知未来。

最大的"运动"

那么修昔底德记述这场战争，且强调这是一场最大的战争，究竟要给读者带来什么样的启迪呢？

在著作的开篇，出现了一个非常关键也非常有趣的词，作者说"这是迄今为止最大的（μεγίστη）骚动（κίνησις）"。在此，"骚动"（κίνησις，kinesis）这个词，其古希腊语本义是"运动"。[1]修昔底德为什么使用这个词？其中有哪些意蕴呢？

首先，如果和平可以视为一种相对静止的状态，那么战争就是运动的状态。既然修昔底德记叙的主题是战争，战争与和平相对，可以说是 kinesis 在此最直接显明的含义。从公元前 5 世纪 80 年代的希波战争，到 30 年代开始的伯罗奔尼撒战争，中间恰恰经过了五十年相对和平的时光，战争的双方也在此期间积累人力和财富。

其次，从战争双方来看，也可用静止与运动来描述其特征。据修昔底德的说法，斯巴达在将近 400 年间都保持同一政体（1.18.1），相对国体稳定，社会封闭；而雅典却是极其开放，外邦人云集此地，雅典人则纷纷出行，热衷于海外贸易。在公元前五世纪时，相比斯巴达保持的近乎一成不变的状态，

---

[1]今天我们熟悉的表示"电影、电影院"的英文词 cinema，其中 c 和 k 一样都可是对古希腊语中同一个字母 κ 的转写；cinema 来自法语 cinématographe，后者是由两个古希腊语词 kinema（"运动"）和 grapho（"书写"）合成的，连起来意思即为"记录运动（的图像的仪器）"。

雅典已然从一个普通的城邦迅速发展成一个活跃的帝国；这种相对静止与绝对运动的对立，或许也可承载作者和读者某种褒贬和倾向。

第三，我们在阅读这部作品时会注意到希腊世界殖民运动的发展，特别考虑到殖民运动涉及地理范围之广，时间之持久，当然也可视之为宏大的"运动"。并且正是在伯罗奔尼撒战争时期，殖民运动呈现出一种特殊的态势，一种别样的动荡和残酷。

最后，最大的运动还可以指，由"如日中天"的战争双方所代表的盛极一时的希腊世界，在这场战争中分崩离析且腐朽了。比起希罗多德叙写的希腊人对波斯人的胜利，修昔底德所描述的并非何等令人振奋的战争，而是希腊人彼此残杀的战争，也更能让人看到战争的本质。伯罗奔尼撒战争后的希腊世界将很快由北方的"蛮族"马其顿统一，又很快重新陷入分裂，而希腊也再未能重新回到伯罗奔尼撒战争前的繁盛。

修昔底德清楚地看到这一切，他借伯里克利之口说："任何事物都无永不衰败之理""万事万物都是盛极而衰"（2.64.3）。所以，他要写他心目中这场最大的战争，最大限度地代表人类的战争；或者说，他写一场具体的战争，写的却是所有人类的经历，因为这场战争体现的是人类之荣华与凋零的交替。

这场战争具有普遍意义，能透视盛衰之理、人性之机，也因此，叙写这场战争的作品将成为人类"永远的财富"。修昔底德希望在具体的战争中探知普遍，这大概就是其借对过去的探究而给我们带来的启迪吧。

战争史的结构

修昔底德的这部著作是编年体，也就意味着其书中所叙事件大致对应于战争发展的各个阶段。

当时的希腊人当然不知道这场战争将要持续如此之久，也不知何时结束。事实上，这并非一场不间断地由公元前 431 进行到公元前 404 年的战争，而是由几个阶段构成，主要可以看成前后两个阶段：

前一个阶段是前 431—421 年的阿尔喀达摩斯（Archidamus）战争，即十年战争。

后一个阶段是前 413—404 年，有时又被统称为"得刻勒亚（Dekeleia）战争"或"伊奥尼亚战争"（指小亚细亚伊奥尼亚地区附近的海域）。

中间则由《尼喀阿斯合约》[1] 带来的"相对"和平的一段时期（前 421—413 年）隔开，在此期间雅典还开始了西西里远征行动。

修昔底德的著作被后人划分为八卷，八卷的结构内容与战争各个阶段的大致对应关系如下：

卷 1 开篇序言与战争前奏

卷 2–5.24 前十年，即"十年战争"

卷 5.25–116 "尼喀阿斯合约"到墨罗斯（即米洛斯）投降，"相对"和平的时期

卷 6–8 西西里远征始末

卷 7–8 战争最后阶段（陆上的"得刻勒亚战争"和海上的"伊奥尼亚战争"）

实际上，在记叙战争的同时，全书以雅典的崛起和崩溃为主线，逐步展示了雅典帝国的兴起和衰亡。[2]

第四节　战争起因与"修昔底德陷阱"

科西拉事件

修昔底德重视战争的起因。他在第一卷中详细说明了战争的开端，"雅

---

[1] Nikias，又译为尼基阿斯。

[2] 可参考以下译本所附年表：［古希腊］修昔底德，《伯罗奔尼撒战争史》，谢德风译，商务印书馆，2019；［古希腊］修昔底德，《伯罗奔尼撒战争史》，徐松岩译，上海人民出版社，2017。

典人和伯罗奔尼撒人撕毁了他们在优卑亚被征服之后签订的《三十年和约》"
（1.23.4）。然而这一战争并不始于雅典和斯巴达双方的直接争端，根据修昔
底德记录，战争的催化剂是科西拉和波忒代亚事件，而这两个事件关系到另
外一个重要的城邦：科林斯。

在希波战争中，雅典通过发展海军成为海上强国，希波战争后又成为爱
琴海上"提洛同盟"的霸主。其势力扩张令斯巴达一方感到不安，以斯巴达
为首的伯罗奔尼撒同盟与雅典一方发生了冲突，最终雅典不得不在公元前446
年签订了《三十年和约》，承认斯巴达的领导范围，而斯巴达则承认雅典在
提洛同盟的统治地位（1.115）。

科林斯属于斯巴达领导的伯罗奔尼撒同盟，是伯罗奔尼撒的另一个重
要城邦，无论海军还是经济文化都较为发达。科林斯是很早就建立众多殖
民地的希腊城邦，其中包括后来独立于科林斯的科西拉（Corkyra，今天的
科孚岛）。

科西拉也建立了一个叫作叫做厄庇丹诺斯（Epidamnos，在今阿尔巴尼亚
境内）的殖民地，且科林斯也参与了创建。厄庇丹诺斯的贵族与平民发生纷
争，贵族被驱逐后联合蛮族反攻，平民因此求援于科西拉与科林斯；科西拉
拒绝援助，而科林斯答应，于是科西拉就帮助逃亡贵族反对科林斯；这意味
着厄庇丹诺斯内乱将其母邦科西拉，以及科西拉的母邦科林斯都牵涉进来，
科西拉支持贵族派，而科林斯支持民主派；科林斯在对科西拉的海战中战败，
科西拉占领了厄庇丹诺斯，又乘胜报复了其他一些科林斯的盟邦。

此后科林斯积极准备复仇，感到恐惧的科西拉向雅典求助，而科林斯也
遣使意图阻止雅典介入。修昔底德向我们呈现了科西拉和科林斯双方怎样在
雅典公民大会上陈说辩论。顺便提一下，大家阅读时可能会注意到，修昔底
德书中的演说词篇篇精彩，不可转述，呈现了古典时代演说术发展登峰造极
的效果，有一些值得沉思玩味，另一些则令人反思公共演说的蛊惑性以及言
辞可能被滥用的危险性。

雅典接受了科西拉的请求，但由于不想破坏《三十年和约》，只与科西
拉缔结"防守同盟"。然而海战中，雅典最终仍然不得不出手援助科西拉，
科林斯遂撤退，指责雅典违反和约。虽然科林斯和科西拉双方都自称自己是

胜方，但事实上，在这场战斗中科林斯落败了。"对科林斯人而言，这就是与雅典人的战争第一个责难的理由：雅典人在休战期间与科西拉人一起向他们开战。"（1.55.1）

波忒代亚争端

然而紧接着，又发生了波忒代亚（Poteidaia/Potidaea）争端。此处本是科林斯的殖民地，现在却是向雅典纳贡的盟邦，但科林斯每年仍派遣官吏前来，故而仍维系着与波忒代亚的关系。

由于科林斯已公开与雅典不睦，雅典担心波忒代亚投向科林斯，于是命其拆除城墙，交出人质，驱逐科林斯官员。雅典这一行动的背后还有一个原因，即马其顿国王柏第卡斯（Perdiccas）已与雅典反目为仇，因为雅典与柏第卡斯的对手结盟反对他。柏第卡斯拉拢科林斯，意图让波忒代亚叛离雅典，还建议色雷斯地区的卡尔喀斯（Chalcis）人和玻提埃亚（Bottiaea）人一起叛离。马其顿是一个重要的区域大国，又与科林斯建立了联系，雅典要预先阻止各城邦的叛离，防备更大的风险。

而波忒代亚一方，则一边与雅典谈判，一边也派遣使节与科林斯人一起去斯巴达活动；斯巴达允诺，若雅典攻打波忒代亚，斯巴达便侵入雅典所在的阿提卡地区；于是波忒代亚与卡尔喀斯和玻提埃亚盟誓一同叛离雅典。雅典遂与科林斯、波忒代亚交战，并建起一道城墙封锁了波忒代亚，虽然波忒代亚最终投降，但雅典也消耗了巨大的人力物力。

于是，在雅典人和伯罗奔尼撒人之间，又有了新的相互责难的理由……然而战争还没有全面爆发……至此，还只是科林斯人单独采取行动……他们请求盟邦前往拉刻代蒙……然后拉刻代蒙人（斯巴达人）邀请所有其他声称遭受雅典戕害的盟邦前来拉刻代蒙。（1.66）

以科林斯为代表的各邦在斯巴达公民大会上陈词，要求向雅典开战。在斯巴达的雅典使节团正巧听闻此事，也要求在大会上发言，他们首先回顾雅典在希波战争中对希腊的巨大贡献，并且表明自己并非通过武力获得了帝国地位：

一个帝国送给我们时，我们就接受了，此后又由于最难以克服的因素——荣誉、恐惧和利益，我们就不肯松手了。此乃人之常情……弱者受制于强者，是永远通行的。（1.76）

在发言的最后，他们还劝斯巴达人不要轻易开战，否则会被果断反击。显然，雅典使团的发言充满着强权的傲慢，其效果适得其反；斯巴达人听取发言后，大多数人认为雅典人已犯下罪行，应当开战；虽然国王阿尔喀达摩斯告诫邦民不要匆忙决议，应三思而后行，但在监察官一番发言后，公民大会最后还是决议开战。这发生在公元前432年。

"最真实的原因"

修昔底德在第一卷中记叙了战争正式开始前的种种事端，他清楚地表示："我首先要记载的是，他们撕毁（三十年）和约的原因、相互责难的理由以及分歧所在，以使后人明了希腊人中间发生的如此大规模的战争从何而起"。但是，他接着说："我相信，战争真正的原因，尽管不太为人所知，是势力壮大的雅典人，引起了拉刻代蒙人的恐惧，从而迫使他们开战"（1.23.5–6）。

此处修昔底德所说的"真正的原因"，原文是 $\tau\grave{\eta}\nu\ \mathring{\alpha}\lambda\eta\theta\varepsilon\sigma\tau\acute{\alpha}\tau\eta\nu$ $\pi\rho\acute{o}\phi\alpha\sigma\iota\nu$（ten alethestaten prophasin），形容词用了最高级的形式，直译即"最真实的原因"。所以，修昔底德认为战争"最真实的"原因是"势力壮大的雅典人，引起了拉刻代蒙人的恐惧"，这一论断正是人们持续讨论的焦点之一。例如，不少学者就此认为，"对深层和表层原因的区别是修昔底德对后世历史写作最伟大的贡献"。[1]

而所谓"修昔底德陷阱"的说法正是由此而来。美国学者艾利森（Graham Allison）在二十一世纪借用二十世纪八十年代美国作家沃克（Herman Wouk）的这一说法，意图说明这样一个现象，即一个新兴上升的势力将会挑战原有势力的统治地位，因而会发生暴力战争。

要讨论"修昔底德陷阱"，起码涉及两个层面的问题：一是修昔底德所

---

[1] Simon Hornblower, *A Commentary on Thucydides.Vol.I, Books I–III* (Oxford: Clarendon, 1991), p.65.

说的战争爆发的真实原因本身是否成立；二是修昔底德的判断是否适用于今日世界。

关于战争爆发的真实原因，首先，修昔底德说"是势力壮大的雅典人，引起了拉刻代蒙人的恐惧，从而迫使他们开战"，仿佛是斯巴达（拉刻代蒙）人主动开战；然而他又用了"迫使"一词，说明斯巴达是被迫开战——这一点也可以通过修昔底德的记叙以及斯巴达盟邦的演说词得到证实——那么究竟雅典和斯巴达哪一方对战争的爆发负有更大责任呢？看起来修昔底德的说法本来就不那么确定。

其次，也有学者认为修昔底德的这一判断本身就是错误的，如美国学者卡根（Donald Kagan）。他认为，在公元前446—前433年间雅典并没有明显的"势力壮大"，而且战争的爆发并不具必然性：当时并非两极格局，其他若干重要城邦都可能成为影响战争爆发与否的因素，不能只从雅典与斯巴达的关系来分析；并且斯巴达、雅典和科林斯都没有意愿发动这场战争，战争却在这种情况下爆发了，因此我们不能简单地将战争归结为某一方的意愿。

第三，通过修昔底德的记叙，也可看出事实上战争的爆发与科林斯这个城邦有莫大的干系，故而也有人认为战争真正的起因应该是科林斯，而不能简单归结为雅典或斯巴达。[1]人们会在困难环境中作出错误决定，这是人性的有限性和弱点，像科林斯这样的小邦的抉择以及其他的偶然因素，最终将雅典和斯巴达卷入，导致了战争的爆发，但这也并不具有必然性。

当然，我们可以不同意修昔底德的看法，但"我们用来质疑修昔底德的证据，绝大多数都是由修昔底德本人提供的。"[2]回到著作本身来看，修昔底德固然提出了他所认为的战争"最真实的原因"，然而他也花了大量的篇幅说明战争前的事端，以及各邦代表的发言。其行文和手法如此"详细"，也说明了修昔底德给予它们的分量。所有这些战前争端与"最真实的原因"，

---

[1] 关于修昔底德这一论断，聚讼纷纭，可参见 Eric W. Robinson, "Thucydides on the Causes and Outbreak of the Peloponnesian War",in *The Oxford Handbook of Thucydides*, Ryan K.Balot, S.ForsdykeandE. Foster ed. (Oxford University Press, 2017), pp. 118-124.

[2] ［美］唐纳德·卡根，《伯罗奔尼撒战争的爆发》，曾德华译，华东师范大学出版社，2019，第368页。

一方面好像体现了表层与深层的不同理由，另一方面它们也同时互为表里，看似是借口的理由与真正的理由彼此交织。可见，在修昔底德看来，导致具体战争之缘由是极其复杂的。因此，整场战争的起因恐怕并非简单一个"修昔底德陷阱"便能概括。

至于修昔底德的判断是否适用于今日世界，首先，虽然修昔底德具有哲人精神、怀有探索普遍性的自觉，但这并不意味着修昔底德承认，对具体战争的原因的分析总结必然具有普适性，可以简化为某种公式，不加限定地套用于任何时空的国际关系分析上。

其次，也需要注意，修昔底德只是表明他认为战争真正的原因为何（prophasis，偏重于指理由、动机，而非客观上的原因），并没有声称这一原因构成充分条件或必然会导致特定战争的爆发。此外，修昔底德也肯定战争与人性弱点的联系，例如在叙述科西拉革命时，他曾说"只要人的本性不变，像这样的灾难将会一直发生"（3.82.2），但这也不构成对于某场战争是否发生的必然推论。

所以，虽然大家在阅读修昔底德时会发现，其中有大量内容会令我们联想到我们身处的今日世界，但需要避免直接的拿来主义或机械的比对。或许，了解"修昔底德陷阱"，正在于促进我们以史为鉴，在于认识人性的限度或者事情的复杂程度，而这也是阅读经典的重要意义所在。

第五节　雅典民主制与伯里克利

民主制的建立

修昔底德说，斯巴达长期保持同一种制度，与之相对，雅典的民主制度对于当时的希腊是一种新的政治制度。公元前 6 世纪初，出身雅典贵族的立法者梭伦奠定了雅典民主制的基础，到公元前 6 世纪末 5 世纪初真正建立。雅典公民大会作为最高权力机构由全体雅典成年男性公民组成，除了特殊紧急会议，每月召开一次例行会议，公民皆有权在大会上发言。由全部十个部落抽签选出的五百人构成的议事会是最高行政机构，陪审法庭的陪审员也由抽签产生。前面提到的十将军则是选举产生，统帅雅典军队。

到公元前 5 世纪，修昔底德时代的雅典民主制的发展与一个领导人物密不可分，他就是伯里克利。伯里克利在整个西方历史中也是一位显赫人物。人们把他领导雅典的时代简称为"伯里克利时代"，他与希腊最辉煌的时代和所谓的"希腊奇迹"紧密联系在一起。

伯里克利几乎可以说是和雅典民主制同步成长的。他出生于公元前 5 世纪初，此时雅典刚刚从个人统治的僭主制进入民主制，公元前 5 世纪 60 年代他开始逐渐成为雅典的领袖人物，去世前还连续十几年当选将军。在他的推动下，重要的行政职位开始向下层公民开放；提出为公民参与政事提供公共津贴；壮大海军，给作为三层桨战舰主力的桨手贫民支付军饷；完成了雅典到比雷埃夫斯港的长城；兴建大型公共工程，其中包括至今可见其遗址的帕特农神庙，后者见证了雅典最为光芒四射的时代。

修昔底德在其作品中也表现出对这位人物的仰慕之情。而借伯里克利之口发表的演说词也常常具有独特的意义，特别是鼎鼎大名的伯里克利葬礼演说词。

葬礼演说词

公元前 431 年战争打响，斯巴达的盟邦忒拜（Thebes）进攻雅典阵营的小城普拉泰亚，《三十年和约》已公然遭到破坏，雅典人和斯巴达人都准备开战。斯巴达王阿尔喀达摩斯召集军队，侵入雅典所在的阿提卡地区，蹂躏其乡间和农作物。雅典人则被伯里克利说服，从乡下撤进城里，不与斯巴达人正面陆战，但却派出战舰攻击伯罗奔尼撒沿海地区作为报复，而且在海上进行了一系列军事行动加强其控制力和自身安全。公元前 431 年秋，雅典以全部兵力侵入墨伽拉（Megara），且之后的战争期间，每年都要入侵墨伽拉一到两次。

这一年冬，雅典人为这次战争的第一批牺牲者举行葬礼（2.34），伯里克利被推选发表演说（2.35-46），这就是有名的伯里克利葬礼演说。

这篇演说在西方历史上影响深远，且不断被后世仿效，包括亚伯拉罕·林肯的葛底斯堡演说。在其中我们可以看到伯里克利对民主制的赞美，以及雅典人对于自己的民主制度的自豪感；伯里克利激励雅典人不畏艰难、勇往直前，因为他们是在为幸福和自由贡献力量和生命。

当然，在这篇演说中，我们也会发现"正义"的缺席，它仅仅是基于雅典城邦的视角作出的颂扬与激励；而且，伯里克利一直在试图以对城邦的"爱欲"引导民众过度的欲望（2.43.1），以利益去鼓动民众对荣誉的追求（2.46.1）——这固然是伯里克利的苦心，但其中也蕴藏着危险。

伯里克利的作用

伯里克利对于雅典民主制如此重要，以致修昔底德给出了一句看似矛盾的表达："雅典名义上是民主政体，实际上权力掌握在第一人手里"（2.65.9）。这是因为，一方面，在修昔底德看来，达到鼎盛的民主雅典似乎与伯里克利的领导直接相关：

在战前那么长的和平时期，他治理城邦守中适度，细心守护她的安全，在他的时代，雅典达到了鼎盛。战争开始之后，他也在此正确地评估了雅典的实力。（2.65.5）

另一方面，民主制城邦的民众由于崇尚自由、缺乏节制，无度地追求不必要的欲望，政治领袖也容易被民意席卷裹挟，去不断迎合民众。所以当伯里克利借助欲望和利益去鼓动民众对荣誉的追求时，其危险正在于这同时也会败坏民众。例如，柏拉图就并不认为伯里克利的领导让雅典民众变得更好。[1]

---

[1] 见柏拉图《理想国》《高尔吉亚》等对话。

修昔底德也敏锐地观察到，在伯里克利去世后，雅典的民主制开始崩坏堕落：

> 治国理政着眼于个人野心和私利，给盟邦，也给他们自己造成伤害……各种原因是，伯里克利因其声望和能力一言九鼎，而且从不接受贿赂，世人共知；他以自由人的方式约束群众，是他领导群众，而不是群众领导他。因为他不通过要手腕获取权力，不发言奉承群众，而靠自己的崇高声望直言反对，甚至触犯众怒。群众若骄横狂傲，他便发言挫其锐气，使之有所畏惧；反过来，若畏惧过甚，则又使之满怀信心……然而，伯里克利的继任者们，彼此半斤八两，却个个渴望争得第一，对于城邦事务，他们的原则是投民众之所好。（2.65.7-10）

伯里克利以其卓越的领袖才能统治雅典。然而，战争刚刚开始没两年，在第三卷所记录的那场瘟疫中（公元前429年），伯里克利就已经去世了。所以，伯罗奔尼撒战争的大部分过程发生在这位雅典领袖身后。

当伯里克利在世时，他能够以其威望和能力，驾驭民众的欲望，引导到他希望的方向去，维持城邦的团结。而在他去世后，雅典人相互争斗，唯利是图，也许在修昔底德看来，正是由于再也没有如伯里克利这样尚能控制民众的领袖，雅典才逐渐走上歧路而最终衰落的。

失去伯里克利的雅典，也将失去民主制的繁荣。

第六节　雅典帝国之兴衰

从城邦到帝国

修昔底德常用 arche（"统治"）一词指雅典的霸权，后世译者将其译为

"帝国"，人们往往也就以"帝国"之名称呼公元前五世纪的雅典。那么这个称呼是否合宜？毕竟雅典城邦才区区 2500 平方公里的面积，20 万人口（其中男性公民至少 3 万人），[1] 而我们印象中的"帝国"要么是君主或皇帝统治的地域大国，要么是指近现代以来"殖民主义者完全通过武力侵占他国或侵占土著人民的家园形成的"殖民大国。[2]

修昔底德在第一卷回顾了"雅典人是如何走到邦强势大这一步的"（1.89 以下）。雅典无疑为希波战争的胜利做出了极大贡献，也在希波战争中壮大起来，战后雅典成为提洛同盟的盟主。与伯罗奔尼撒同盟不同，后者无需缴纳贡金，而雅典则接受盟邦的贡赋，因为维持海军也确实需要大量的资金。但当波斯不再构成威胁时，雅典却拒绝解散这样一个它可以从中大量获利的同盟。到五世纪中叶，同盟的财库已被转移到雅典卫城，雅典人用这笔资金服务自己的城邦。

与此同时，雅典也武力镇压盟邦的叛离，如那克索斯（Naxos）、塔索斯（Thasos）；公元前 441 年至公元前 439 年，雅典攻打萨摩斯（Samos），并强迫一些城邦加入同盟，如卡律斯托斯（Carystos，1.98.3）；此外，雅典在平定优卑亚叛乱后强行在该岛推行了民主制和殖民制。[3]

对此，修昔底德如是说：

由于种种原因，雅典人再也不像从前那样受盟邦喜爱。他们不再以平等身份作战，镇压起叛离的盟邦来轻而易举，这个责任要由盟邦自己来负。因为大多数盟邦对于参加军事行动不情不愿，他们不想远离家乡，不愿提供规定数量的战舰，而同意缴纳金钱代替提供战舰。结果，雅典人用盟邦提供的贡款，增强自己的海军实力。而盟邦叛离雅典之时，总会发现面对战争，他们一无实力，二无经验。（1.99.2-3）

---

[1] M. H. Hansen, *Polis: an introduction to the ancient Greek city-state* (Oxford: Oxford University Press, 2006), p.11.

[2] 周芬，张顺洪，"帝国和帝国主义概念辨析"，《史学理论研究》，2021（2），149 页；151 页。

[3] [法] 樊尚·阿祖莱，《伯里克利：伟人考验下的雅典民主》，方颂华译，上海三联书店出版社，2015，第 80-81 页。

可见提洛同盟已成为服务雅典的工具，雅典人将自己的盟主统领地位变为帝国统治，同盟者也变成了臣属。[1]

我们以"米洛斯事件"和"西西里远征"来进一步说明，雅典帝国的霸权特征及其走向衰落的趋势。

米洛斯事件

随着公元前 431 年战争打响、持续和升级，斯巴达渐渐疲于战争；到前 423 年，雅典由于在墨伽拉、玻俄提亚（Boeotia）和安庇波利斯连续失利，也准备与斯巴达议和。同时，双方主战派代表克勒翁和布剌西达斯双双阵亡，以尼喀阿斯为代表的主和派也在雅典占了上风，最终在前 421 年雅典和斯巴达缔结了《尼喀阿斯和约》。

当然这并没有终结雅典与斯巴达之间的战争。修昔底德指出，在这一时期："双方都不按照协议的全部规定交还和接受，将这个时期称为'和平'就不合适了"（5.26.1）。正是在以停战与和约开始的第五卷中，修昔底德记叙了与"和平"毫无关系的系列事件，包括雅典在米洛斯岛的辩论和暴行。

米洛斯（Melos）[2]是基科拉迪群岛的一个小岛，那里的居民最开始两边都不参与，保持中立，但后来雅典人以暴力蹂躏其土地，他们就对雅典人采取公开的敌视态度（5.84.2）。雅典派遣大军进驻米洛斯后，先让使者去劝降，这就发生了和米洛斯人的论辩。在整个论辩过程中，雅典人咄咄逼人，诉诸的基本原则即"强权就是公理"：

你我都知道，在讨论人类事务之时，只有具备相应的武力为后盾才能有公正可言；强者为其所能为，而弱者步步迁就。（5.89）

---

[1]［法］樊尚·阿祖莱，《伯里克利：伟人考验下的雅典民主》，方颂华译，上海三联书店出版社，2015，第 81 页。

[2]何元国音译为"墨罗斯"，但鉴于"米洛斯"这一译名因古希腊雕像"米洛斯的阿芙洛蒂忒"（或称"米洛的维纳斯"，即收藏于法国卢浮宫的断臂维纳斯，因在米洛斯岛发现，故名）已较广为人知，故此处仍用"米洛斯"。

　　雅典人声称，正义的基础是实力的均衡，谁有实力谁就应该来统治，这是根据神的意见，也符合人的天性（5.105.1–2）。米洛斯不愿屈服，雅典人展开了军事行动，围攻米洛斯，最后米洛斯城破投降，"雅典人处死了所有他们捉到的、正处于服役年龄的男子，将儿童和妇女卖为奴隶"（5.116.4）。

　　修昔底德对此事不置片言褒贬，但双方的论辩却是修昔底德所作，言辞和叙述本身足以令人触目惊心。这一论辩的形式本身在修昔底德全作中绝无仅有：修昔底德作品中的大量演说词，往往是由各方完整发表各自的论说，只有米洛斯论辩是双方你来我往的直接对话。这一形式也让人联想到雅典悲剧中角色之间的对话，[1]暗示着这一历史事件的悲剧内核。

　　雅典对米洛斯的发言让人忆起第一卷中雅典人就曾对斯巴达人说过："弱者受制于强者，是永远通行的"（1.76.2）。而此前，伯里克利对民众的演说也清楚地表明，他（或修昔底德）自知当时的雅典已然并非正义："因为今日你们拥有的帝国已像僭主之治，取得她也许是不正义的，放弃她肯定是危险的"（2.63.1–3）。

　　其实，根据法国学者阿祖莱（Vincent Azoulay）的分析，雅典对内的民主化和对外的帝国化是同步推进的。[2]甚至为了维持民主的雅典，雅典也无法放弃其帝国，正义亦可弃之不顾。

　　这便是雅典如日中天之时，其帝国论调和强权特征。

　　米洛斯人在论辩时曾指出，强者并不能永远强大，有朝一日，强者变为弱者，也会渴望真正的正义（5.90），而这竟一语成谶。色诺芬的《希腊史》曾写到在伯罗奔尼撒战争的最后，雅典人闻知己方战败时的情景：

　　帕拉鲁斯号在夜间抵达雅典，告知雅典人他们遭遇惨败的消息。消息一传十，十传百，雅典人的哀号之声通过长城，从比雷埃夫斯传到雅典城里去。这天夜里谁也未能入眠，他们不单为本邦死难者悲伤，更多的是为他们自己担心。他们认为，他们曾经在攻克对方城池后，施加于拉栖代梦人的殖民者

───────────

[1] Simon Hornblower, *Thucydides*, The Johns Hopkins University Press, 1987, p.117.

[2] ［法］樊尚·阿祖莱，《伯里克利：伟人考验下的雅典民主》，方颂华译，上海三联书店出版社，2015，第9页。

米洛斯人，施加于希斯提埃亚人、托伦涅人、斯基奥涅人、埃吉那人以及许多其他希腊人身上的苦难，自己也将遭到同样的报复。（2.2.3）[1]

然而修昔底德并未写到战争的结束，历史上斯巴达也并未对雅典实施同等规模的屠城行动。但是紧接着米洛斯事件，在第六和第七卷，修昔底德记述了雅典的西西里远征，雅典人在这一场他们自己发动的远征中很快就承受了悲惨的后果。

西西里远征

公元前 415 年，雅典公民大会决定远征西西里。

西西里岛西部城邦厄格斯塔（Egesta）人在前一年向雅典求援，他们与邻邦塞利努斯（Selinus）因婚姻和领土争端爆发战争，他们允诺会为雅典提供足够的资金。于是雅典派使节去西西里，听信了厄格斯塔人很多不真实的说法。雅典人两次召开公民大会，阿尔喀比阿得斯（Alcibiades）、尼喀阿斯和拉马科斯被选为全权将军。

尼喀阿斯并不赞成出征，他与阿尔喀比阿得斯各自在公民大会上发表演说。阿尔喀比阿得斯成功地让雅典人更急切地想要出征。与之相对，尼喀阿斯为了阻止远征，夸大远征的难度，提出为了确保远征成功需要更大规模的军备。然而事与愿违，困难反而增强了雅典人的征服热望（6.24.3）。

战争征服拥有可怕的吸引力。最后，雅典人采纳阿尔喀比阿得斯的意见，决定远征。但正如修昔底德所说，"最真实的原因"是雅典想要统治西西里全岛（6.6.1），特别是叙拉古（Syracuse）。叙拉古是科林斯建立的殖民地，西西里最大的城邦，是塞利努斯的盟友，倾向斯巴达。

然而在出发之前，雅典城里绝大部分赫尔墨斯石像遭损毁，雅典人"把这起事件看得极为严重，因为它似乎是这次出征的预兆；他们同时认为这是阴谋者之所为，这些人想要举事，推翻民主政体"（6.27.3）。阿尔喀比阿得斯遭到指控，因其之前曾嘲弄侮辱宗教秘仪（6.28.1）。他虽然进行了反驳，

---

[1]　[古希腊]色诺芬，《希腊史》，徐松岩译，上海人民出版社，2020，第 105-106 页。

但其政敌为防止军队和民众支持他，反对对其立即审判，而令其先出征，以便乘其不在时更容易罗织罪证，再期进行更严重的指控（6.29.3）。之后，阿尔喀比阿得斯被从西西里召回，他因担心回国受到不公正的审判，而在途中叛逃斯巴达。

于是，尼喀阿斯与拉马科斯统领雅典军队围攻叙拉古，拉马科斯不幸被杀。此时，在阿尔喀比阿得斯的劝说下，斯巴达人派古利波斯（Gylippus）带兵介入，支持叙拉古。公元前413年，由于尼喀阿斯战术上的失误，雅典远征军惨败西西里，将军德摩斯提尼的到来也未能改变战局，士兵被大肆屠杀，尼喀阿斯最终投降。古利波斯希望把两名雅典统帅带回斯巴达，但叙拉古人将尼喀阿斯和德摩斯提尼处死，被俘的雅典人及其盟友被关押在条件极其恶劣的露天采石场，尸体压着尸体堆在一起。

由于耗时之久、投入之多，雅典西西里远征的结果是毁灭性的，雅典及其盟邦丧失了45000名士兵。修昔底德如是说：

> 在这场战争中，这个事件是最大的事件……"全军覆没"——陆军、海军，一切灰飞烟灭，只有极少数人重返家乡。西西里的事件就是这些。（7.87.6）

具有讽刺意义的是，虽然斯巴达介入了，但这场战争中的这个"最大事件"并非从雅典和斯巴达之间的直接斗争开始，它甚至本可以不发生。

由于雅典人的野心和冒进，雅典与盟邦万千男子有去无回。

修昔底德虽然以冷峻著称，但其关于西西里远征的描述尤显戏剧张力，以致这两卷如此动人心魄，其中的警训也因之深入人心。在修昔底德的描述中，我们仿佛看到一个世界在我们面前慢动作坍塌，悲剧气氛是如此浓厚，如同一曲挽歌，雅典的挽歌，也是希腊世界的挽歌。

不过，西西里远征虽导致了雅典全军覆没，但战争还并没有结束。正是在这一远征期间，战争的第二阶段拉开帷幕，即"得刻勒亚"或"伊奥尼亚"战争的阶段。斯巴达在阿尔喀比阿得斯的建议下在雅典北部得刻勒亚构筑要塞，又获得了波斯的援助拥有了庞大的海军，甚至于最后在海上打败了雅典。

雅典在西西里惨败后经历了种种危机，包括民主制的推翻和重建，八年后才终于战败投降，提洛同盟也随之解体，民主制被三十僭主的统治替代。雅典的生命力也仍然顽强，它之后又恢复了民主制，还闪现过短暂的春天，但再也没有回到其巅峰时期。

整个希腊世界在战后经过了七十年左右的城邦之争，被亚历山大短暂地统一又分裂，之后又过了将近三百年，希腊成为了罗马帝国的行省。

第七节　危机与反思

"运动"：内战

最后，让我们回到前面提及的那个关键词——"运动"（kinesis）——以重新审视整个战争。首先是作为战争的"运动"。

修昔底德虽然没有写到战争结束，但早在第二卷中就已经交代了战争结果，而且，在他看来，西西里远征无疑是一个失误：

结果——因为是在一个握有霸权的大国——导致很多的失误，其中以远征西西里为最……他们为了夺得城邦的领导地位而钩心斗角，导致军心涣散……后来，波斯国王之子居鲁士也参与了……雅典人还是没有屈服，直到陷入内部的纷争后才宣告失败。（2.65.11-12）

此时修昔底德就已经下了判语：雅典人是因为内部的纷争而失败的。

如果说这整部著作在记述战争的同时，是以雅典的崛起和崩溃为主线，那么事实上，它也描绘了以雅典为代表的整个希腊世界的衰亡败坏。然而，雅典之失败因其内部纷争，希腊之败坏何尝不是如此？

在我们关注的这个公元前五世纪，希腊历史上出现两次大危机，第一次来自外部，第二次则来自内部。希罗多德叙写的是希腊人对外敌波斯人入侵的抗争和胜利，令人斗志昂扬；而修昔底德所描述的战争却并无任何英雄色彩，只是希腊人彼此残杀的战争。这一内部斗争体现在整部作品大大小小的事件中，典型如科西拉内战（3.70.1–3.81.5）。修昔底德在叙述科西拉内战后，有一长段论说，其中说到：

<这场>野蛮的内乱就是这样进行的，显得极为残暴，因为它是首次发生。到了后来，可以说，整个希腊世界都被搅得天翻地覆……内乱给希腊城邦带来了很多可怕的灾难。只要人的本性不变，像这样的灾难将会一直发生……在和平时期，万事顺遂，无论城邦还是个人都还没有遭受恶劣环境的逼迫，因此都心存善念。但是，战争让人们连每日生活之必需品都难弄到，他是一位暴虐的教员，让人们的脾气性情与周围的环境变得一致了……（3.82.1–2）

"运动"：瘟疫

除了共同体和城邦之中的内乱，还有身体内部的紊乱：疾病。

在第一卷中，修昔底德在概括这场战争的规模时提及，与战争一起降临的还有地震、日食、干旱、饥馑这些异变和"运动"，最后是"给人们带来最大伤害的瘟疫"。而在第二卷中，恰恰是在伯里克利的葬礼演说词后，修昔底德描述了这场据说从埃塞俄比亚发端传至雅典的瘟疫，它是比西西里远征让更多人丧命的"运动"。

修昔底德几乎以医者和自然哲人的态度描述了疾病的症状和发展过程，并展示了在其中人性受到的考验。在记叙科西拉内战时，修昔底德说过战争是一位暴虐的教员，在这一点上，瘟疫之严酷恐怕不亚于战争。

这场瘟疫让雅典人目无法律，只想及时行乐，"人们看见不论敬畏还是不敬畏神明，都一样是死，所以认为两者之间没有区别"，不害怕神的和人类的法律（2.53.1–4）。由于瘟疫，死者过多，人们连葬仪习俗都不再遵守（2.52.3–2.52.4），而这离伯里克利的葬礼演说时隔未久。

就在同一卷，修昔底德曾不厌其烦地将"雅典人依照祖辈的习俗"如何举行葬礼的方式详细述说，其庄重的形式正与伯里克利葬礼演说词中呈现的光荣而伟大的雅典相匹配，因为传统葬礼代表了传统礼法定下的秩序。与之相对，瘟疫笼罩之下的雅典，那个原本光荣而伟大的雅典已然失序，传统沦丧，应有的美德、律法、信仰尽遭毁弃。

"运动"：失序

疾病是实情，也是隐喻，它体现了城邦的非健康状态，亦即失序。

首先，瘟疫中的人们对神明不再有敬畏之心，不再遵从神和人的法律，意味着"肆心"（hubris）泛滥，放弃中道。而警戒"肆心"，"肆心"必然引发毁灭，这是从荷马史诗到古希腊悲剧共通的主题。在这个意义上，修昔底德作品的精神与悲剧是一致的。

其次，与瘟疫相对应，在评论科西拉内战时，修昔底德同样提到内战中的人们"为了私利，违背法律"（3.82.6），"双方都不敬神，在漂亮的言辞掩盖下，做出丑恶的事情"（3.82.8）。

在此修昔底德让我们注意到，私利与共同体利益之间的失调。前文已指出，对于希腊人而言，人天生是城邦动物、城邦是人的自然；为此每个公民首先是作为城邦的公民，去参与城邦治理，雅典民主制的前提是城邦。但在战争进行的过程中，城邦的利益以一种隐蔽的方式被置于个人贪欲之后了。这尤其表现在伯里克利死后雅典那些领导者的身上，无论是为了个人荣誉叛逃斯巴达的阿尔喀比阿得斯，为了保护个人荣誉使得雅典远征军未能及时撤离的尼喀阿斯，以及那些各为私利相互党争的不同派别的领袖们。

第三，更糟的是，"由于内乱的缘故，各色各样的邪恶都在希腊出现了"（3.83）。如果说战争体现的是政治失序，疾病是身体失序，那么邪恶则是灵魂失序。这三者都在《伯罗奔尼撒战争史》中得以展现。

柏拉图认为，节制是人类灵魂重要的秩序原则，是繁荣和幸福的保证。与之相映成趣，修昔底德曾在第八卷中赞赏喀俄斯（Chios）人，说道："就我所知，除了拉刻代蒙人，喀俄斯人就是唯一在繁荣昌盛之时还能头脑清醒（ἐσωφρόνησαν）的人"（8.24.4）。"头脑清醒"一词的原意即为"节制、恪守中道"。可见修昔底德所尊崇的也正是"节制"这一德性。[1]

充满活力的古希腊城邦文明曾经辉煌无比，但同时城邦间彼此竞争、争端不断，结果内外失序，在这场作为"最大的运动"的战争中走向败坏。而形如雅典或斯巴达这样的超级城邦，滋生傲慢，走上无限扩张之路，不但会打破城邦世界的平衡，即使在赢得一时的霸权和财富之后也不可避免地走向了败落。希腊世界呼唤着新的可能性，以重新奠定灵魂和政治的秩序。

结　语

批判精神或反思性是轴心时代各个代表性文明最显著的共同点之一。[2]希腊的城邦文明也鲜明地体现了这一特征，修昔底德的作品堪称见证。通过历史写作这种新形式，修昔底德反思城邦世界，特别是母邦雅典的民主政治。

希腊的民主制产生于以多中心、各城邦独立自治为特点的城邦文明。雅典成为希腊的第一个民主制城邦，随着民主制的繁荣走向巅峰。然而，伯罗奔尼撒战争之所以成为古希腊最具毁灭性的内部争端，与雅典以民主制为前提条件的扩张直接相关，雅典在战争中所经历的政治军事危机，使民主制成为希腊政治反思的主要问题，西方的政治哲学也由此产生，苏格拉底、柏拉图和亚里士多德便是这一领域的先驱。

在战争和衰败中，像柏拉图这样的年轻思想家，开始反思和探索，为什么雅典会失败，希腊会向何处去？雅典的民主制有哪些局限性，怎样才是真正善好的城邦？

---

[1] Leo Strauss, *The Political Philosophy of Thucydides: A seminar given in the Winter Quarter*, Joseph Cropsey 1962, p.4.

[2] B. Wittrock, "The meaning of the Axial Age", in *Axial civilizations and world history*, J.Arnason, S.Eisenstadt, & B.Wittrock ed.（Leiden: Brill, 2005）, pp.51 - 86.

【思考题】

1. 关于"修昔底德陷阱"，讨论战争爆发的真正原因是否是"势力壮大的雅典人，引起了拉刻代蒙人的恐惧"？

2. 伯里克利葬礼演说（2.35–46）：演说呈现了一个怎样的雅典和怎样的伯里克利？作者态度如何？

【扩展阅读】

1. 对于修昔底德其人其书作一个入门的了解，可以参考 P.J. 罗德（P.J.Rhodes）的《修昔底德》（白春晓译，武汉大学出版社，2021）。罗德教授曾任英国古典学会主席，吸收了近几十年西方古典学、古希腊史、国际关系等领域对修昔底德的研究成果，贡献了一部"大家小书"。

2. 伯罗奔尼撒战争涉及复杂的战争进程，以及众多城邦之间的复杂的关系，美国学者唐纳德·卡根的"伯罗奔尼撒战争史论"四卷本可以作为比较详细的参考书，包括《伯罗奔尼撒战争的爆发》《阿奇达慕斯战争》《尼喀阿斯和约与西西里远征》《雅典帝国的覆亡》（李隽旸、曾德华译，华东师范大学出版社）。

3. 关于伯罗奔尼撒战争史中颇为重要的演说词的分析，可以参考欧文（Clifford Orwin）《修昔底德笔下的人性》（戴智恒译，华夏出版社，2015。）以及斯塔特（Philip A.Stadter）《修昔底德笔下的演说》（王涛 等译，华夏出版社，2012。）

4. 关于伯里克利这位古典时期雅典最重要的领导人的功与过、赞与毁，以及民主雅典和雅典帝国，可以参考樊尚·阿祖莱（Vincent Azoulay）的《伯里克利：伟人考验下的雅典民主》（方颂华译，上海三联书店出版社，2015）。

5. 从政治史或者从政治哲学角度，对于修昔底德作品中的重要主题进行更深入的讨论，可以参考白春晓《苦难与伟大：修昔底德视野中的人类处境》（北京大学出版社，2015），焦颖莹《雅典的帝国悖论——〈伯罗奔尼撒战争史研究〉》（中国社会科学出版社，2016），以及任军锋主编的《修昔底德的路标》（生活·读书·新知三联书店，2022）。

　　6. 关于修昔底德陷阱及其与现实国际关系的联系，可以参阅格雷厄姆·艾利森《注定一战：中美能避免修昔底德陷阱吗？》（陈定定、傅强译，上海人民出版社，2019），作者是哈佛大学政治学教授、美国前助理国防部部长，这部著作通过分析历史上崛起国与守成国竞争和战争的案例，讨论避免中美冲突的可能性。

《哈姆雷特》

　　《哈姆雷特》是英国文艺复兴作家莎士比亚最负盛名的作品，也是西方家喻户晓的剧作。它讲述了丹麦王子哈姆雷特面对父王的突然离世、母亲迅速改嫁和叔父登基，如何在徘徊中寻找真相和正义的故事。这个故事承袭了古典到文艺复兴的复仇剧传统，同时也演绎出新的时代特征，凸显出文艺复兴时期诸多社会思潮的影响。莎士比亚用精湛、丰富的语言奠定了现代英语的基础，《哈姆雷特》也以其无与伦比的艺术手法，不仅展示出文学刻画人物丰富内心的能力，更是反映出欧洲中世纪世界观逐渐崩塌、新的秩序尚未建立之时，试图成为万物尺度的"人"在宇宙天地间的生存境遇。作为戏剧史上最有名的剧目，《哈姆雷特》被搬上世界各地的舞台，各个时代都有人孜孜不倦地阐释和演绎它，其影响力已深入西方文化的基因。

　　关键词： 文艺复兴、早期现代、戏剧、悲剧、正义、复仇、延宕

第三章

文明的晦暗与更新

以雅典为中心的古希腊世界经历了公元前 5 世纪的辉煌，在伯罗奔尼撒战争之后由盛转衰。其后，马其顿的亚历山大大帝曾短暂地统一地中海世界，但帝国随着他的离世很快便分崩离析。从公元前 3 世纪起，发端于意大利拉丁姆地区的古罗马人逐渐征服亚平宁半岛，并开始海外扩张，建立起了一个以地中海为中心，地跨欧、亚、非的庞大帝国。到了公元 395 年，罗马帝国分裂为东、西两部分，而随着西罗马帝国在公元 476 年被日耳曼"蛮族"攻陷，西欧从此进入长达近千年的中世纪。

14 世纪开始，欧洲的封建制度逐渐衰微，商业活动增多，人口流动性增强；各国俗语兴起，挑战中世纪一统天下的拉丁语成为知识的载体，也让知识更便于普及，印刷术和造纸术的进步更是让俗语读物得以广泛传播；壮大的民族国家和宗教改革挑战了天主教的权威；对古希腊罗马典籍的阅读掀起了对古代智慧和人的价值的肯定；造船、航海技术发展，开启发现新大陆的旅途；获取知识的途径越来越多基于观察而非服从权威，从而掀起了科学革命最初的浪潮；文学、艺术拥抱了新的材料和技法，蓬勃发展。

我们习惯于把这一时期称为"文艺复兴"，一般认为它发端于 14 世纪的意大利，进而影响了整个西欧，包括莎士比亚身处的 16 世纪晚期的英国。顾名思义，"文艺复兴"意味着对古代希腊罗马世界的兴趣，这一兴趣也因许多"失落"的古代著作抄本被重新发现而成为可能。而近年来，越来越多的人改称这一时期为"早期现代"或"早期近代"。相比之下，"文艺复兴"

的提法是看向西方文明曾经辉煌的过去，而"早期现代"的提法则看向一个正在萌芽的现代世界，前者突出它对古典传统的传承与改造，后者则强调其对现代性的开启。从这两个称谓我们足以瞥见这一时代承前启后的根本特点。

《哈姆雷特》是莎士比亚最为精湛和成熟的作品，堪称文艺复兴时代精神的典范。在这个上承中世纪、下启现代世界的时代，欧洲中世纪的旧秩序逐渐崩塌、现代性的新秩序却尚待建立。文艺复兴时代开始高扬人的价值、尊严和能力，人被看作"宇宙的精华、万物的灵长"（哈姆雷特语）。人们开始相信自己的决策主要取决于理性而非全然是神意，因此感受到前所未有的自由；但人们凭借有限的理性去追寻一些根本问题的答案时，也陷入前所未有的迷茫。通过阅读《哈姆雷特》，我们能管窥这一时代的精神处境，认识欧洲文艺复兴时期的世界观。

哈姆雷特是一位大学生，是一位相信哲学、崇尚理性的新青年。他显得比周围的人更聪明、敏感，却突遭死生大事，不得不面对父亲的离世、母亲的改嫁，要揭露叔父的阴谋、担负起家国的责任。在追寻谜底的过程中，哈姆雷特不得不面临一些根本性的问题：何谓正义、何为自由、生命的意义何在？面对问题，他不愿成为一个头脑简单的复仇者，而是反复思忖，执拗地要为自己的行动确立可靠的根据，也因此承受着巨大的孤独、纠结、迷茫。《哈姆雷特》对这些问题的探索凸显的是现代人普遍面临的难题，而正是对这些问题的探索让这部作品时至今日仍能与我们的心灵共振。因为文艺复兴开启了现代性，而我们恰为现代人，在某些时候，我们都是哈姆雷特。

第一节　莎士比亚的"大时代"

《哈姆雷特》是英国文艺复兴巨匠莎士比亚的代表剧作，所谓知人论世，我们需要在欧洲文艺复兴的时代背景中考察作者的生平和创作。这是一个开启了现代西方文明的"大时代"。

古典"重生"

英文里的文艺复兴（Renaissance）一词是从法语舶来的，最早在19世纪开始使用，因此对文艺复兴时期的定义和研究其实也由此时才开始。Renaissance一词的字面意思是"重生"（rebirth），意即在这一时期，古代希腊罗马时期的艺术、文学、哲学思想得以复活、重新兴盛、广受追捧。

当然，值得指出的是，古典传统在基督教统领的中世纪并没有"死去"，文艺复兴也绝不是一场突然发生的、断裂式的思想跃进：几百年间，数不清的中世纪抄写员在教堂和修道院的图书馆中夜以继日地誊抄经典、撰写注疏、编目整理，才让古代经典得以存世，文明的脉络不至于中断；近年来越来越多的研究也表明，文艺复兴以来得以凸显的蕴含着现代性萌芽的许多思想，其实都可以追溯到中世纪的思想传统。

如前文所言，我们一般认为文艺复兴肇始于14世纪的意大利，后来蔓延到今天的荷兰、法国、英国、西班牙等。其中，英国文艺复兴主要发生在15—17世纪，而又以女王伊丽莎白一世统治的时期（16世纪下半叶）为巅峰，这也正是莎士比亚生活和集中创作的年代。

"人生赢家"莎士比亚

威廉·莎士比亚（William Shakespeare）于1564年出生在英国雅芳河畔

的斯特拉福德（Stratford-Upon-Avon）。他的父亲本是一位制作手套的匠人，后由于生意上的成功，成了斯特拉福德的政府要员，有能力将自己的八个孩子（威廉最为年长）送到当地的文法学校念书。

威廉在 18 岁时娶了 26 岁的安妮·海瑟薇（Anne Hathaway），两人生了一个女儿和一对龙凤双胞胎哈姆奈特和茱蒂丝（Hamnet and Judith）。后来莎士比亚只身前往伦敦，在商业剧场声名鹊起，成为炙手可热的剧作家、演员，还合伙创建了"宫内大臣剧团"（Lord Chamberlain's Men），后改名为"国王剧团"（King's Men）。伦敦戏剧事业的成功也让莎士比亚积累了许多财富，他购买了家乡斯特拉福德最大的豪宅和超过一百英亩的土地，并在退休后衣锦还乡，安度晚年。

莎士比亚一生共创作了 38 部戏剧，2 首叙事长诗，154 首十四行诗，被誉为英国历史上最杰出的戏剧家。他的创作引入了 1700 余个新单词，奠定了现代英语的基础。随着 18 世纪以来英国在全球建立殖民统治，莎士比亚的作品也在世界各地广为传播。他的作品展现出惊人的普适性和可塑性，被搬上多个国家的舞台，至今流行，难怪本·琼生（Ben Jonson）称赞他为"不属于一个年代，而属于所有时代！"（He was not of an age, but for all time!）[1]

从莎士比亚的人生轨迹中，我们足以窥探到文艺复兴时代的几个突出特点。

商业发展与阶层流动

这一时代见证了商业的兴起和中世纪封建小农经济的逐渐式微。商业的发展要求一定程度的集中生产，于是人口向大城市流动，人不再被固化在某一村镇。而出身较为贫苦的人也有了通过从事商业活动发家致富，甚至跻身贵族阶层的机会。莎士比亚的父亲本来是个制作手套的匠人，后来生意做大了，担任了其所在小城的地方官员；莎士比亚自己本也是"小镇青年"，前

---

[1] Ben Jonson, "To the Memory of My Beloved, the Author Mr.William Shakespeare," *Mr.William Shakespeares Comedies, histories & tragedies, published according to the true originall copies.* London: printed by Isaac Jaggard and Edward Blount, 1623.

往大城市伦敦发展，后来发家致富，还以父亲的名义申请成为骑士。

阶层流动又与中世纪末期的一场灾难有关。14世纪孕育了第一代意大利人文主义学者，同时也见证了黑死病（鼠疫）这场深重的灾难，它夺去了意大利至少一半人的性命，并席卷欧洲。这一瘟疫在之后两三百年间经常重现，断断续续持续到莎士比亚生活的年代。这场灾难的直接后果是欧洲人口的锐减，由此从客观上加剧了阶层的变化流动。

欧洲中世纪的突出特点是阶层固化，每个人出生时就知道自己这辈子会从事什么行业，即继承父辈的职业；中世纪封建庄园自给自足的自然经济让普通人也很少有机会能离开生养自己的故乡，去别处谋生。而莎士比亚一家则乘上了新时代的"东风"，靠着父亲和自己两代人的奋斗，莎士比亚父子成功从普通平民成为了骑士，跻身贵族阶层。

宗教改革与民族国家的兴起

在中世纪，天主教垄断了人们的宗教信仰。天主教会自称是人和上帝之间不可或缺的媒介和桥梁，垄断了经济、政治、文化等领域的大量资源。不过，在战乱频仍、政权分裂的中世纪，天主教会成为了欧洲在精神文化上的黏合剂；同时教会和修道院的图书馆保存了古典以来的大量经典作品的抄本；他们还修建了精美的教堂，资助了大量艺术创作。这些都对西方文明的传承发展发挥了不可小觑的作用。

由于中世纪晚期的天主教会腐败不堪，从16世纪开始，以马丁·路德等为代表的一批虔诚的教士掀起了宗教改革的浪潮，宣扬"因信称义"的新教（Protestantism），声称有信仰就可以得救，不再需要依靠教会来解释圣经，而把更多自主权交给个人。恰逢这一时期欧洲各国民族语言（vernacular languages，或称俗语）兴起，挑战了中世纪教会拉丁语对知识的垄断。路德等人使用更多普通民众能够阅读的民族语言（如德语）来翻译圣经；而造纸术和活字印刷术的运用也让大规模印刷和传播俗语《圣经》成为可能，为新教摆脱天主教会、把信仰交给直接读经文的个体，创造了物质条件。

新教宣扬"二王国论"（Two Kingdoms），即认为有"天上的王国"与"地上的王国"之分。天上的王国即上帝的王国，由教会作为其尘世的代理人；地上的王国即民族国家，由世俗国王统治，不必受制于教会；显然"二王国论"的目的其实是肯定世俗的民族国家的权力。理解这一重要思潮会对我们阅读《哈姆雷特》很有帮助，后文还会详细论述。

一幅展现文艺复兴时代精神的画作

这里介绍德国画家小汉斯·霍尔拜因（Hans Holbein the Younger）的一幅著名画作：《出访英国宫廷的法国大使》（1533年）。这幅画凸显出许多具有文艺复兴时代特色的元素，许多主题也与《哈姆雷特》的核心关切相呼应。

首先，从创作手法上看，该画作对透视法的运用和对人物的描绘手法体现了比中世纪艺术更加"现实主义"的画风。其次，画中的许多物件也体现出时代特色。例如，地球仪、罗盘等体现了大航海时代的到来，人物手边的挂毯是奥斯曼土耳其帝国的特产，说明这已经是一个日渐全球化的世界；置物架上的用于观察的仪表，以及数学与音乐著作等等，都展示出这个时代的知识正在不断丰富，基于观察而非权威的科学世界观正在萌芽。

但同时，我们可以看到置物架上层的物件显得很凌乱，甚至摆放错位了，这当然是画家有意为之，暗示着世界已陷入混乱。在置物架下层的地球仪上我们可以看到 Baris（即巴黎 Paris）和 Pritannia（即不列颠 Britannia）的字样，分别指代法国和英国，预示两国出现了分裂。而尺子分开的书页上，也可以看见 dividirt 的拉丁文字样，意为"让分裂发生"，再次说明了英法之间的矛盾。显然，这些元素都在为画作的主旨服务。

这幅画创作于1533年，英国国王亨利八世的离婚诉求被罗马教廷拒绝，于是亨利愤然与罗马天主教廷决裂，宣布脱离罗马天主教，以新教为国教。画上的左边衣着华丽的男人 Dinteville 就是画作的主人公，他是由信仰天主教的法国国王派到转信新教的英国宫廷的大使。宗教信仰的分裂让英法两国关系陷入紧张，他受命出访调停，但显然这份外交使臣的工作开展起来并不顺利。从人物的表情我们可以观察到一种疲惫和无力感，仿佛主人公正目睹着一场自己无力改变的变革。

如果把政治放在一边，进入更为宏大的哲学与宇宙秩序中，我们也可以观察到画中展示出的具有文艺复兴特色的宇宙秩序，特别是对于人在宇宙天地中的位置的矛盾态度。

从画面结构看，两个人物位于画面中心；他们背后的架子上层是与天文有关的物件：天球仪、日晷和天文上用于测量距离和时间的工具；架子下层则是与人间有关的东西：地球仪、罗盘、竖笛、颂歌书等等。因此，两位人物处于天地之间的中心位置，是将天界与人间相连的桥梁。这体现了将人放到世界中心、成为衡量万物尺度的思潮，这一文艺复兴流行的观点将人视作最受宠的造物，也是宏观世界（macrocosm）的微缩（microcosm）。

画家特意通过多处细节的设计体现这一世界观。例如，两位人物脚下的大理石地面的花纹与英国威斯敏斯特教堂（Westminster Abbey）的地板一致，而这座教堂的地板上镌刻着这样的话："这球形的世界体现着宏观世界的原型"（Spericus archetypum, globus hic monstrar macrocosmum）。"人是宏观世界的微缩"这一观点认为，主宰微观世界（即人）的元素和原则与主宰宏观世界的元素和原则相一致。这种思潮在当时非常流行，体现了对人的赞美和讴歌。

尽管如此，这幅画最为有名的一个设计又凸显出了人作为"宇宙精华"的有限性：地板上有个奇怪的形似棍子的物件，其实它是个"变形的头骨"（anamorphic skull）！当观察者从侧面看过去，就能很清楚地看出这是一个骷髅头。

画家为什么会在这幅画中加入代表死亡的骷髅？这体现了文艺复兴世界观的黑暗面，即人们在讴歌人的价值的同时，也非常敏锐地认识到人的局限性：人终究不过是会腐朽的造物，逃不过死亡的追捕。[1] 当时很流行各种骷髅形象的挂件，用迫近的死亡来提醒人们自身的有限性。而这样的思想在《哈姆雷特》中也得到了突出体现，我们后面会详细讨论。

---

[1]关于文艺复兴艺术作品中的死亡主题，可参考秋鹭子，《凝视死亡：另一个文艺复兴》，三联书店，2022年。

在很多层面上，我们可以看到这幅画作的构思与《哈姆雷特》的主题相通，这也体现了文艺复兴世界观的整体性，即重要的社会思潮影响到了这个时代以不同媒介完成的各种各样的艺术表达。

第二节　思想史中的《哈姆雷特》

上一节提到，文艺复兴是一个新旧交替的世界，中世纪世界秩序在新世界观的挑战下即将分崩离析，但新的世界秩序还尚待建立。莎士比亚的《哈姆雷特》就充分体现了这种新旧交替的世界中人的境遇。

重新发现"人"

人文主义（humanism）思潮被视为文艺复兴的核心思想。简单而言，人文主义强调人的尊严、人的价值、人的能力，讴歌现世和世俗的生活，而非神圣的或超自然的事物，体现出要把人从中世纪的神学世界观中解放出来的倾向。人文主义者发掘阐释古希腊罗马文化，尤其是其中的人文主义要素，重新界定人在宇宙中的位置，以反对中世纪的教会文化。[1] 如果说在教会神权之下，人是被贬低甚至忽略了，那么借助这种"文艺"的复兴运动，人则被"重新"发现了。

当然，确切来说，作为承前启后的思潮，文艺复兴人文主义并非一场完全世俗化的思想运动。例如，人文主义学者们几乎毫无例外都是基督徒；但丁的《神曲》，也还在精心构筑一套等级森严、难以僭越的天主教世界观。相应地，《哈姆雷特》中仍然有很多宗教元素，甚至天主教关于死亡、来世等观念遭受宗教改革的挑战，还是理解本剧的关键之一。

---

[1] 值得注意的是，文艺复兴人文主义者并不反对基督教，更不是无神论者或全然的世俗主义者；人文主义者反对的是中世纪的经院哲学认识世界的方式。

但整体看来，《哈姆雷特》是世俗倾向的，其中不仅活跃着社会各个阶层的人物，并且他们在做抉择时也很少把神的意志作为行动准则，而总是按照自己的意愿行事并对自己负责。例如，贯穿整部作品的突出线索，恰是哈姆雷特试图为自己的行为寻找正当性、为复仇寻找合法性。在本剧的大多数时间，他没有因为所谓的复仇合理的"习俗"，或是某种神意而果决行动，他更信赖的是自己的理性。

就此而言，《哈姆雷特》对人物主体性（subjectivity）的表现非常精彩，它以独白等方式展现出心理和哲思的深度，让读者能跟随丹麦王子无与伦比的语言，去体验他内心的忧郁、迟疑、愤怒甚至疯狂。为此，许多人认为《哈姆雷特》不仅是莎翁自身职业生涯中的、更是整个西方戏剧史上的里程碑：它标志着用戏剧表现文学主体性（literary subjectivity）成为可能，代表着一种关注"人"本身特别是人的内在世界和人在宇宙中位置的思潮。

马基雅维利主义

在早期现代欧洲，中世纪传统的骑士国王正在被"马基雅维利式"的君主挑战，后者往往手段残暴、自私自利、为达目的不择手段。就统治者的政治德性而言，这是重要的"古今之变"：政治统治的合法性不再诉诸神权和道德，而是恐惧与经验、理性和算计；政治上的道德主义，蜕变为以利益和自我保存为核心的现实主义。

莎士比亚有可能直接读到过马基雅维利的作品，而他塑造的哈姆雷特的叔父克劳狄斯的形象，正是一位经典的马基雅维利主义者。克劳狄斯残暴无情而极端务实，他为了追求自身的利益，不受道德准则的牵绊，往往能做出心狠手辣、败坏纲常之事；他欺骗、背叛和狡诈，但同时也体现出精明、能干、有效率、善言辞等"优秀"政治家的品质。此外，莎翁作品中的政治和道德观念往往多元而复杂，善与恶的界限并非总是泾渭分明，这些也是现代政治的特点。

不断被解读

《哈姆雷特》是戏剧史上最有名的剧目之一，也是被搬上舞台次数最多的莎剧之一。它一直被模仿，例如甚至连迪斯尼的动画片《狮子王》也是以《哈姆雷特》的故事为原型；《哈姆雷特》也一直被解读，对其的阐释几乎贯穿在整个文艺复兴之后的西方思想史，也体现了各个时代各自的价值观。

例如，十九世纪的德国大诗人歌德认为，哈姆雷特所说的自己"郁结的心事"本质是指他内心的诗人的灵魂，敏感、脆弱、复杂得无法忍受这个粗糙和残忍的世界。这一评论展现了浪漫主义的诗学观。

而二十世纪精神分析学派的创始人弗洛伊德又将哈姆雷特视作"俄狄浦斯情结"的典型代表，认为哈姆雷特内心隐秘地装着弑父娶母的愿望，而恰恰这个愿望被叔父实现了，导致他无法对完成了这一行为的叔父痛下杀手。在弗洛伊德这里，丹麦王子又成了二十世纪重要文学理论流派的基础性案例。

此外，在日常话语中，人们用"哈姆雷特"一词，指称犹犹豫豫、纠结忧郁的性格特征。可以说，《哈姆雷特》已经被写进了西方思想传统的基因里。

而就剧作本身的情节而言，《哈姆雷特》也是戏剧史上最"谜"的作品，问世四百多年来困惑了无数演员、观众和读者。例如，为什么哈姆雷特对复仇一拖再拖？皇后格特鲁德在克劳狄斯犯下的罪行中应承担多少责任？老国王的鬼魂究竟有多值得信赖，为何第三幕里只有哈姆雷特能看到他？哈姆雷特为什么要装疯？奥菲利亚之死是自杀还是意外？为什么哈姆雷特会追问生存还是死亡（to be or not to be）？

这些问题有些是历史的，涉及到欧洲文艺复兴这一特定历史时期的世界观，例如基督教神学、宗教改革，而有些则具有超越历史的普适性，例如什么是正义，生存的意义，语言能否准确表达内心等等。"一千个人眼里有一千个哈姆雷特"，不断地追问、思索，让人们一次又一次回到文本，走上舞台，去尝试、去诠释、去靠近这部经典。

第三节 《哈姆雷特》的情节

第一幕：深夜时分，霍拉旭（Horatio）会见了艾尔西诺（Elsinore）的城堡守卫。守卫们讲到他们最近看到一个鬼魂，酷似哈姆雷特刚刚去世的父亲、丹麦的先王。正说话间，鬼魂又出现了，于是霍拉旭和守卫们决定告诉哈姆雷特。哈姆雷特的叔叔克劳狄斯（Claudius）迎娶了先王的寡后、自己的兄嫂格特鲁德（Gertrude），成了丹麦的新王。哈姆雷特为父亲的逝世而哀悼，并对母亲的迅速改嫁而愤懑。从霍拉旭处听到关于鬼魂之事后，王子决定亲眼去看看。御前大臣波洛尼厄斯（Polonius）与即将前往法国的儿子雷欧提斯（Laertes）告别。雷欧提斯私下警告妹妹奥菲利娅（Ophelia），让她远离追求她的哈姆雷特。鬼魂向哈姆雷特现身，称自己就是老国王的魂魄，他告诉哈姆雷特正是自己的兄弟、哈姆雷特的叔父、现在的丹麦王谋杀了自己。哈姆雷特发誓要替父报仇，他决定先装疯，考察鬼魂所说是否属实。

第二幕：按照计划，哈姆雷特开始言行疯癫。他拒绝了奥菲利娅，而克劳狄斯和波洛尼厄斯希望找到哈姆雷特行为突变的原因，无果。于是克劳狄斯召集哈姆雷特的老朋友吉尔登斯吞（Guildenstern）和罗森格兰兹（Rosencrantz）来监视他。他们的到来恰逢哈姆雷特熟识的一群旅行演员造访。哈姆雷特创作了一部戏剧，其中有一段模仿先王被谋杀的场景。彩排期间，哈姆雷特和演员计划向国王和王后展示这部戏。

第三幕："戏中戏"上演过程中，哈姆雷特密切关注着克劳狄斯的反应。果然，克劳狄斯勃然大怒，中途离场，并立刻决定将哈姆雷特送走。哈姆雷特在奔赴母后格特鲁德处接受召见的路上，碰巧看见克劳狄斯跪在房间中祈祷。哈姆雷特认为此时杀死国王能让他灵魂进入天堂，决定暂时不取他性命。来到母亲格特鲁德的房间里，哈姆雷特责骂她仓促改嫁。这时，挂毯后传来异响，哈姆雷特一剑刺去，杀死了藏在毯子后面偷听的波洛尼厄斯。这时，先王的幽灵再次出现，警告儿子不要耽误报仇或是惹母亲难过。

第四幕：哈姆雷特被克劳狄斯以大使的身份派去英国，恰逢挪威的福丁布拉斯（Fortinbras）率部取道丹麦进攻波兰。在路途中，哈姆雷特发现克劳狄斯意欲在到达英国之后让人杀死自己，于是设法逃回丹麦。此时，奥菲利娅因为哈姆雷特的拒绝和父亲波洛尼厄斯之死而陷入疯癫，淹死在河中。

第五幕：在返回丹麦的路上，哈姆雷特在墓地遇到霍拉旭，并同两个掘墓人谈论生死。正好奥菲利娅的送葬队伍到了，哈姆雷特与奥菲利娅的哥哥、赶回参加父亲和妹妹葬礼的雷欧提斯对峙冲突。哈姆雷特和雷欧提斯择日决斗，克劳狄斯与雷欧提斯密谋在决斗中用有毒的剑头或毒酒害死哈姆雷特。不料在决斗中，不知情的王后格特鲁德误饮下毒酒而死，接着雷欧提斯和哈姆雷特都被剑毒所伤。雷欧提斯死去，哈姆雷特杀死叔父克劳狄斯后也死去，将讲述自己故事的任务交给霍拉旭。恰好此时，在波兰战争中获胜的挪威人福丁布拉斯路过，他继位成为丹麦新王。

《哈姆雷特》是莎士比亚最长的一部剧，全部搬上舞台需四个小时才能演完。但其实这部戏的情节并不多，充满了大量对话、独白和内心戏，这当然是本剧的特色，是用文学语言表达人物复杂内心的经典。然而忧郁、迟疑、无法行动似乎成了哈姆雷特的代名词。哈姆雷特的复仇为何一拖再拖？哈姆雷特的延宕可以放置在新旧交替时代的大背景中加以理解。

第四节　神学之争下的冲突与抉择

"鬼魂"与宗教改革

本剧开篇于夜色深重、雾气氤氲的城堡前。漆黑的夜里，守卫都辨不清敌友，突然一声雷响，全身甲胄的鬼魂出现，低沉的声音在旷野回响："宣誓！宣誓！"对于16世纪的剧场观众来说，鬼魂具有今天的大片特效感，带来超自然的元素，令人惊惧又着迷。但鬼魂的意义不止于此。对处在悲伤和迷茫中的王子来说，鬼魂是父王死因的揭露者。而正是他揭露的内容，让复仇成为哈姆雷特的首要任务。但同时，鬼魂又具有特殊属性，他在真实与虚幻的交界、徘徊在生与死之间，它带来的消息是不是值得信赖？浓雾笼罩的凌晨也正是人认知最不清晰的时候，全剧就以这样的晦暗开场。

在第一幕第五场中，鬼魂将哈姆雷特单独带到露台的一边，告诉他自己是先王老哈姆雷特：

因为生前余孽未尽，被判在晚间游行地上，白昼忍受火焰的灼烧，必须经过相当的时期，等生前的过失被火焰净化以后，方才可以脱罪。

这段话揭露出鬼魂目前处在炼狱（Purgatory）之中。地狱、炼狱和天堂是天主教对人死后灵魂归处安排的三个地点。其中有罪、但罪不至下地狱的人要去炼狱，通过修行、经受劳苦和磨难来反省和洗涤在尘世犯下的罪（Purgatory 源于拉丁语动词 purgare，即"洗涤""净化"之意）。然而，宗教改革之后的新教并不承认有独立于地狱和天堂之外的炼狱存在。在 16 世纪中叶，脱离了罗马天主教廷的英国教会就规定，不再承认炼狱的存在。

宗教改革是由德意志神学家、哲学家马丁·路德于 1517 年掀起的，而路德任教于维滕贝格大学——正是莎士比亚笔下的哈姆雷特求学的地方！可以推测，莎士比亚笔下的哈姆雷特接受的教育是新教的，不应相信有来自炼狱的鬼魂存在。哈姆雷特与鬼魂的碰面，是一个天主教的鬼魂，与他接受了新教思想的儿子的碰面。

英国的宗教迫害与动荡

宗教改革对英国政治影响深远。伊丽莎白一世的父亲亨利八世想跟自己的第一任妻子阿拉贡的凯瑟琳离婚，原因是这位来自西班牙、信奉天主教的女人没能给自己带来继位的子嗣，加之亨利已另有新欢。按照惯例，亨利的请求需要罗马的天主教会同意方能生效，但这一请求遭到教会驳回。亨利心意已决，就趁着跟凯瑟琳离婚的机会，干脆与欧洲大陆的天主教世界决裂，改立新教为英国国教，又借机收回了许多本由教会掌握的土地和财政权。

亨利之后继位的玛丽一世（1553—1558）是亨利八世和凯瑟琳的女儿，她又将国教改回天主教，并血腥迫害新教徒，也因此得到了"血腥玛丽"的绰号。伊丽莎白一世继位后遵从父亲的意愿再次改立新教，迫害天主教徒。在伊丽莎白治下，国家层面的宗教政策终于稳定下来，但民间的天主教信仰并未断绝，欧洲大陆的天主教势力从未停止过对英国的渗透，甚至多次组织暗杀伊丽莎白女王未果。

宗教政策的不断更迭不仅带来动荡和杀戮，也给民众的生活和心理影响很大。例如，天主教与新教对于死者魂归何处、生人如何纪念死者有着不同的规定：天主教相信炼狱存在，因而生者可用祈福等方式为炼狱中修炼的魂灵减轻罪责。人们常用这样的祈福纪念逝者，寄托哀思。而在新教的世界观中并没有炼狱，英国改教后甚至明确规定，不允许开展天主教纪念死者的系列活动。如何纪念死者本应遵循文化传统，遵循长年累月形成的礼法，却在人力的作用下被强行认定是否合法。

在新旧交替的世界，政治和宗教政策的反复变化对民众的生活产生了实实在在的波澜。

新教儿子对鬼魂的态度

剧中，哈姆雷特王子就受困于两种碰撞的、矛盾的世界观。第一幕第二场结尾处，初次听霍拉旭等人谈起鬼魂的哈姆雷特在独白中说：

我父亲的灵魂披着甲胄！事情有些不妙；我想这里面一定有奸人的恶计。（All is not well.I doubt some foul play）

这里的"foul play"既可能指鬼魂将向他揭露的克劳狄斯的谋杀恶行，也可能指鬼魂本身的身份存疑。再看哈姆雷特第一次对鬼魂说话的内容：

不管你是一个善良的灵魂或是万恶的妖魔，不管你带来了天上的和风或是地狱中的罡风（1.4）。

由此可见，哈姆雷特怀疑过鬼魂是否为魔鬼的化身。毕竟按照新教教义，鬼魂要么是哈姆雷特的幻觉，要么即是天使或者魔鬼所扮。

然而，面对可疑的鬼魂，哈姆雷特却选择在情感上先相信他就是自己的父亲：

不管你的来意好坏，因为你的形状是那样让人怀疑（thou com'st in such a questionable shape），我要对你说话。我要叫你哈姆雷特，君王，父亲，尊严的丹麦先王。

哈姆雷特无法将鬼魂与自己的新教世界观相融合、匹配，他于是选择搁置怀疑，姑且认定鬼魂就是自己日夜思念的亡父。对此，后来他对霍拉旭有所解释：

天地之间有许多事情，是你们的哲学里所没有梦想到的呢（There is more in heaven and earth than dreamt of in your philosophy）。[1]

与霍拉旭一起在维滕贝格接受的哲学训练无法容纳、也没法解释先父灵魂的存在，但哈姆雷特的世界观具有某种"弹性"：他接受了新教的教育，却愿意为新世界观所不容的生灵留出一席之地。

但无论如何，他对鬼魂还是存有戒心的。在第二幕第二场结尾，他告诉自己：

我所看见的幽灵也许是魔鬼的化身，借着一个美好的形状出现……对于柔弱忧郁的灵魂，他最容易发挥他的力量；也许他看准了我的柔弱与忧郁，才来向我作祟，要把我引诱到沉沦的路上。（p56）

从此，验证鬼魂所言是否为真，就成了哈姆雷特的重要任务。

---

[1] 威廉·莎士比亚《哈姆雷特》，朱生豪译，译林出版社，2018年，第29页。本文对《哈姆雷特》中译的引用，如非特别说明，均来自本书。

大胆求证却终难下手

哈姆雷特没有贸然轻信鬼魂的话，而是决定用戏中戏的方式测试叔父。他让来访的剧团上演了一出关于弑君的戏，自己和霍拉旭暗中观察叔父是否会神色变化、激动天良、暴露自己的罪行。果然，戏中戏里毒死君王、篡夺王位的场景惹得克劳狄斯大怒离场。哈姆雷特和霍拉旭认为戏中戏完成了"捕鼠机"的作用，足以证明克劳狄斯有罪，也让哈姆雷特声称做好了对叔父痛下杀手的准备：

现在我可以痛饮热腾腾的鲜血，干那白昼不敢正视的残忍的行为。（p77）

但他刚起的杀心立刻被自己压制下去：

且慢！我还要到我母亲那去一趟。（soft, now to my mother.）

为什么不立刻行动？会不会是"戏中戏"并没有完全打消哈姆雷特的疑虑？从观众的角度推测，克劳狄斯就算没有弑君，也完全有可能因为看到这出影射弑君娶嫂篡位的戏而勃然大怒；此外，"戏中戏"里杀死国王、迎娶王后的人是国王的侄子，因此完全可能被克劳狄斯解读为哈姆雷特有杀死叔父之心，叔父目睹此剧怎可能不火冒三丈？这些疑点的存在，使得"戏中戏"并不足以确证克劳狄斯的罪行，并且直到本剧终了，哈姆雷特也始终没能从叔父那里得到他罪行的完整、公开、毫无歧义的供认。

但是，从文本来看，似乎哈姆雷特此后并未对叔父是否有罪再心存疑虑，因此导致他无法果决行动的一定还有更深层的原因，我们后文会继续探讨。

在去往母后房间的路上，哈姆雷特遇到了最好的报仇时机，正在祈祷的克劳狄斯刚向观众揭露了自己的恶行和内心的挣扎。不过，这种全然完整公开的承认和悔罪是在哈姆雷特出场之前发生的，哈姆雷特应该并没有听到。面对可以一剑完成复仇的天赐良机，哈姆雷特又退缩了，这一次他声称是因为不想让叔父因死前正在祈祷而得到灵魂上天堂的机会——毕竟连老哈姆雷特的鬼魂都没有得到这样的机会：

> 兄弟……甚至于不给我一个忏罪的机会，使我在没有领到圣餐也没有受过临终涂膏礼以前，就一无准备地覆着我的全部罪恶去对簿阴槽（p26）。

哈姆雷特设想，复仇应在克劳狄斯干着邪恶勾当之时进行，如此方能送他下地狱。

在这一幕之后，哈姆雷特没有等来完美的复仇机会。感受到威胁的克劳狄斯下令将哈姆雷特立即送往英国，并试图偷偷处死他。全剧从此节奏明显加快。直到最后一场王子才找到机会杀死克劳狄斯，但最终的复仇行动却并非精心策划的结果，而是一时的血气上涌，并且赔上了王子自己的性命。

第五节　对"复仇剧传统"的突破

莎士比亚的改编

跟莎翁的大多数戏剧一样，《哈姆雷特》并非现代意义上的原创作品，而是剧作家从广为流传的源文本改编而成。文艺复兴时期人们并不太在意文学作品的原创性，也没有版权的概念，而伟大的作家往往是能游刃有余地将文学传统古为今用，将耳熟能详的作品改写出新意之人。

《哈姆雷特》的故事源于 12 世纪文法学家萨克索（Saxo the Grammarian）编纂的拉丁文《丹麦史》，里面记述了阿姆雷特（Amleth）的故事。这一故事后来被贝勒福斯特的弗朗索瓦（Francois de Belleforest）首次发表于 1570年的《历史悲剧集》重新讲述，莎士比亚可能直接接触过这个故事的法语版本。

在萨克索的版本里，老国王遭到弟弟的埋伏和杀害，弑君后的弟弟娶了嫂子，顺利登基，这些基本设定与莎士比亚的版本无太大出入。但在这个版本里，叔父弑君的行为众所周知，无需验证；并无鬼魂单独向王子传递消息这一情节；一心准备为父报仇的王子阿姆雷特在叔父的监视中求生，用装疯为自己赢得时间，最终在母亲的帮助下成功杀死叔父及党羽，登基称王；阿姆雷特并未对复仇有丝毫犹豫——因为在皈依基督教之前的丹麦，复仇行为是行孝道之必需，并不违背道德或宗教律法。

此外，伊丽莎白时期也曾有部关于哈姆雷特的戏剧，相传是托马斯·基德（Thomas Kyd）所作，可惜已经失传，学者对这部"哈姆雷特原本"（Ur-Hamlet）到底作者是谁、内容几何都莫衷一是，莎翁对其有何继承和背离也就不得而知了。

基于我们已有的材料，莎士比亚对《哈姆雷特》故事的源文本进行的改编可以成为我们理解这部剧作的关键。它与前代作品的区别主要在于：

（1）弑父罪名是否成立首先需要哈姆雷特自己判断。在莎士比亚笔下，弑君的阴谋是由先王鬼魂单独向哈姆雷特揭露的，复仇是鬼魂的嘱托和要求。可是正如前文所言，鬼魂是否完全可信，剧中人是无法确知的。在这样的改编下，哈姆雷特始终要为自己的复仇寻找正当性。

（2）哈姆雷特对复仇的政治意义似乎并不看重。他并不在意权力，甚至鄙视人们争名夺利的行为，而显示出对死亡的迷恋。最终他不仅未能夺取王位，甚至没有机会公开揭露克劳狄斯弑君娶嫂的罪行，也没有达到用复仇伸张正义、宣泄仇恨的效果，就一命呜呼。

野蛮的正义

在《荷马史诗》和古希腊人的观念中，复仇往往是得到认可甚至赞美的，例如当英雄们无法忍受不忠、乱伦、谋杀这样的罪错时，便实施复仇的行为。随着国家暴力的建立和成熟，这种私人暴力逐渐被禁止，对罪错的界定和惩罚转而诉诸司法审判。在16世纪的英国，审判机制已相对健全，复仇为法律所不允许，例如著名思想家弗朗西斯·培根称，"复仇是一种野蛮的正义"（wild justice）。人类的天性越是向着它，法律就越应当耘除它。[1]

但此时"复仇剧"却再次流行起来。这或是因为，总有一些仇怨无法在审判机制中得以消解，人们于是在戏剧作品中寻求"野蛮的正义"作为补偿。

约 1587 年上映的《西班牙悲剧》（托马斯·基德所作）开创了伊丽莎白时期复仇剧的传统。在这类剧作中，正常的审判、国家暴力机构未能正常运作以确保正义，人们只能以复仇的方式回应公开的羞辱或是无法容忍的错误。其中，复仇者的行为受内心的驱动，复仇也总是以暴力和血腥收场；为让复仇达到大快人心的效果，复仇者需要以公开宣告和自我辩护的形式，让被杀者知道自己复仇的行动和目的，而非不明不白地死去。

奇怪的"复仇剧"

但在莎士比亚笔下，我们却看不到复仇的大快人心。克劳狄斯临死都不曾向哈姆雷特在内的公众公开承认自己弑兄篡位的行为，宫中许多人恐怕还认为他是一个仁德能干的君王；而哈姆雷特到最后也没向世人公布真相，特别是自己杀死叔父的动机。面对瞠目结舌的观众，他并没有时间讲述自己的故事：

你们这些看见这一幕意外的惨变而战粟失色的无言的观众，倘不是死神的拘捕不给人片刻的停留，啊！我可以告诉你们——可是随它去吧。……此外仅余沉默而已。

大仇得报并没有给哈姆雷特全然揭示自己心路历程的机会。王子"郁结的心事"（p11）始终没有得到释放。复仇带给他的并不是内心的满足，反而是关于自己名誉的强烈焦虑：

---

[1] 弗朗西斯·培根（Francis Bacon 1561—1626）"论复仇"，见《培根论说文集》，水天同译，商务印书馆，1983，第 16 页。根据英文原文，此处对译文略有改动。

我一死之后，要是世人不明白这一切事情的真相，我的名誉将要永远蒙着怎样的损伤！（p136）

毕竟国王被哈姆雷特刺死之时，庭上响起的是众人的惊呼："反了！反了！"霍拉旭被委以重任来将真相昭告世人，然而他真的可以胜任吗？他总结的"奸淫残杀、反常悖理的行为，冥冥中的判决，意外的屠戮"等等，也许是准确的，但真的是哈姆雷特想要讲述的故事的全貌吗？毕竟他对鬼魂与王子的对话、王子的内心独白都一无所知。

丹麦王子的复仇未能带来令人满意的洗涤心灵、释放沉重的效果，这是《哈姆雷特》跟传统复仇剧最大的区别。难怪批评家哈罗·布鲁姆曾称《哈姆雷特》"几乎不是它所宣称的复仇剧"[1]。在这个意义上，《哈姆雷特》是对复仇剧传统的巨大突破。

在《荷马史诗》和古希腊悲剧中，复仇者并不会经历太多的内心波折，复仇几乎都是果敢甚至冲动的行为，《伊利亚特》里为帕特罗克洛斯复仇的阿基琉斯便是一例。但与古典复仇剧不同，以"复仇"为主题的《哈姆雷特》，却是一出相当奇怪的复仇剧，主人公在剧中的大部分时间都在纠结和思忖复仇，缺乏传统复仇剧所倡导的果断行动。剧中除了王后和奥菲利亚两位女性，几乎其他主要角色都是表达欲过剩的话痨。并且，除了最终的决斗之外，仅有的两次政治行动，即刺杀老王和雷欧提斯率众叛乱为父复仇，都是通过语言转述给观众的，并没有直接演绎。

哈姆雷特内心难以言说的痛苦并没有、也似乎并不能全然用复仇来宣泄。毋宁说，他的诉求本就超越了复仇，他身上折射的是试图在新旧交替的时代为世界立法的"人"之境遇。

---

[1] Harold Bloom, *Shakespeare: The Invention of the Human*, New York: Riverhead Books, 1998, p.383.

第六节　新旧交替时代的"人物"

文艺复兴是个新旧交替的时代，宗教改革、民族国家的兴起动摇了旧秩序，老哈姆雷特代表的骑士时代被叔父克劳迪斯代表的现代政治时代取代，新教信仰与天主教传统激烈抗争；神的意志和自然的"善"不再是永久成立的律法，人要在旧秩序坍塌后自己为价值寻找新基础，为行动寻找正当性。《哈姆雷特》中形形色色的人物，体现着这一新旧时代交替的不同特征。本节试举几例。

勇武诚信的老国王

第一幕，霍拉旭这样形容老哈姆雷特的鬼魂，这也是全剧对老国王的第一次描写：

他身上那副战铠，正是他讨伐野心的挪威王的时候所穿的；他脸上那副怒容，活像他有一次和敌人谈判决裂以后，把那些乘雪车的波兰人打倒在冰面上的时候的神气……（p5）。

霍拉旭还提到，勇武的老哈姆雷特以决斗的方式赢得了挪威的一片土地（p6）。从这些描述看，老哈姆雷特经略国家的方式主要靠的是骑士的勇武和荣誉，他代表着传统上理想的中世纪骑士国王。在欧洲中世纪封建制度下，政治领袖最重要的能力是带兵打仗的武力和足以服众的德行。

年轻的王子对父亲无疑是崇拜有加的。同时他也深知自己"柔弱与忧虑"的天性与父亲差距很大。哈姆雷特曾说"他（叔父）一点不像我的父亲，正如我一点不像赫拉克勒斯一样"（p13）。赫拉克勒斯是古希腊传说中力大无穷的英雄，哈姆雷特说自己与赫拉克勒斯并不相似，说明他自视武力平庸；虽然他最终在和剑术高超的雷欧提斯的对决中技高一筹，但至少跟父亲比起来，哈姆雷特认为自己更文弱，首先是个学生、哲学家，而非如父亲一般勇武的战士。

当然，哈姆雷特这番形容不乏夸大的成分。在经历丧父之痛后，他将父亲理想化为天神，他质问母亲为何会忘记相貌"高雅优美"、有着"太阳神的鬓发""天神的前额"、战神的眼睛的父亲，却去爱上叔父这样的"霉烂的禾穗"（p83）。这类主观色彩浓厚的描绘显然充满了戏剧化的加工。被高度理想化的老王衬托的不仅是叔父的龌龊与不堪，也包括哈姆雷特对自身男性气质缺失的焦虑。而当哈姆雷特在独白中因为无法行动而陷入反复的自我贬损时，这样的焦虑也常常显现。

果敢的其他复仇者

《哈姆雷特》又译《王子复仇记》，而剧中需要复仇的并不止哈姆雷特一人。

挪威王子福丁布拉斯与哈姆雷特一样，经历了丧父（他的父亲在决斗中死在老哈姆雷特手中）、叔父（"老挪威"Old Norway）继位，并且叔父对自己多有管束。但福丁布拉斯的性格与哈姆雷特恰恰相反，他果敢、冲动，喜欢带兵打仗、收复失地、赢得荣誉，并且最终坐收渔利。哈姆雷特在最后一次独白中反思了自己与福丁布拉斯的区别，试图以他自勉（4.4，p96）。

雷欧提斯也同样丧父。在哈姆雷特误杀了波洛尼厄斯后，雷欧提斯立刻从法国赶回，不惜顶着叛乱的罪名要求王室予以解释。

这两个人都是行动至上者（men of action），他们不假思索地追求所谓的正义和荣誉，与凡事皆要怀疑、付诸沉思才能行动的哈姆雷特形成鲜明对比。

马基雅维利式的新政治家

虽然在哈姆雷特看来，叔父克劳狄斯比起天神般的老王如同丑怪，但我们仔细分析会发现，克劳狄斯具备早期现代新的政治家的素养。他善于言辞，颇具政治和外交手腕，对哈姆雷特恩威并施，也算知人善任，与老哈姆雷特代表的中世纪封建骑士国王很不相同。从他出场后的第一段发言即可窥见一二：

　　虽然我们亲爱的王兄哈姆雷特新丧未久，我们的心里应当充满了悲痛，我们全国都应当表示一致的哀悼，可是我们凛于后死者责任的重大，不能不违情逆性，一方面固然要用适度的悲哀纪念他，一方面也要为自身的利害着想；所以，在一种悲喜交集的情绪之下，让幸福和忧郁分据了我的两眼，殡葬的挽歌和结婚的笙乐同时并奏，用盛大的喜乐抵消沉重的不幸，我已经和我旧日的长嫂，当今的王后，这一个多事之国的共同的统治者，结为夫妇；这一次婚姻事先曾经征求各位的意见，多承你们诚意的赞助，这是我必须向大家致谢的。（p8-9）

　　如果说骁勇善战是老哈姆雷特的特点，那么克劳狄斯就是言辞大师。在这段话中，他简直将平衡的艺术发挥到了极致。在他口中，"连词"几乎可以将任何截然相反的东西连在一起，王兄"新丧"的悲痛和继位者的"责任""自身的利害"，悲与喜、幸福和忧郁、挽歌与婚乐。在语言的外衣下，事物的本质与名称也是流动的、可以转换的，"旧日的长嫂"的同位语就是"当今的王后"，正如他后来称哈姆雷特是"我的侄儿"和"我的儿子"（p10）一样。

　　当这种平衡的艺术被用于治国理政时，显示出极强的效率。克劳狄斯通过这段不长的讲话，将自己登基后面对的内忧外患都予以了妥善处理：面对国王新丧的内忧，他提倡适度悲伤，用新婚的喜乐冲淡忧愁；他借机感谢了对自己继位和成婚提供帮助的各方势力，显然已赢得了宫中权贵的支持，攥紧了大权。而面对进犯的挪威王子福丁布拉斯，克劳狄斯意欲以外交手段解决国家冲突——他致信小福丁布拉斯的叔父请求其从中斡旋，事实证明，此举成效斐然。

　　此外，克劳狄斯很善于把握时机，他用最快的速度与王嫂结合的目的就是要制止非议，并为自己登基增加正当性。他与王后还算琴瑟和鸣，两人的感情并不像哈姆雷特描述的那样不堪。他对哈姆雷特刚柔并施，既有威逼（斥责王子不应沉迷于对亡父的哀悼），也有利诱（许诺哈姆雷特为王位继承人），并能巧妙利用他人（如波洛尼厄斯、雷欧提斯、罗森格兰兹、吉尔登斯吞）对哈姆雷特形成监视与制约。

克劳狄斯就是一个标准的"马基雅维利式恶人"，一个为达目的不择手段的早期现代政治家。他改变了剧中整个世界的秩序和所有人的命运。但同时，因为获取权力的手段残暴，他并没有成为马基雅维利设想的理想君主，最终没能为王国带来秩序。这位马基雅维利式的恶人推翻了传统中世纪骑士国王的统治，却没能建立起一个稳固的早期现代国家。

"现代人"哈姆雷特

文艺复兴人文主义思潮讴歌人性，试图以人为万物的尺度。神的意志和自然的"善"不再是人们行为的普遍准则，人开始信赖自己的理性，为自己及自然立法；挣脱宗教和神学世界观束缚的人感受到了全新的自由。哈姆雷特便堪称这样一位"现代人"。

哈姆雷特与叔父极为不同，他没有为达目的不择手段的行动力，也不像他的父亲老国王那般勇武坚定、让人信赖，更不像福丁布拉斯和雷欧提斯那样果敢行动、不加迟疑。或者可以说，他做不了阴险狡黠的"坏人"，但也不是一个有着稳定可靠德性的"好人"。他唯一可以信赖，并且在剧中最典型的特征，就是他作为学生、学者的秉性，天生聪明又敏感，相信哲学、崇尚理性，爱思考并因此絮絮叨叨。

面对旧秩序坍塌后人拥有的全新的自由，哈姆雷特必须自己为行动寻找正当性：先是怀疑鬼魂，继而叩问复仇的正义性。但这位只能信赖自己理性的、自由的现代人，也承受着自由带来的巨大的迷茫：直面终将腐朽的人，体悟人的脆弱和有限性，痛苦地质问其价值和意义。

哈姆雷特的种种特征和表现，其实刻画了"现代人"的普遍处境。现代人不再安然地生活于自然的、神话的或者伦理的旧秩序中，而是将一切都置于理性的反思中，依赖自己的理性作出判断和选择，奠定行动的根据。但人的理性同时也是有限的，尤其是个体的理性，难以取得像神那样周全的谋划，也无法为许多终极问题确立坚实的答案，行动起来总表现得迟疑不前、优柔寡断。

哈姆雷特之所以陷入忧郁和沉思，其根本即在于这样一种精神处境。在这样的处境中，哈姆雷特式的现代人终于开始叩问现代性的那个最初信念：人究竟是否又如何能够承担起衡量宇宙万物的重任呢？对于终有一死者而言，这一切又有什么意义呢？在这种怀疑和虚无感中，哈姆雷特变得软弱不堪、意志消沉、孤僻难处。

文艺复兴的医学、心理学上专门有形容哈姆雷特状况的词：忧郁（melancholy）。这种精神上的消沉，与疯狂仅一步之隔，但同时也是诗人、艺术家、天才常常具有的特质。哈姆雷特是位忧郁的沉思者，也是孤独的"现代人"。

第七节　忧郁的沉思者、孤独的现代人

在文艺复兴所开启的现代世界中，上帝的隐遁和世俗性的凸显似乎给人以全新的自由，但与此同时，现代人也陷入到了巨大的虚无感。哈姆雷特的虚无感，以及由此带来的忧郁和孤独体现在许多方面。

对虚伪与分裂的敏锐

哈姆雷特敏锐地感受到宫廷中弥漫的虚伪，即外在表现与内心真实的错位。他初次登场（P11）是在鬼魂出现揭露真相之前，那时他已经心事沉重、郁郁寡欢。叔父和母亲要求他"脱下黑衣"，以平常心看待父王之死，并问他为何好像特别郁郁于心时，哈姆雷特这样回答：

我不知道什么好像不好像（I know not 'seems'），我的一身黑装丧服、叹息、眼泪、沮丧的脸色都是悲伤的仪式、外表的流露（forms, moods, shows of grief），但都不能真实表达我的内心（denote me truly），因为这些都是可以演出来给人看的（actions that a man might play），不过是悲伤的装饰和衣服（p11）。

通过结尾的对句（I have that within which passeth show—/ These but the trappings and suits of woe）哈姆雷特为自己的内心和外在表现划出一道深深的鸿沟：二者可能完全分裂，内心很难为外人所见，外在表现很可能是虚假的演出。

这由此引出了本剧的重要主题——表象（what seems）和真实（what really is）的分裂，它一直困扰着哈姆雷特。这种分裂具有突出的时代性，在16世纪的欧洲的布道、外交文献、神学辩论、反剧场学说等被反复讨论。哈姆雷特敏锐地觉察到，并且也痛恨现代世界的这种虚伪和分裂，同时他自己却不能幸免，他的内心无法完全形诸于外，而这便是荒谬之处：宣称自由的现代人，并不能任意驾驭周围世界，自己达到内外一致。

驾驭语言的强烈欲望

为了弥合表象和真实之间的鸿沟，哈姆雷特转而试图用堆砌的语言来表达郁结的内心，不断寻找和突破语言模式，以释放内心情感，显示出极强的驾驭语言的欲望。在他的大段独白中，哈姆雷特用过剩的语言、繁复的修辞取代果决的行动。但可悲的是，聪明如哈姆雷特，他又何尝不知语言的局限？

在第二幕结尾（P54），来访的剧团在王子要求下即兴演了一段戏，讲述特洛伊之战中皮洛斯杀死特洛伊老国王普里阿姆斯、王后赫卡柏悲痛欲绝的故事。演员下场后，哈姆雷特在独白中痛苦地质问：

这一个伶人不过在一本虚构的故事，一场激昂的幻梦之中，却能够使他的灵魂融化在他的意象里……脸色变成惨白，他的眼中洋溢着眼泪……而且一点也不为了什么！为了赫卡柏！赫卡柏对他有什么相干，他对赫卡柏又有什么相干，他却要为她流泪？（p55）

他质问剧场的真实性，同时更是表达了对自己言语过剩的怨恨：伶人为了素不相干的故事里的人物都能将悲痛演得淋漓尽致，自己真的有杀父之仇，却

垂头丧气，一天到晚像在做梦似的……哼不出一句话来……像个下流女人似的，只会用空言发发牢骚（p55）。

他深刻明了语言的局限性，和其他外在表现一样，语言完全可能是虚假的演出。用语言表达内心、替代行动的方式，终究是苍白无力的。

对外界的攻击性

内在与外在的不匹配、内心的痛苦无以言表，让哈姆雷特始终处于与周围世界格格不入的状态，这种隔阂萦绕在他所有的社会关系中。

与老朋友罗森格兰茨和吉尔登斯吞、廷臣波洛尼厄斯和奥斯里克的对话中，哈姆雷特的语言游移、古怪，与奥菲利亚的谈话也同样显得隐晦、不明所以。哪怕与这个荒谬世界中他唯一信任的霍拉旭之间，似乎也有一些沟通的沟壑难以填平——毕竟他未曾告诉霍拉旭关于鬼魂的一切，或许因为这位哲学家的世界里不见得能容下哈姆雷特看到的、体会到的一切。正如前文已提到的他对霍拉旭所言："天地之间有许多事情，是你们的哲学里所没有梦想到的呢。"（p29）

这些紧张的社会关系，让哈姆雷特陷入不断的自我隔离。对世界分裂真相的发现，人际关系中的自我隔离，带来的一方面是哈姆雷特孤僻难处的性格、孤独痛苦的体验，而另一方面，则衍生出王子对他者和外界的极具攻击性的力量。

对王后格特鲁德和自己曾爱过的奥菲利亚，王子显得格外残忍、冷酷、毒舌。他不顾先父亡灵让他不要伤害母亲的告诫，"话像刀子一样戳进"她的"耳朵"（p84）；他对奥菲利娅莫名其妙的谩骂和拒绝，为后者的癫狂与

溺死埋下种子；他误杀了波洛尼厄斯之后，也只是冷淡而鄙夷地唤他为"你这倒运的，粗心的，爱管闲事的傻瓜"。

他害得雷欧提斯失去了父亲和妹妹，家破人亡；他为自保设计杀死老友罗森格兰茨和吉尔登斯吞，却只是云淡风轻地说，自己在良心上没有对不起他们的地方。可以说，剧中绝大多数人的死亡都与哈姆雷特相关。

哈姆雷特对自我、他者、丹麦、宇宙的思考始终都摆脱不了突出的"自我中心主义"。他只能信赖自己的理性，因此从一开始就是以自我为中心的；但这个理性的自我却又不能弥合种种分裂、驾驭周围世界，承担起人们对理性的全部期待，因此他转而怀疑和厌恶起这个"自我"；对自我的憎恶发散开来，又演化为对他人的厌恶，不断用古怪、尖刻的语言灼伤他人，并且不以为意。归根结底，一切曾经坚定的信念似乎都靠不住了，他变得痛苦孤独而又玩世不恭。

对生命价值的虚无感

哈姆雷特的内心痛苦，始自父亲的突然惨死和母亲的迅速改嫁。亲人的离世不仅意味着生死分别之痛，同时也让哈姆雷特切实地意识到人终有一死，生命如此短暂。而母亲的迅速改嫁，更是让他看到有欲望的肉体之脆弱和腐化，看到人会因为欲望而朝三暮四（"脆弱啊，你的名字是女人！"p12）。既然如此，生命又有什么可以珍视的呢？终有一死的生命又有什么意义呢？所以他在第一次独白里就说：

人世间的一切在我看来是多么可厌，陈腐，乏味而无聊！哼，哼，那是一个荒芜不治的花园，长满了恶毒的莠草。（p12）

对生命的失望透顶和意义的虚无感，诱发出王子初次登场时的自杀倾向："啊，但愿这个坚实的肉体会溶解，消散，化成一堆露水！（p12）"也正是如此他才会对奥菲利亚说："进尼姑庵去吧；为什么你要生一群罪人出来呢？"（p61）

　　鬼魂出现之后，哈姆雷特曾短暂地将复仇视作释放自己内心痛苦的途径：
"赶快告诉我，让我架着像思想和爱情一样迅速的翅膀，飞去把仇人杀死。"
（p25）但他的实际行动却与此完全相反，总是迟疑不决。他固然需要验证鬼
魂所说是否属实，还要追问复仇是否正义，但哈姆雷特的迟疑和软弱的根本
原因更在于，凝视死亡的他痛苦地发现，生命的意义本身是值得怀疑的；当
虚无感降临时，软弱和消沉从此便如影随形。

　　在莎士比亚生活的世界，死亡无处不在，人们对于死亡的感受和理解也
与现代人不同。17世纪的英国，多达三分之一的孩子不及成年便会夭亡。
并且，黑死病并未消失，直到17世纪下半叶还反复在英国肆虐。在莎士比
亚出生的1564年，他的家乡斯特拉福德总共仅800人左右，可这一年就足
足有254人死亡。正如在分析代表文艺复兴精神的那幅画作时我们提到的，
"铭记你终有一死"是当时许多人的座右铭。

　　1596年，莎士比亚年仅11岁的儿子哈姆奈特（Hamnet）去世，莎士比
亚从伦敦赶回家，却没能见到儿子最后一面。四年之后，莎翁提笔创作《哈
姆雷特》，主角名字怎么可能不触动作者埋在心里的伤痛？而也正是此时，莎
士比亚的父亲病重，并在一年之后离世。

　　时代的灾难、人世的无常，作者莎士比亚的心境，抑或主人公哈姆雷特
的遭遇，都显示出死亡摧毁一切信念的力量。年轻而本该生机勃勃的生命，
相信理性和人类的力量，但面对人类"终有一死"的真相，似乎一切都变得
轻得不能再轻，陷落在虚无中难以自拔。

人文主义的另一面

　　哈姆雷特有一段关于人的价值的著名演说，常被摘取作为文艺复兴人文
主义价值观的典范：

　　人类是一件多么了不起的杰作！多么高贵的理性！多么伟大的力量！多
么优美的仪表！多么文雅的举动！在行为上多么像一个天使！在智慧上多么
像一个天神！宇宙的精华！万物的灵长！

然而就这段话之前，哈姆雷特是这样说的：

在这种抑郁的心境下，仿佛负载万物的大地，这一座美好的框架，只是一个不毛的荒岬，这个覆盖众生的苍穹，这一顶壮丽的帷幕，这个点缀着金黄色的火球的庄严的屋子，只是一大堆污浊的瘴气的集合。

辽阔的宇宙、美好的大地，在他眼里竟只有毫无生机的腐朽，而看似了不起的人类，更是被他这样评价：

可是在我看来，这本质不过一抔尘土的东西算得了什么？ And yet to me what is this quintessence of dust?（p45 对译文有改动）

生命本身不过是无尽而冷漠的循环和轮回：

我们喂肥了各种牲畜给自己受用，再喂肥了自己去给蛆虫受用。（p93）

生前不可一世的亚历山大大帝死后也不过是"被人家拿来塞在啤酒桶的口上"的烂泥而已（p120）。曾经热爱生命的他，陷入了对生命价值的深刻怀疑之中。

本剧的全名叫作《丹麦王子哈姆雷特的悲剧》（*The Tragedy of Hamlet, Prince of Denmark*）。哈姆雷特的悲剧性究竟何在？分析荷马的《伊利亚特》时，我们曾提出过一种悲剧的结构性特征：人处于多重可能性的处境及其冲突中，他运用理性进行选择和行动，但最后却反而导致自身的失败或毁灭。《哈姆雷特》符合这样的悲剧特征，自始至终哈姆雷特只能信赖他的理性，他运用理性进行选择和行动，但最后面临的却是意义世界的整体坍塌崩坏：何谓正义？如何辨别真实与虚假？复仇意义何在？生命价值何在？

文艺复兴人文主义歌颂的人的尊严、价值和能力，这一光辉的赞歌许诺人作为"宇宙精华、万物灵长"，是衡量万物的尺度；过去的宗教和神学世界观因之动摇，人必须主动运用世俗理性自己为自己的行动寻找根据和理由。然而，只信赖自己理性的哈姆雷特，这位忧郁的沉思者和失败者，却更像是暗示了人文主义晦暗的另一面。

哈姆雷特完成不了自己本不想接手的任务，"在这个颠倒混乱的时代，唉，倒霉的我却要负起重整乾坤的责任"（p30）。领悟到人不过是终有一死的造物、欲望的奴隶，这个年轻人遭遇到了前所未有的虚无而不能自拔，在孤独痛苦中成了软弱的懦夫。这个内心已一片荒芜的虚无主义者，把自己的生命看得不值一钱，是注定难以"负起重整乾坤的责任"、实现人文主义的期许的。而与之相对照，莎士比亚提示我们，最终还是不假思索、行动迅速、脾气火暴的福丁布拉斯，幸运地继承了丹麦王位，为本剧留下了耐人寻味的一笔。

结　语

莎士比亚的《哈姆雷特》是西方文明史上的重要作品，它以戏剧的方式展现出了文艺复兴的时代精神。

文艺复兴处在中世纪和现代世界之间的新旧交替时期，本剧为我们透露了一幅这样的世界图景：以攫取统治权为目的的马基雅维利式的君主推翻了中世纪骑士国王，但并未带来长久的秩序；宗教改革试图重新定义人死后的归处，激起人们重新思考死亡与生者、死者的关系，在感情和精神上引起极大动荡；这一时期人们普遍意识到内心与外在存在的不可弥合的差异，这种差异带来了极大焦虑；而无处不在的死亡，又促使人们不断叩问人的价值和生命的意义。

哈姆雷特可以被看作是文学作品中表现的第一位"现代人"。他直面新旧交替的时代，在文艺复兴人文主义的思想背景下，他因信赖自己的理性而表现得犹豫迟疑，深感终有一死的生命之脆弱而意志消沉。人的能与无能，伟大与脆弱，自由与枷锁，这些矛盾都在有关哈姆雷特的故事中透露出来。当然，这只是莎士比亚作品的一个发人深省的表现主题，而实际上，文艺复兴、宗教改革之后，一个理性主义的光辉时代正在到来。在某种程度上，为理性主义奠基的任务要等到笛卡尔出现方能完成。

【思考题】

你如何理解哈姆雷特对复仇的反复拖延？

选择剧中另一位角色，从他／她的视角来讲述和改写这个故事。

【扩展阅读】

1.《哈姆雷特》的中译本目前有多种，朱生豪译本非常经典、语言雅正，而梁实秋译本则更忠实于原著，可读性也很强，值得参考对读。

2. 关于对本剧的整体介绍，参见 Marjorie Garber, Shakespeare After All, *Anchor Books, 2004, pp.466–505; The Norton Shakespeare*, 2nd edition, ed.Greenblatt, Cohen, Howard, Maus, Norton, 2008, pp.1683—1695 在简介本剧重要主题的同时，还列举和介绍了相关的重要研究。

3. 关于早期现代宗教观念的变革与莎士比亚的联系，可参考 David Scott Kastan, A Will to Believe: Shakespeare and Religion, *Oxford, 2014.* 关于哈姆雷特与早期现代炼狱观念的讨论，参见 *Stephen J.Greenblatt, Hamlet in Purgatory*, Princeton, 2002.

《第一哲学沉思集》

　　随着文艺复兴、宗教改革和大航海运动的发展，西方中世纪的天主教统治秩序逐渐瓦解，新的世界图景和政教秩序开始形成，最终造就了今日之现代文明。在此过程中，笛卡尔的《第一哲学沉思集》为现代文明奠定了一种全新的哲学基础。笛卡尔在他的这部代表性著作中声称，通过"普遍怀疑"的方法找到了一切知识的可靠出发点即"自我"，这一发现标志着现代主体性哲学的开端。作为自由主体的自我及其所把握的理性原则，不仅构成现代数学自然科学的哲学基础，而且也成为现代政治社会建构的理论原点。归根结底，主体性哲学是西方现代世界图景和政教秩序的根本原则，而其奠基即在这部《第一哲学沉思集》之中。

关键词：怀疑、自我、真理、意志、广延、身心关系

第四章
文明的新哲学基础

今天，我们通常将历史划分为现代与古代，这种划分并非仅有单纯的纪年意义。现代作为"最新的时代"（德语即称"现代"为 Neuzeit，意为"新的时代"），应当具有某种相对于古代的新颖性，而这种新颖性又必然与我们的自我理解相关，毕竟现代总是我们自身所处的时代。我们如何理解自己的这个时代呢？

我们常常会将某些要素指定为现代的标志性特征：数学化的经验科学、机械化的生产技术和工业、自由化的市场经济、民主化的政治伦理、大众化的社会文化等等。然而这些特征并非彼此分离而随意组合的一堆碎片，它们之所以能够共同刻画作为一个整体的现代文明，必是因为遵循某种共通的原则。从黑格尔至马克斯·韦伯的西方现代思想家，都将现代文明的这一根本原则归结为理性主义；而理性又被进一步揭示为具有自由意志的主体的能力，于是现代文明的根本思想原则最终就被追溯到了主体性哲学这里。

笛卡尔的《第一哲学沉思集》是现代主体性哲学的奠基之作，它在人类思想史上首次明确将具有自我意识和自由意志的主体，树立为一切知识以及作为知识对象的一切存在的最终根基。首先，笛卡尔通过"普遍怀疑"的方法排除了建基于感官原则和数学理性的一切学问，然后将当下自身觉知的思想主体认定为具有绝对确定性的第一存在（"我思故我在"）；其次，自我从自身所把握的上帝观念出发，通过理性推演得出上帝存在，再以上帝必然的至善属性保证"清楚明白"的真理原则、绝对自由的个人意志；最后，根据"清楚明白"原则，得出物质的广延本性（纯粹的空间性）和身心二元实体。

将物质还原为广延，使自然科学的数学化和世界图景的机械化获得了理论上的正当性。而自我的主体性意识和自由意志的确立，则将自我构建为不可分割的"个体"，成为一切社会关系的最终构成元素。这样的自我"个体"成了现代社会一切关系的真正主体，有权利自由地从事经济、参与政治、分享文化。现代社会由此才可能被理解为由不可还原的一个一个自我构成。

笛卡尔建立的这套主体性哲学话语，至今已受到来自各个方向的无数批评。然而这些批评非但没有丝毫减损笛卡尔哲学的价值，反而通过继承笛卡尔"普遍怀疑"和"绝对开端"的彻底性精神，使笛卡尔哲学在不断的"重启"中获得持久的生命力，以不同的方式继续塑造着我们当今的思想和生活。

第一节 现代文明与科学革命

在笛卡尔《第一哲学沉思集》[1]成书的十七世纪中叶，文艺复兴这一过渡时代的大戏已进入尾声，而科学革命正如火如荼，这是现代世界真正成形的起点。笛卡尔继承了文艺复兴对于传统宗教社会的知识和价值的怀疑精神，并全力投身于对新世界的知识探索和价值重构。他把人生大部分的时间和精力都投入到具体的科学实验之中，同时尝试为新兴的科学运动探寻根本的思想原则，这就是《沉思集》成书的缘由。当然后来我们知道，这部著作所引起的思想变革远远不限于科学的范畴，而是从根本上塑造了现代社会的几乎所有方面。

古今之变：从目的论到机械论

美国哲学家、历史学家埃德温·阿瑟·伯特（Edwin Arthur Burtt）在研究科学思想史时，分析了近代世界观的兴起，他援引了两段文字来标识世界观上的古今差异：

万物井然有序，这是使宇宙和上帝相似的形式。在这秩序中，高级造物看到"至尊"的足迹，这"至尊"便是这秩序力求达到的目的。在这秩序中，万物皆依其不同命运有不同倾向……在宇宙的大海上，凭借各自天赋的本能，驶向不同的港湾。

概言之，这就是科学让我们相信的世界，它甚至更没有目的，更没有意义。在这样一个世界中，我们的理想从今以后必须找到一个归宿。人是各种无法

---

[1]本书对《第一哲学沉思集》的引用和参考如无特别说明均源自［法］笛卡尔，《第一哲学沉思集》，庞景仁译，商务印书馆，1986年。以下正文简称《沉思集》，引文仅标注页码。

预知结果的原因的产物。他的孕育和成长，希望和恐惧，情爱和信念，都只是原子偶然聚合的结果。没有哪一种热情，没有哪一种英雄主义，没有哪一种强烈的思想和情感，能够维持个体生命不死。古往今来所有辛劳，所有奉献，所有灵感，所有如日中天的人类天才，都注定要在太阳系的无边静寂中寂灭。而整个人类成就的殿堂，必将无可避免地埋葬在宇宙废墟之下……[1]

　　这两段文字显然描绘了两个迥然不同的世界。前一段激昂的颂歌选自但丁的《神曲》，是中世纪哲学造就的诗歌典范；后一段无情的判词选自罗素的《一个自由人的崇拜》，显示出现代科学世界观的极端形态。

　　前者描绘的是一种目的论的世界图景，即自然世界以某个超越它的永恒者（上帝或至善）作为终极目的，并根据这一目的获得一种等级秩序，万物各依自身与永恒者的距离而在这个秩序中占据一个独一无二的位置，因而也就具有了一种独特的本性和命运。后者描绘的则是一种机械论的世界图景，整个自然界的运动都是由时空性的线性因果律规定的，包括人在内的万物都各是偶然原因的产物，不具有专属的本性，彼此之间也无本质的区别，并且最终同归于寂。

　　这二者分别就是古代和现代的主导性世界观，而一个时代的世界观作为时代精神的内核，从根本上决定了这个时代的一切思想观念。

　　我们知道，目的性其实是人类实践活动的一种显著特征，那么古代目的论理解的世界当然就是一种"人性化"的世界，是按人的实践特征来理解自然，将自然的运动演化类比于人的有目的的实践活动。与之相对，现代的机械论世界则明显是一种"非人"的世界，按照它自己的规律在激荡和运转。上一章我们曾指出，被视为现代之开端的文艺复兴运动的中心思想是人文主义，推崇人性和人的价值，那么奇怪的是，人性之花为何最终反而结出了非人之果呢？

---

[1]参见［美］埃德温·阿瑟·伯特，《近代物理科学的形而上学基础》，张卜天译，北京：商务印书馆，2018年，第6—11页。

现代社会与世俗文明

"现代"（modern）一词源于拉丁语词 modus（标尺、尺度、方式）的离格形式 modo（根据尺度、以某种方式、现今正时兴之物或建制）。文艺复兴时期的欧洲人用 modus 及其形容词变体 modernus 来指称他们所处的时代，不仅仅想表示某种"时下之物"，更想表明自己的时下与过去的时代有着巨大不同甚至决裂，将自己的时下视为衡量一切的尺度、自视为中心。这是一种划时代意识的展现，它意味着 modernus 是与之前不同的"新时代"。后世则沿用这个词，并指称自文艺复兴以来的时代为"现代"。由此可见，文艺复兴之后的人都把自身所处的时代与文艺复兴时代视为同一个时代，从而与此前的古代相对。由此可以说，作为开端的文艺复兴，奠定了"现代"的根本特征。

而与古代社会相比，现代社会的一个最显著特征是与宗教文明相对的世俗文明的自觉壮大。世俗 secular 一词源于拉丁语 seculum，表示时代和世代（generation），也指一个世代所处的世界，后来引申出现实的（现世代的）人的世界的含义。现在的"世俗"一词表示的正是现实的人的世界，与宗教表示的超现实的（永恒的）神的世界相对。

其实，作为文艺复兴运动之灵魂的人文主义（humanism），顾名思义就是"人的主义"，其字面意思即意味着对人及其世俗生活的肯定。随着罗马帝国的基督教化和西罗马的灭亡，西欧范围内的古希腊罗马文明经典基本逸失了。自 14 世纪开始，东罗马帝国（拜占庭）的一些学者由于宗教和政治的原因陆续来到意大利，他们带来了大量古希腊罗马的经典原著，并在意大利开设"希腊学校"，传授古希腊的语言和文化。教授语法、修辞、诗歌、历史和哲学等人文学（studia humanitatis）的学者在古典文献的刺激下，确立了一种关于人类自身的新观念，重新肯定人的尊严、地位，肯定人自身的理性能力和人的现世生存的价值。这种来自"人文学"的新思想及其主张者，就被称为人文主义和人文主义者。

因此，文艺复兴宣告了现世生活之价值在宗教力量的千年压制后的回归。而 16 世纪开始的宗教改革和继起的宗教战争，则又使基督教宗教生活摆脱了天主教会的完全控制，越来越成为信徒个人内在的精神生活。肯定现世生活、注重个体及其内在精神，这些新的思想动向，共同促成了纯粹理论精神的复活，促成了对现实或世俗世界探索和追逐的热情。由此，在整个希腊化－罗马时期和中世纪，那种一切社会事务从属于伦理和宗教生活的倾向，在现代之初就得到了扭转，古希腊哲学和精神中最初的认识自然的追求，重新成为哲学和科学的志业。

那么，为何肯定人性和人的价值的人文主义所复活的，不是一种像古代目的论宇宙那样的"人性化"的世界图景，而是以现实世界（包括自然）本身为导向的纯粹理论精神呢？

归根结底，人文主义所肯定的人是现实的人，不是虚构的人，所肯定的世界是现实的世界，不是虚幻的天国。古代的目的论宇宙观，是按照人类实践的特征，来理解包括物质自然在内的整个世界；在这一世界图景中，人们所想像的那种创造并推动宇宙的主体，是一种超越现实世界的类人、超人，即神。换而言之，这种对世界的过度人性化最终造就的是一个"神化"的世界。

而文艺复兴以来，人们把目光真正转向现世生活中的人，在肯定人的能力和价值的同时，也是按照处于现实生活和自然中的人去理解人。现实和自然构成了人的生存边界和环境，若要忠实于现实就不得不承认，自然以及整个世界无法通过类比于人的方式去解释，不能按照目的、创造等人类实践的特征去理解，必须找到新的方法去现实地描述世界，重新构筑新的世界图景。这是文艺复兴、宗教改革之后的世俗主义，所引起的重要思想后果。现代文明根本上是一种世俗文明。

普遍方法与科学革命

那么，我们如何凭借人本身的精神能力，基于现实或世俗的视角，找到一种新的方法去解释世界呢？

人们首先向传统思想尤其是古希腊哲学寻求资源，这也正是文艺"复兴"的思想潮流。那些反对天主教教义的人们援引柏拉图主义以抗衡天主教正统的亚里士多德主义。不过由于接受自拜占庭传统，在意大利重新流行的柏拉图主义其实主要是新柏拉图主义，更趋于一元论，特别强调宇宙作为统一体的神性。而与此同时，由于希腊原著的流传，对于亚里士多德的解释也逐渐摆脱基督教神学的束缚，例如试图恢复亚里士多德主义中的经验论倾向等。于是，柏拉图主义与亚里士多德主义这两个伟大的古希腊哲学传统的古老论争又重现当世，它们标志着古典理性主义和理论精神的回归，而围绕它们本身的新阐释和新进展也共同冲击着基督教经院哲学。

新柏拉图主义的复活对文艺复兴时期的自然哲学产生了决定性的影响，它使后者总体上转向追求一切存在者的神性统一，这种统一性理想的最终实现就是在宗教传统中被割裂的上帝与世界的合一。在这样一种宇宙神教（Universalism）中，上帝并不超越于世界并以与自身的关系来规定万物的本性，毋宁说它就是世界整体本身；人作为其中的一部分，并不比其他部分更靠近上帝，它们共同享有上帝的神性；因此人和万物根本上遵循着相同的运行规律，可以通过同一种方法得到统一的解释。

在这样的世界观基础上，对一种普遍的科学方法的寻求才得以可能，并成为紧迫的时代任务。其中最具决定性的是贯穿毕达哥拉斯、德谟克利特和柏拉图的数学传统的复活，它用空间形式和数的关系取代了亚里士多德主义的"形式"——即每个事物各自拥有不能与他物通约的"本质"——万物由此可以通过统一的数学来描述。但毕达哥拉斯学派的数学方法仍然披着神秘主义和象征主义的外衣，还需要借重一些具有破坏性的、此前非主流的思想工具，进行一番彻底改造。经验论和怀疑论对传统形而上学的批判便起到了这样的作用，这些思想潮流的刺激，对于现代科学方法论的诞生都具有重要作用。

当然，现代自然科学的诞生、科学革命的发生，是一个复杂的历史过程，世俗利益的兴趣、大航海运动和资本主义的发展等等都在共同推动着这一过程。但确定的是，在文艺复兴和宗教改革之后的时代，"知识就是力量"越来越凸显，对知识的探求也就表现为更为自觉的意识，其显著标志便在于，什么是真正的知识、如何才能获得确定的知识，这样的"认识论"问题，成了时代的首要思想问题。近代哲学中有所谓"认识论转向"，[1]它首先便体

---

[1] 参见本章第二节关于"第一哲学"的相关内容。

现在对科学探索中普遍的、统一的方法的探求；上述宇宙统一体的世界观和古典理性主义及理论精神的回归，都为这种探求奠定了思想基础。

英国的弗朗西斯·培根（Francis Bacon）被视为近代自然科学最早的呼吁者，他批判旧的形而上学和认识方法，为此与亚里士多德的《工具论》相对照而著有《新工具》，提倡"科学实验"并总结出相应的"经验归纳法"。伽利略、莱布尼茨、笛卡尔等，相信自然这本大书是用数学语言写就的，他们致力于以数学方法去精确和量化地描述世界，为此研究数学并发展出新的数学手段，以期建立一种真正统一整个宇宙的物理学。实验和数学，一般被认为是近代科学革命得以发生的两大方法支柱。

在笛卡尔看来，传统学问中只有数学具有绝对的明晰性和可靠性，他把数学作为科学论证的典范，同时把知识严格限制在"量"的规定性和计算方面；他尝试把数学方法普遍化，使之成为一种适用于一切问题的科学方法，这种方法因此被称为普遍数学（mathesis universalis）。笛卡尔对普遍方法的探寻也奠定了一种现代科学观念：科学之为科学，其统一性正在于这样的方法，不在于其研究的对象。而真正把这种普遍化的数学方法付诸哲学研究，并试图开始为一切科学奠定基础和原则的，就是《沉思集》。

现代文明的哲学基础

《沉思集》在很大程度上奠定了现代文明的哲学基础。尽管现代哲学的开创工作是由众多思想家在很长一段时间共同完成的，但是笛卡尔是学界公认的最重要的那一个。

首要的理由是，笛卡尔对现代哲学的精神具有决定性的影响。现代哲学最基本的原则——主体性（subjectivity）、表象性（representationality）[1]与合理性（rationality）——都在笛卡尔的这部著作中得到确立。这些原则不仅是现代哲学的根本标志，而且构成了整个现代文明的理论基石。我们可以尝试将现代文明的基本哲学精神表述为：人是有理性的主体，能够且应当通过约定形成秩序和规范，以完成自我实现。正是基于每个人都是具有独立价值

---

[1] 参见本章第五节关于"物的本性"的相关论述及脚注。

和普遍理性的主体这一认知，现代的社会契约论的政治学和自由市场论的经济学才得以证立。

同样重要的理由是，笛卡尔哲学具有鲜明的开端性品格。笛卡尔的整个哲学事业都在于通过彻底怀疑传统学问的一切既有理论成见，寻求某种绝对无可置疑的东西，以此为基础去建立一套关于世界的完备的科学知识体系。这种普遍怀疑的方法不仅使新时代的精神彻底摆脱了传统教条的束缚，而且把怀疑论的底色深深地刻入现代科学文化的基因之中，构成现代科学和哲学的深层发展动力，最终造就了现代文明批判性演进的历史图景。

第二节　全书概况与阅读要领

《沉思集》正文分为六个沉思，分别处理普遍怀疑、"我思"的确定性、上帝存在的证明、真理与错误、物的本质和身心关系等问题。附录的六组反驳与答辩，为笛卡尔把"沉思"寄给当时一些神学家和哲学家后收到的反驳及他本人对这些反驳的答辩，因此对"沉思"中涉及的大多数疑难进行了深度的论辩。

《沉思集》的主题

笛卡尔在致辞中宣称《沉思集》的主题是"上帝与灵魂"，但是读完六个沉思之后我们就会发现，他的真实意图并非辩护传统的神学教义，而是为新的知识确立标准和原则。正如笛卡尔在给朋友的一封信中透露的那样，《沉思集》包含着他的物理学的"全部原则"[1]。

十六、十七世纪欧洲流行的自然观仍然是经过宗教改造的亚里士多德主

---

[1] Charles Adam and Paul Tannery（eds.），*Oeuvres de Decartes*，Vol. 3, Paris: Vrin C. N. R. S., 1899, P. 233.

义物理学，它把宇宙分成天界和人间两个对立隔绝的区域：天界遵循完美的物理规律，天体的运行方式都是匀速圆周运动；人间的物理规律则是有缺陷的，因而物体呈现不规则运动。这种二分的宇宙模型显然是神人二分的宗教世界图景的一部分。如前所述，笛卡尔的物理学致力于以数学方法统一整个宇宙，按照这一全新的世界图景，物质自然是一架按照统一的机械规律运行的巨型机器，其中不再有上帝及其神性的地位。

然而奇怪的是，《沉思集》不仅只字未提这种非神、非人的物理学，反倒大谈特谈上帝和灵魂。其实笛卡尔的这种克制，首先是出于写作的策略。他在信中说到《沉思集》包含他的物理学的"全部原则"后，紧接着嘱托对方保密，理由是

偏爱亚里士多德的人或许很难接受。我希望读者注意到我的原则摧毁亚里士多德的原则之前，便不知不觉地习惯了我的原则，意识到其中的真理[1]。

当时没有比基督教神学家更加"偏爱亚里士多德的人"了，从笛卡尔的致辞我们看到，他正是极力要争取这些人对本书的认可和保护。由此我们就不难理解，为什么《沉思集》要标榜传统的神学主题：笛卡尔试图以潜移默化、润物无声的方式造成一种既定事实，即人们在反对他的原则之前就已经以他的原则观看世界了，这是一场无声的革命。

"第一哲学"与本书目标

那么，何谓物理学的原则呢？这个问题要求我们回到本书的标题。

"第一哲学"就是我们今天所谓的形而上学（metaphysics），这两个概念都来自亚里士多德的《形而上学》一书。meta 在希腊文中意指"之后"，metaphysics 就是在物理学之后的东西。亚里士多德的后学在分类整理其作品

---

[1] Charles Adam and Paul Tannery（eds.），*Oeuvres de Decartes*, Vol. 3, Paris: Vrin C. N. R. S., 1899, PP. 297-298.

时，发现有八卷关于自然的著作，遂合编为《物理学》（Physica）；又发现有十几卷的内容虽然也涉及自然，但研究重点不太一样，就编纂起来放在《物理学》之后，因此被称为metaphysica。然而meta这个词既指"之后"，也指"超出"，metaphysica因而有超出物理学并为物理学奠定基础的意义，我们在中文语境下将之译为"形而上学"[1]。既然这个书名只是后世编纂时取的名目，因此亚里士多德本人并没有使用过"形而上学"一词，他在书中用的对应意思的词恰恰是"第一哲学"。

那么"第一哲学"到底指什么呢？亚里士多德指出，哲学（philosophia，爱智慧）所爱的智慧（sophia）是关于"最初的原则和原因"的知识，因此哲学可以说就是关于第一原则的学问。例如自然哲学或物理学，研究的就是关于自然事物的第一原则。[2]确切来说，研究"作为存在的存在"的哲学，被亚里士多德称为"第一哲学"；既然一切事物都是"存在者"，那么第一哲学实际上研究的是包含自然事物在内的一切事物的第一原则。因此，"第一哲学"或形而上学也就是其他所有科学的基础，是知识之树的树根，而自然哲学或物理学是树干，其他具体科学则是树枝。

这样，所谓"第一哲学沉思"，就是试图为所有科学和知识奠定基础的沉思。在本书的"第一沉思"中实行"普遍怀疑"时，其所怀疑的正是一切既有知识的那些原则，即传统形而上学。这种怀疑涉及对"如何才能获得确定的知识"的方法和路径的探索，哲学研究的对象从外在的自然、社会，转到了人的认识能力本身上来，因此被后世称为哲学上的"认识论转向"。

归根结底，我们可以说《沉思集》的真正目标是，在普遍怀疑的基础上，重新为包括物理学在内的一切科学知识确立真正可靠的第一原则。

《沉思集》的写作方法

为了实现这一目标，笛卡尔显然针对性地运用了一些特殊的写作方法，

---

[1] 用来翻译metaphysics的"形而上学"这个中文词，取自《周易·系辞》"形而上者谓之道，形而下者谓之器"一句。

[2] "自然哲学"这一名称一直保留到了现代，如牛顿《自然哲学的数学原理》一书，仍然宣称是在研究自然的基本原理。

在这里需要指出来，以避免可能的误读。

鉴于笛卡尔试图在旧宗教中引入新科学，我们首先可以说他采用了一种"隐微写作"的手法。这当然不是指某些古代作者为防止真理危害社会，而以暗语的形式在封闭的小圈子中流传的某种"秘传教规"；笛卡尔这位现代作者要做的，恰恰是借用传统的宗教语言使新思想得到广泛和深入的传播，因此他所利用的工具不是任何神秘的暗语或黑话，而是普遍有效的理性规则。与之相应，我们的阅读方式也不是从文本的只言片语解密作者的微言大义，从而附会种种无可辨正的秘传式解读，而是从作者本身所运用的观念和逻辑出发，去揭示文本中已然包含的公共知识。

第二个需要提到的方法就是书名中的"沉思"。"沉思"这个词有相当特殊的哲学含义。它在中世纪是指，一个人在修道院的小隔间里完全专注自身的精神活动，具有宗教修炼的色彩。可见，这里的"沉思"实际上并不是一般的哲学思考，而是具有强烈自我修炼色彩的古代哲学活动。我们知道，柏拉图的对话都是发生在多个具有不同背景的人之间，因而包含非常丰富的社会政治内涵。笛卡尔的"沉思"则截然相反，它是沉思者和自我的对话，此间沉思者的一切涉及外在事物的具体思想因素都被略去，而最后剩下的仅有通过"内观"把握的纯粹的"自我同一性"，其余一切东西都是从这"自我同一性"中，根据自我认可的规则演证出来的。这种沉思及其结果，奠定了"主体性"在现代哲学中的首要地位。

第三个要提到的是分析法。笛卡尔将证明方法区分为综合法和分析法：前者是"由因及果"，即从既有的定义和公理出发去证明定理；后者则是"执果索因"，即从一个具体问题出发去追本溯源，直至发现不证自明的简单真理。笛卡尔认为综合法并不适用于形而上学，因为形而上学恰恰就是要追问第一原则，也就必然不能接受任何既有前提。他的"沉思"仅仅使用分析法，具体说就是从一切可疑的东西出发，去层层追索，最后寻找到"我思"这个自明的第一真理。然后，读者可以以这个简单真理为基础，通过综合法证明其他真理。

《沉思集》的阅读原则

虽然《沉思集》是由口语写成，明白如话，但是鉴于以上提到的笛卡尔的目的和文本的性质，我们还是有必要注意一下阅读的原则。在此仅列几条以供参考。

首先，代入原则。《沉思集》不是一部学院式的哲学论文，而更像是一部形而上学戏剧。对此我们不能仅仅充当事不关己的观众，而应当自己作为演员参与到戏剧的演绎中。因为观众只能看个情节梗概，只有演员才能真正感受故事的每一个细节。换言之，我们不能满足于抽取作者的主要观点和论证，而应该尝试细品文本中的微妙之处，其中潜藏着广阔的解释空间。作为沉思者的"我"不仅是笛卡尔，也应该是每一位读者。

其次，同情原则。如果仅从文本表面看，我们可以发现很多似乎自相矛盾的说辞。此时不要急于批评作者论述的严谨性，而是要尝试根据矛盾各方的语境寻求能够容纳这些矛盾的某种一致性解释，这一工作往往能够揭示哲学家系统中的一些深层问题。此外，如果发现文本中观点与自己的固有观念明显相悖，也不要急着批评作者或否定自己，而是需尝试分析这种矛盾的原因，由此可能会发现更深刻的时代差异。总之，不要轻易下判断，请"设身处地走一英里"（walk a mile in another's shoes）。

其三，语境原则。哲学通常谈论时代的重要论题和问题，因此要在历史和哲学语境中阅读过去的哲学家。为了理解哲学家为什么以某种方式进行论证，通常需要知道他们试图反驳哪些观点，以及他们与反对者共同接受哪些前提。哲学的问题域与时俱变，不了解文本的语境而"生读"，很容易误解作者的原意，甚至以为不可理解。

最后，对照原则。针对同一哲学文本，学界往往会有多种彼此不同甚至相互矛盾的解释。我们首先要对这些竞争性的解释保持开放态度，然后再次回到作者的文本，以寻求支持或反驳某种解释的依据。

第三节　从普遍怀疑到"我思故我在"

笛卡尔"致辞"的目的是寻求巴黎神学院对本书的保护，理由是本书论证了上帝与灵魂这两个宗教主题。值得注意的是，笛卡尔明确宣称这两个主题应该用哲学理由而非神学理由来论证，因为不信教的人会以理性的根据排斥神学的论证，本书的意图就是利用人类普遍具有的自然的理由即哲学理由来说服不信教者。笛卡尔这种自白似乎是甘愿哲学服务于宗教，但其实隐含着一种革命性的思想转变：人的自然理性比宗教信仰更普遍，因而对于认识真理也更管用，而不是相反。

这里就要提到中世纪神学和哲学中的一个核心问题，即信仰与理性的关系。最初的基督教神学是排斥理性的，后来因为受到古希腊哲学——尤其是亚里士多德主义——的影响才逐渐肯定理性对于认识真理的作用，但仍然认为不如信仰的认识那么完善。笛卡尔显然把这种转变趋势贯彻到底了，从而实现了信仰与理性之关系的彻底翻转，"因为理解，所以相信"，从此以后，"合理性（rationality）"成了现代人一切认识和行动的基础。六个沉思就贯彻着这样的理性主义基调。

第一沉思：普遍怀疑

第一沉思的主题是著名的"普遍怀疑"，即因感觉的可疑性而怀疑外部世界存在的真实性，以上帝骗人的可能性来怀疑数学真理的可靠性，一切既有知识都要经历这样的被怀疑。——既然笛卡尔向来认为最真实可靠的数学都被怀疑了，那么世间便似乎再也没有什么无可置疑的东西了。

其实怀疑认识的真理性在哲学史上并不是什么新鲜的做法，例如包括柏拉图在内的众多哲学家都怀疑过感官的可靠性；有些怀疑论者如高尔吉亚和皮浪甚至从原则上怀疑一切认识的可能性。在思想大变动的十五世纪，怀疑论也随着神学权威的动摇而回潮，并深刻地影响了笛卡尔。然而笛卡尔在其著作《谈谈方法》中明确宣称他不认可怀疑论的观点，那么他的普遍怀疑与怀疑论又有什么区别呢？

根本的区别在于，"怀疑"在各自哲学中扮演的角色不同。"一切不可知"是怀疑论者最终的认识论立场，而普遍怀疑对于笛卡尔只是纯粹的沉思"方法"，他只是借此排除一切可疑的东西，目的却是要最终寻得绝对确定的知识。他说：

我认为，如果我想要在科学上建立起某种坚定可靠、经久不变的东西的话，我就非在我有生之日认真地把我历来信以为真的一切见解统统清除出去，再从根本上重新开始不可。（p.16）

（1）**感觉的可疑性**。形而上学的沉思要求从基础开始，"所以我首先将从我的全部旧见解所根据的那些原则下手。直到现在，凡是我当作最真实、最可靠而接受过来的东西，我都是从感官或通过感官得来的"（p.17）。当时的经院哲学坚持亚里士多德主义的信条：凡在理智中的东西，无一不是先在感觉中。显然，感官的可靠性是我们不自觉地秉持的一种日常信念。而笛卡尔普遍怀疑的第一步便是怀疑感官的可靠性。

笛卡尔首先提出的论据是感觉的模糊性和错觉的可能性，但这些都是偶然的特殊情况。紧接着他提出了一个更为普遍的论据，即现实与梦境不可区分，这类似"庄周梦蝶"的典故。我们无法确定地区分现实与梦境，因为我们没有任何可靠的迹象可以标识感官的可靠性，甚至更普遍地说，我们根本无从确认经验内容与世界本身的一致性。

笛卡尔还提出了一个绘画比喻。画家可以描绘事物，也可以随便拼凑全然虚构的东西，同理，我们的一切肢体以及感觉到的一切物体也都可能是幻觉。

这样通过怀疑感官的可靠性，我关于周围世界、我的身体的感官知识就都成可疑的了，不能成为其他知识的基础。

（2）**数学的可疑性**。笛卡尔继续追问：然而画出的东西再如何虚假，画出来的颜色总是真实的吧？那么这里的"颜色"比喻的是什么呢？——感官所呈现的物体的形象，尤其是广延（空间）及时间、地点等最基本的物体形式。为什么这些东西必然真实呢？因为我们所见的这些物体性质归根结底并不属于外在的物体，而是我们思想中的观念，当我们不拿它们与外在事物建立关联时，它们作为纯粹的观念就不可能有任何错误了。这也是为什么物理学等涉及外在存在物的科学是可疑的，而涉及纯粹形式的数学则是确定无疑的。显然，对感觉的怀疑论证，不影响数学的可靠性。

进而，为了怀疑数学真理的可靠性，笛卡尔提出了一个惊人的假设：骗人的上帝。全能的上帝既然创造了我，同时也就决定了创造我的方式，他不仅可能赋予我们感官的幻觉，也可能赋予我们一套错误的数学运算规则，使我们总是进行错误的运算。打个比方，这就好像今天有程序员创造了一款电脑游戏，在这个游戏世界中所有的运动规则、运算规律，可以仅仅是程序员任意设置的，并不是真实世界的规则，而游戏中的人物却以为它们是真实的。

当然，对数学的这种怀疑，假设了存在一种在我们的理性之外或之上的真理的可能性，这种真理只能由上帝的全能直接保证。这就意味着，笛卡尔以理性所假设的一种神学观点挑战了理性自身的规则。若是如此，理性自身便也成为可疑的了，而普遍怀疑所最终依据的确定性标准不正应该是理性自身吗？其实笛卡尔远未走到这一步，他在内容提要中说：

> 在第一沉思里，我提出了只要我们在科学里除了直到现在已有的那些根据以外，还找不出别的根据，那么我们就有理由普遍怀疑一切……（p.11）

也就是说，普遍怀疑只是针对在科学中已有的一切根据，而并非从原则上排除一切可能的知识。那么未被怀疑的东西是什么呢？这在第一沉思还看不出来，毕竟此时已经排除了已知的一切知识了，不过从第二沉思以后可以看出，至少包括推理规则在内的我的思维原则是不可否认的，它们不仅用以评估怀疑的理由，而且也构成心灵的永恒结构。

因此，他并不是要怀疑理性自身，而只是暂且提出了一个极端假设，即数学也可能是不可靠的。笛卡尔无比推崇数学，为什么还要怀疑它的可靠性呢？——为了彻底奠基的理论目的。试想，如果他最后找到的原则竟然能够经受住连数学也无法承受的怀疑，那么这种原则该有多牢靠呢？毕竟在那个时代，欧氏几何可是完美的知识典范。

第二沉思："我思故我在"

我们对阿基米德"给我一个支点，我可以撬动地球"的豪言壮语都不陌生，笛卡尔也以此期待自己的哲学事业，说如果找到任何一件确定无疑的事作为支点，他也可以重建整个人类知识的大厦。这个支点在一切知识都被怀疑之后，才蓦然现身，它就是"我思（*Cogito*）"。

我们实行了一个普遍的怀疑，发现知识是不可靠的，但是当我这样怀疑的时候，有一件事情是不能怀疑的，那就是"我在怀疑"这件事情。因为显然，对"我在怀疑"的怀疑也是我的怀疑，恰恰确证了"我在怀疑"这个事实本身。更宽泛地说，思想无法否认自身正在思想，否则就会陷入自相矛盾。因此经历普遍怀疑之后，笛卡尔认为那剩下来不可怀疑的便是"我思"这件事情；哪怕我的世界都只是幻觉，都只是骗人的把戏，只要我在思想，我就不能怀疑自身：

> 如果他骗我，那么毫无疑问我是存在的；而且他想怎么骗我就怎么骗我，只要我想到我是一个什么东西，他就总不会使我成为什么都不是。所以，在对上面这些很好地加以思考，同时对一切事物仔细地加以检查之后，最后必须做出这样的结论，而且必须把它当成确定无疑的，即有我，我存在这个命题，每次当我说出它来，或者在我心里想到它的时候，这个命题必然是真的。（p.25）

这个关键性段落的内容已经在《谈谈方法》中被笛卡尔概括为一个经典命题——"我思故我在"（*Cogito, ergo sum*）。对于这个命题，我们可以提出两个问题：其一，结论中所谓"我在"的"我"到底是什么？其二，从"我思"如何能够得到"我在"？

（1）**"我"是什么？** 笛卡尔在普遍怀疑之后得出结论："我是一个在思想的东西"（p.28）。人们传统上会觉得我有一个身体，还有个灵魂，但我对身体的感知正如我对物体的感知一样，是依赖于感官的，既然感官不可靠，所以身体也不可靠；于是严格来说，我只是一个"思想者"。

那么到底什么是思想者呢？它又如何能从"思想"得出来呢？后世很多哲学家都质疑这一结论的正当性，认为实际上我们在单纯的显现中看到的只是"在思想"或"思想在进行"，思想不能怀疑或否定思想自身，但其中并不包含任何一个"我"的存在。

如果把"我"这个思想者只是当作进行中的思想本身的一个结构性部分，它仅仅把这个思想标识为"我在思"，而非别的什么东西在思，那么以上的质疑便可规避。按照如此理解的自我概念，当我说"我存在"时，我的意思只是我真实地经验到一个"思想活动"并认之为"我的"思想，换言之，"我"仅以思想的方式存在着，思想之外别无其它，并不指称一个独立自存的"实体"。

遗憾的是，这种解读并没有多少文本上的依据，相反，笛卡尔处处都在指引读者走向另一个方向。他在第二沉思中说"思维是属于我的一个属性"（p.28），在第三组答辩中则直接把自我称为"实体"，因为"一般来说，任何一个偶性或一个行为都不能没有一个实体"（p.182），并在第五组答辩中明确重申"我是一个思维的实体"（p.365）。可见，思维"实体"才是"我思"论证的最终结论。

然而如果采纳这种理解，就无法回避上述对于从"我思"到"我在"的论证正当性的质疑。下面我们就来进一步考察这一论证本身。

（2）如何"论证"？ 笛卡尔说："有我，我存在这个命题，每次当我说出它来，或者在我心里想到它的时候，这个命题必然是真的。"由此看来，"我在"似乎是从"我思"直接得到的，也就是说这是一个自明的命题，毕竟说我在思想而我却不存在，这是荒谬的。笛卡尔在第二组答辩中明确表示：

当有人说：我思想，所以我存在时，他从他的思维得出他的存在这个结论并不是从什么三段论式（推理）得出来的，而是作为一个自明的事情；他是用精神的一种单纯的灵感看出它来的。（p.149）

所谓"精神的一种单纯的灵感"显然是指一种非推论的直接意识，但是我如何从"我思"直接意识到"我在"呢？

如果我们采纳对"自我"的第一种理解，即作为"我思"本身或其结构性部分，那么对我的思想本身的直观就已经是对自我之存在的确认了。然而上已提及，笛卡尔最终还是将自我理解为一个思想"实体"，那么这种自我的存在就不是什么自明的事情；他本人也的确承认，我们无法直接认识实体，只能借由实体的活动或属性去认识实体。对于作为思维实体的"我"的存在的认识，只能从我的唯一确定的属性即"思维"间接地"推论"出来，不能是直接的直观。笛卡尔在另一个地方似乎也承认了"推论"说：

在我说我思想所以我存在时，《意见书》的作者想要我设定这个大前提：谁思想谁就存在，这样一来我就已经结合上了一个成见……可是当我们检查它时，我们不能说它是一个成见，因为它给理智表现得如此明显以致不能阻止对它加以信任，尽管它可能是我们一生中第一次想到它，从而它不是一个成见。（p.397）

笛卡尔在此并未否认"我思"论证中需要一个大前提"谁思想谁就存在"或者"思想者存在"，只是拒绝承认它是一个成见，因为这个命题如此不言而喻。

然而沉思者已知的一切知识根据都被普遍怀疑排除了，他又何从得知这个大前提呢？笛卡尔在第二沉思中也并未证明这一前提。因为笛卡尔把思想者、自我视为一个实体，而把思想归结为它的属性，因此"思想者存在"这个大前提其实又是得自一个更大的前提："一般来说，任何一个偶性或一个行为都不能没有一个实体"（p.182）。而这个普遍判断实际上是亚里士多德主义的一个基本的形而上学原则，即"实体－属性"原则：属性不能独立自存，必须依附在某个独立自存的实体上。当我们直观到"思想"的确定性时，就必须推定有一个承载思想的实体存在；思想是"我"的根本属性。

可见，从"我思"到"我在"，笛卡尔既主张这不是推理，却又默许大前提的作用、实即承认了这是个推理，这一矛盾在哲学史上一直被讨论。尽管如此，笛卡尔"我思故我在"这一命题的历史效果却在于，通过普遍怀疑，笛卡尔确认最后有一个不可怀疑、不可还原的"自我"，作为精神、理智或思维，而与身体或任何其他物体性的东西有别，这样的主体成了一切认识的起点、一切社会建构的原点。这一命题因此成了笛卡尔"主体性哲学"的基石，而如前所述，主体性哲学奠定了现代文明的哲学基础——今天我们作为现代人，已经天经地义地认为"自我"是第一性的存在，"自我"是一切认识和实践的中心与出发点。

第四节　"上帝存在"与我的自由

第三沉思：我思故上帝在

在第二沉思中，沉思者所知的一切都已经被排除了，唯一确定的只有"我思"，而从我的思想似乎又不能直接推演出物体、他人和世界的存在，如果我们止步于此，就难免陷入"唯我论"。那么应该怎么"破"呢？回想第一沉思，普遍怀疑的最强理由是什么？——上帝骗人。如果证明上帝存在，而上帝是完满的、至善的，不可能骗人，那么所有怀疑论和唯我论的嫌疑不都不攻自破了吗？这其中的逻辑我们一步一步来梳理。

（1）**真理标准：清楚明白**。笛卡尔首先指出，在对"我思"的论证中"只有我认识的一个清楚、明白的知觉……从而我已经能够把'凡是我领会得十分清楚、十分分明得东西都是真实的'这一条订为总则"（p.38）。这就是所谓"清楚明白"的真理原则，它在"我思"论证中就已发生作用，但直到此时才被自觉地树立为沉思的方法论总则，并将指导沉思者此后的整个探索过程。

换而言之，笛卡尔确立了一条真理的标准，即凡是像"我思"那样"清楚明白"的知觉都是真的。从此以后，所有知识首先要建立在内在观念本身的明晰性基础上，这是导致现代哲学和知识的"表象性"特征的根本原因。[1]

那么，到底何为"清楚明白的知觉"呢？笛卡尔通篇都未明确加以界定，但我们可以根据他的相关论述提炼出来。首先，"知觉"在这里是一个宽泛的概念，指心灵的一切认识活动，包括形象的感觉，也包括抽象的概念、判断和推理。"清楚明白的知觉"肯定不是指对外物清晰的感觉，这样的感觉往往模糊而充满错觉，我对一个无形的思维实体也不可能有任何感觉，而"我思"是在排除一切感觉之后才得到的。

其次，笛卡尔一再指引沉思者用"理智的眼睛"观看各类事物的本性或本质，以获得清楚明白的知觉。这是说，我们真正来说不是通过感官，而是通过理智或精神在理解（认识）事物，例如蜡一会儿是固体、一会儿是液体，它的形状颜色气味等形态都一直在变化，但我却始终"认"之为"蜡"。

可见，所谓"清楚明白的知觉"其实是理智的认识，即确定无疑的概念、判断和推理，它们就其自身而言不可能不真，否则理性就会陷入自相矛盾，这和对"我思"的承认是一致的。确立了这样的真理标准之后，那些在普遍怀疑中被排除的一些观念，例如数学观念，只要是清楚明白的，其真实性就可以被重新确认。

此外，笛卡尔进一步指出，在我的各类思维之中，有些是事物的影像，有一些是意志和情感。这些观念就其本身而言是不可能假的。例如，我对一个天使的想象，可能天使并不存在，但是这想象，作为一个观念是我真实拥有的；我对某种未来的希望，并不一定会实现，但我这个希望作为情感与态度，是真切的。只有当我把这些观念和在我以外的一些东西相联系，判断为一样或相似的时候，才有所谓的"真假"问题。因此，确切来说，单纯的观念或情感，以及理智中那些清楚明白的知觉本身即为真。

（2）天赋观念与宇宙论证明。那么这些用来理解事物的观念又是从哪儿来的呢？——要么是天赋的，要么是我之外的事物造成的。虽然我自然地倾向于相信某个观念来自于外部，但我不能排除，这个倾向只是我自己的某种缺陷或者内在的功能所致，它使得我凡是遇到这样的观念都直接设定了有一

---

[1]参见本章第五节关于"物的本性"的相关论述及脚注。

个外部来源。此外，正如"理智的眼睛"所揭示的那样，我的确定的观念与变化的外物根本就不是一回事；而且因为错觉的存在，比如太阳有时候显得大、有时候显得小，我也并不能断定我（对太阳）的观念和事物（例如太阳）究竟是什么关系。因此观念的来源只能是天赋的。

笛卡尔转而诉诸作为实在性秩序的"因果律"，来证明天赋观念的最终来源。他认为，就思维活动的形式而言，各种观念之间并无本质区别，都是精神的样态，它们的区别只在于各自包含的内容——笛卡尔称之为"客观实在性"。事物所含实在性的多寡代表了它在因果关系中的位置：

> 现在，凭自然的光明显然可以看出，在动力的、总的原因里一定至少和在它的结果里有更多的实在性：因为结果如果不从它的原因里，那么能从哪里取得它的实在性呢？（p.43）

换而言之，原因比结果拥有更多的实在性，只有比较完满的东西才能是比较不完满的东西的原因。例如，产生热的原因里一定包含着在等级上、程度上或种类上至少与热一样完满的东西。

按照这一实在性秩序，任何一个观念的客观实在性也是来自这个观念的原因，而这个原因要么是别的观念，要么是思维之外的某种东西。如果观念的原因仍然是观念，且我的每个观念都来自于一个在实在性或完满性上更优越的另一观念，那么通过连续递推最终必然达到一个"第一观念"；它是我心中其他的一切观念的总原因，是最完满的"观念"；而我心中最完满的观念显然就是"上帝观念"，并且它是清楚明白的；但我自己作为一个不完满者，不可能将这"第一观念"放到我心里面，它的原因只能追溯到我的思维之外的某种东西：

> 虽然实体的观念之在我心里就是由于我是一个实体，不过我是一个有限的东西，因而我不能有一个无限的实体的观念，假如不是一个什么真正无限的实体把这个观念放在我心里的话。（p.49）

就是说，"上帝观念"在我的所有观念中是最完满的观念，具有无限的客观实在性，而我只具有有限的实在性，因而不可能是这个观念的原因；它的原因必然在我之外，且具有比观念的无限客观实在性还更多的实在性，那就只能是比上帝观念还多了"存在性"的上帝本身了。

这样，依据上帝与其他事物的"因果"关系，笛卡尔证明了作为最完满者的上帝存在。这类证明一般被称为关于上帝存在的宇宙论证明或因果性论证（cosmological argument）。经过这一论证，一切观念的最终来源，被归结为外在的上帝，是上帝赋予了我认识事物的观念和理性能力。笛卡尔从"我思故我在"这一纯粹主体性原则出发，最终过渡到了"上帝存在"这一客体性原则。

第四沉思：真理与错误

第三沉思论证了上帝存在，而上帝是完满的、至善的，完满者不需要欺骗，至善者也不会骗人，那么上帝赋予我的观念、能力，就是可信赖的，所以我不可能像第一沉思假设的那样总是犯错，即从原则上犯错。我因此可以相信"清楚明白"这一真理原则，相信我的理性所把握到的数学定理或者其他什么规律，以至于最终相信我在此基础上所能把握到的外物的存在。于是，通过论证"上帝存在"，那些在普遍怀疑中被排除的知识，就可以重新获得确定性的保证。

然而不必然犯错就意味着必然不犯错吗？显然不是，我们的经验也一再证明了我会犯错。既然上帝至善，为什么还会让我犯错误呢？

笛卡尔认为，一方面我的理智是有限的：我对拥有无限意志、无限能力的上帝的目的并不能完全了解，我只能认识一些个别的造物、片面的方面，并不能认识宇宙整体；我的认识能力因此介于上帝和虚无之间，既认识了什么，又不可能完满，错误仅仅是一种缺陷，而不是虚无。

另一方面，我的意志跟上帝的意志一样是无限制的、完满的：

在我之内只有意志是大到我领会不到会有什么别的东西比大更大，比它

更广的了。这使我认识到，我之所以带有上帝的形象和上帝的相似性的，主要是意志。（p.63）

在笛卡尔看来，我除了认识能力之外，还有意志，简单来说即是去选择和意愿的能力；意志比理智广阔得多，它是比理智更高的能力，理智从属于意志；意志的本质就在于完全的自由，对它的任何限制和分割都等于是毁灭它。而我之所以会犯错误，即是因为我的意志和我的理智之间的不一致。

笛卡尔具体阐释了这其中的机制及其带来的问题。首先，理智仅仅领会我的观念，我们在第三沉思说过，观念本身是没有错误的，错误产生于将观念与外物相联系而做出判断之后；而判断与否及如何判断，则都是我的自由意志的选择。因此，错误的根源在于无限意志与有限理智的矛盾：

那么我的错误是从哪里产生的呢？是从这里产生的，即，既然意志比理智大得多、广得多，而我却没有把意志加以同样的限制，反而把它扩展到我所理解不到的东西上去，意志对这些东西既然是无所谓的，于是我就很容易陷于迷惘，并且把恶的当成善的，或者把假的当成真的来选取了。（p.64）

其次，那么意志的无限性是一种恶吗？笛卡尔认为并非如此，具有无限制的意志从而能犯错，比意志被限制而不能犯错要更完满。换而言之，错误是我们为自由付出的代价。上帝是善的，但上帝却允许我们犯错，因为上帝赋予了我们自由；我不应埋怨上帝未给我无限的理智，倒应感激他给了我自由；错误的原因既不是意志的能力本身，也不是给予我们意志的上帝，而在于我自己不正确地运用了我的自由意志，我因此才需要自己承担行为的后果与责任。

第三，如何避免犯错呢？我们可以主动地把意志的选择限定在理智所领会的范围之内，只在具有清楚明白的观念的地方下判断。只要我把注意力充分地放在凡是我领会得清楚明白的事物上，我就能认识真理。例如，我可以仅根据自己的观念，就得出三角形内角之和等于两直角，或者认识到"我思故我在"。并且，将意志限制在理智能清楚明白领会的事物之内，这是我们的主动选择，所以并不影响意志的完满性，甚至这种主动规避错误的习惯正是"人的最大的、最主要的完满性"（p.68），体现了我的自由。

　　总之，我的意志是无限，本质上是自由的。笛卡尔通过普遍怀疑，得到"我思故我在"这一命题，确立了"自我"作为一切认识和实践的原点；而在将错误的根源追溯到我的无限意志与有限理智的矛盾之时，又突显出这一自我主体归根结底是自由的，拥有不可限制、不可分割的自由意志。这样设定的纯粹和自由的主体，自己决定自己的行为、承担自己的责任，才能成为政治社会建构的原子，从哲学上勾勒出作为权利义务承载者的现代自由人的特征。

第五节　身心二分："广延"与"思想"

第五沉思：物的本性

　　笛卡尔始终指引沉思者"将心灵撤离感觉"，转而专注于清楚明白的观念。因此要获得关于物质对象的确定知识，必须先考察关于物的清楚明白的观念。笛卡尔指出，我关于物的本性最清楚明白的观念就是广延（extension），即三维的空间量，它展示了物的真实的、不变的本性；并且，对这一本性的认识不依赖于对物之存在的认识：

　　举例来说，当我想到一个三角形时，即使在我的思维以外也许世界上根本没有什么地方存在这样的一个形状，也许从来没有过，可是毕竟这个形状的某一种确定的性质或本质还是有的，它是不变的、永恒的……比如它的三角之和等于两直角，最大的角对最大的边……不管我愿意不愿意，它们都是三角形之内的东西，因而不能说这是我凭空捏造的。（p.71）

即是说，我心中有关于物的广延的清楚明白的观念，也许在我的思维之外它们没有什么存在性，可是它们的表象（观念）对我而言是真实的，有其确定的本性。

因此，正如第五沉思标题所暗示的那样，笛卡尔在此要考察的是物的"本性"，而非物的"存在"。传统上亚里士多德主义的认识论，主张认识存在先于认识本质，因为所谓本质就是从现实存在的事物中"抽象"出的某种共同性质。换而言之，先设定事物的存在，然后才有对事物本性的认识。笛卡尔则将物的本性归结为广延，并且只从这一被认为是清楚明白的观念来界定事物，而不管事物是否真实存在；这与亚里士多德主义的认识论大相径庭，体现了现代哲学的又一基本原则：表象性（representationality）。[1]

此外，亚里士多德主义认为，每"一个"物质实体都具有支配自身运动的一种独有的本性，这种本性决定了相应实体在宇宙中独一无二的位置。与之相比，广延只是一切物体共有的普遍属性，指涉物体在空间上的可延展性，并非任何一个具体物体的本性。那么笛卡尔为何以一种普遍属性来取代物的"个体性"的本质地位呢？前面我们曾指出，笛卡尔推崇普遍数学的方法；他把广延视为一种空间的"连续量"，显然便是数学思维方式影响的结果。从欧氏几何所处理的抽象的空间形式中，笛卡尔提取的清楚明白的观念是关于物的形式的普遍观念——广延，由此物体可以通过统一的数学来精确和量化地描述。

沉思者继而发现，广延是如此清晰和亲切，以致并不像什么未知的新东西，而是像被回忆起来的"早已在我心里的东西"（p.71）。也就是说，我们心中关于广延的观念是天赋的，而如前所述，天赋观念最后是被上帝放入心灵之中的；既然上帝不会骗人，则这些观念必定是真实的，揭示了事物"真实不变的本性"；它"不是我凭空捏造的，也绝不取决于我的精神"（p.71），当沉思者思考三角形时，三角之和等于180度等属性就会自动进入沉思者的心灵，不管他愿意与否。

---

[1]这一"表象性"特征，根本上来说是奠基于笛卡尔确立的"清楚明白"的真理标准。由于"真"被等同于我的观念的清楚明白，而不是与外物的符合，因此认识首先可以不考虑事物是否存在，而仅仅限制于作为表象的观念自身的明晰性。

有读者可能会问：广延所代表的几何学知识，涉及的是抽象的空间形式，我们如何能够佐证它的真理性、确保其与外物相符合呢？其实广延归根结底仍然是一个数学观念，它与颜色、声音等偶然的因人而异的感觉性质不同，是我们认识物质时不得不运用的观念，无论我们同意与否。当然我们仍然可以质疑，清楚明白的观念对于我们的强制性，反映的到底是事物的本性，还是观念自身的先天性？事物的现实性与观念的先天性之间到底有何关系？这是现代哲学和知识的"表象性"特征留给我们的不尽追问。

第六沉思：物质存在、"身心二分"

我们对物质的本性具有清楚明白的观念，即广延，然而观念的有效性并不能决定物质的存在，它只意味着如果物质存在的话，我们必定是按照它具有广延那样来认识的。那么如何论证物质的存在呢？——通过追问想象（以及感觉）的来源。

（1）物质存在。笛卡尔首先斩断了理智与想象的必然联系。他举了一个经典的"千边形"的例子：我们不可能清楚地想象一个千边形，但是我们仍然确切地理解"千边形"这个概念。可见，想象与理解是两种不同的能力，想象并不取决于我的精神，而是取决于不同于我的精神的别的东西。笛卡尔由此指出，想象来源于感觉，感觉不仅不取决于我的精神，还对我的精神具有强制性，因此它一定来自我和不同的实体：

> 因为它并不事先根据我的思维，那些观念也决不经我协助，甚至经常和我的意愿相反而出现给我；因此它一定是在不同于我的什么实体里……这个实体要么是一个物体……要么是上帝本身……可是，既然上帝不是骗子……因此必须承认有物体性的东西存在。"（p.87）

简言之，关于外物的感觉不以我的意志为转移，因此一定来自不同于我的实体；既然上帝不会骗人，他在我心中造成的这种强烈倾向——认为感觉是物体性的东西传送给我的——就是可靠的，因此物体性的东西是存在的。当然，感官知觉有其模糊性，因此我至少必须承认凡是我领会得清楚明白的东西，也就是包含在思辨几何学的对象——广延——里的东西都是真实的，这其中包括我的身体，以及身体周围的其他物体等等。于是在第一沉思中被怀疑和排除的物体性的东西，现在又被重新确认了。

（2）**身心二分**。继第五沉思中将物的本性归结为广延后，笛卡尔在第六沉思中确认了物的存在。而按照笛卡尔的理解，每类实体都由一个独特的基本属性（本性）来界定，实体本身也必须通过它的本性才能得到认识：

只要我能清楚分明地领会一个东西而不牵涉到别的东西，就足以确定这一个东西是跟那一个东西有分别或不同的……因为一方面我对我自己有一个清楚分明的观念，即我只是一个在思想的东西而没有广延，而另一方面，我对于肉体有一个分明的观念，即它只是一个有广延的东西而不能思想，所以肯定的是：这个我，也就是说我的灵魂，也就是说我之所以为我的那个东西，是完全、真正跟我的肉体有分别的，灵魂可以没有肉体而存在。（p.85）

物的本性是广延，心灵或灵魂的本性是思想。"我"作为灵魂，只是一个在思想的东西而没有广延；身体则是一个有广延的东西而不能思想。因此这个我，作为灵魂，是完全真正地和身体有分别的。进而还可以推知，因为身体有广延即空间性，所以身体是可分的，而灵魂没有广延，因此是单一的、完整的、不可分割的，例如当一只脚或胳臂从我的肉体截去时，我的精神并没有什么被截去（p.93）。

因此对笛卡尔来说，身与心首先是二分的，或者说他主张某种身心二元论。

（3）**身心联合**。不过，虽然灵魂和身体如此截然不同，以至于灵魂可以没有肉体而存在、肉体也可以没有灵魂而存在，但日常认知中我的身体却是和我的灵魂一起明晰地呈现给我的。既然上帝不会骗人，我可以信赖我的清晰明白的观念，那么我就必然是一个"身心联合体"，这是人的自然（本性）。他进而指出，精神与肉体共同感受的联结在大脑或大脑的一个部分（p.94），对自然的认识即来自于身心联合体的混合判断：

当我们需要喝水的时候，它就在喉咙里面发干，这就运动它的神经，用神经运动大脑里面的一些部分，这个运动使精神有渴的感觉。（p.96）

当然这个身心联合体也会犯错，例如有别的什么原因同样刺激了我的神经或大脑，从而让我误以为口渴了，这意味着不同的感觉在传达给精神的时候可能会相互混淆等等。尽管如此，在第六沉思的最后，笛卡尔表示，在了解了这一切之后，我相信我的感官告诉我的大多是真的，并且还可利用记忆、理智去辨析和检查，因此我应该把那些诸如分不清梦与醒的怀疑都抛弃掉。我们的确会犯错误，但我们并不须要重复第一沉思的普遍怀疑，因为我们通过这些沉思已经知道了上帝不骗人，只须随时保持对知识的审慎态度即可。

（4）**身心难题**。从第五沉思到第六沉思，笛卡尔将身体和心灵作为两种彼此独立的实体呈现出来。所谓实体，即不依赖他物因而也不会受他物影响而只依赖自身的东西，那么身体与心灵如何能够相互影响呢？

笛卡尔在第六沉思中曾含混地指出，精神与肉体是通过大脑或大脑的一个部分作为中介来相互影响的。可是，如果这个中介是物质性的，那么它与心灵之间的关系又需要一个中介；如果中介是精神性的，结果也一样。这个难题在哲学史上叫做第三者悖论。笛卡尔后来还具体地提出来，我们大脑中有一个叫松果腺的东西，可以沟通身心，但很明显这个构想也要经受第三者悖论的质疑，不能解决问题。

这个身心难题给笛卡尔哲学的声誉造成了极大的损害，后世很多哲学家如马勒博朗士、斯宾诺莎和莱布尼茨都致力于克服这一难题。

结　语

第一哲学的六个沉思最终落脚于身心关系。身心二分是笛卡尔哲学的一个基本观点，史称"身心二元论"。乍看之下令人困惑：既然身心二元论造成了这么大的理论困境，为什么笛卡尔还是要坚持这一学说呢？我们还记得《沉思集》的目标是奠定新物理学的原则。什么物理学？机械论的、因果论的物理学。身心二分的实质是物质与精神的分离，通过这一原则，笛卡尔就可以把一切精神性的因素从自然物质中驱逐出去了，从而将物质世界的主导权诉诸于机械性的物理规则。

因此，笛卡尔通过"我思"命题把物质从纯粹精神中排除出去，付出了被后世批判成"唯心主义的形而上学"的代价，其真正的目的却是把精神因素从物质世界中排除出去，以建立一门从物自身来解释和描述的新物理学。

总体而言，笛卡尔的沉思对现代哲学的影响是决定性的："我思"确立了主体性原则，"清楚明白"的真理标准确立了表象性原则，"天赋观念"则塑造了理性主义的哲学传统。这些原则共同构成了现代文明的哲学基础，从此之后自由主体运用自己的理性来认识世界、改造世界，成了我们理解人在宇宙中位置的基本图景。并且正如本章开篇所说，经过笛卡尔的"开端"之思以后，哲学从原则上再也不接受任何未经批判的观念。像"国家"这样的在古人看来自然而然的东西，也得经过理性的审慎质问：既然个体、自我是第一性的存在，我们为何还需要以及如何构建出政治共同体呢？

【思考题】

1.普遍怀疑所举的"绘画比喻"中，"实在的颜色"类比什么？为什么？

2."我"是谁？如何理解"我思故我在"这个命题中的"我思"？

3.笛卡尔关于实在秩序的因果律，具体是什么意思？

4.在笛卡尔看来，既然上帝至善，为何还使我们会犯错？

5.笛卡尔关于物的本性的论述有什么特点？

6.在笛卡尔看来，肉体与灵魂有什么样的不同？

【扩展阅读】

1.《第一哲学沉思集》的中译本目前主要有四种，庞景仁译本（商务印书馆，1986）、徐陶译本（中国社会科学出版社，2009）、吴崇庆译本（台海出版社，2016）、李琍译本（《笛卡尔主要哲学著作选》，华东师范大学出版社，2021）。庞景仁译本和李琍译本都是参照拉丁文本和法文本译出，译文相对信实可靠。

2. 关于笛卡尔的生平和思想的概述，可以参考［英］汤姆·索雷尔《笛卡尔：牛津通识读本》（李永毅译，南京：译林出版社，2014）、［美］加特勒·汤姆森《笛卡尔》（王军译，北京：清华大学出版社，2019）。面向青少年等初学者的思想传记，可以参考文聘元《笛卡尔指南》（桂林：广西师范大学出版社，2022）。

3. 以《沉思集》为中心的导论性著作，可以参考［美］G.哈特费尔德《笛卡尔与〈第一哲学沉思集〉》（尚新建译，桂林：广西师范大学出版社，2007）、孙卫民《笛卡尔：近代哲学之父》（北京：九州出版社，2012）。

4. 关于笛卡尔哲学尤其《沉思集》的研究性著作，可以参考 A. Rorty（ed.），*Essays on Descartes' Meditations*（Berkeley: University of California Press, 1986）、J–L Marion, *Cartesian Questions: Method and Metaphysics*（Chicago: University of Chicago Press, 1999）、［德］凯莫林《"我"之观念：笛卡尔哲学研究》（蒋运鹏译，上海：华东师范大学出版社，2015）。

5. 关于17世纪的欧洲哲学概况，可以参考 M. R. Ayers and D. Garber（eds.），*Cambridge History of Seventeenth–Century Philosophy*（Cambridge: Cambridge University Press, 1998）、［英］帕金森（编）《文艺复兴和17世纪理性主义：劳特利奇哲学史（十卷本）第四卷》（田平等译，北京：中国人民大学出版社，2009）。

《社会契约论》

　　启蒙时代在西方文明和人类文明史上具有举足轻重的意义，它高举理性大旗，将矛头对准了教会特权与封建王权，要求以崭新的政治社会形式取代封建制度。《社会契约论》即是这个理性时代的产物，它基于"自然权利"和"人民主权"观念，探讨了如契约社会、自由与公意、政府与主权等法理概念，搭建了西方现代政治文明的框架。要深入理解近代以来西方民主政治的基本观念，分析评价其进步性和弊病，卢梭的《社会契约论》无疑是一本必读书。

关键词： 启蒙、理性、自由、契约、公意、政府

第五章

文明的新法理叙述

经历文艺复兴、宗教改革之后，到了 17–18 世纪一场基于"理性崇拜"的反封建、反教会的思想文化运动，在欧洲大地上席卷开来，它为建立新的政治社会制度做了思想和舆论的充分准备，史称"启蒙运动"。

德国哲学家康德在"回答这个问题：什么是启蒙"这篇著名文章中，一言以蔽之地指出："启蒙所需要的无非是自由……亦即在一切事物中公开地运用自己的理性的自由。"[1] 就其整体思想倾向而言，启蒙思想家们相信具备理性的人是自由而平等的，理性的发展和运用可以解决人类的既有问题；倡导用理性之光去驱散黑暗和愚昧，以理性的原则去衡量一切事物，而其矛头则直接指向了当时的封建专制和宗教蒙昧统治。

一方面，彼时工业革命和世界市场的发展大大刺激了资本主义经济的繁荣，欧洲资产阶级实力与日俱增，他们开始要求获得政治上的参与权甚至决定权，迫切需要打破封建君主专制以及教会权威。破除君权神授、强调主权在民，批驳教会神权、宣扬自由人权，启蒙运动的这些足以燎原的政治主张，正是在社会阶级实力剧烈变动的基底上点燃的，反映和适应了新政治力量的思想需求。

另一方面，因为工业革命、科学技术的成就卓著，文艺复兴以来传播发展的人文主义和理性主义种子，此时得到了空前的自我确证。以科学理性驱

---

[1] 李秋零主编《康德著作全集》第 8 卷 "1781 年之后的论文"，中国人民大学出版社，第 41 页。

散宗教蒙昧，既包含着对教权压迫的反抗，也意味着理性成了最后的法庭，一切传统的风俗、信仰、观念，终将经历也只需经历理性的审判。"合理性"的要求从某种隐约的哲学主张，终于演化成为一场浩荡的思想运动。传统上的国家概念、伦理道德、宗教思想等等，都需要经历理性的检验和重新论证，才是可被接接受的、正当的。

在所有的思想史叙述中，法国著名思想家让·雅克·卢梭（Jean-Jacques Rousseau，1712-1778）都被视作启蒙运动的核心人物之一，而他的代表作《社会契约论》更是这一时期堪称基石的著作。诚如上一章结语所指出：在笛卡尔之后，既然个体、自我被确认为是第一性的存在，那么我们为何还需要以及如何构建出政治共同体呢？卢梭的这本著作实际上即是基于"自由平等的个体"这一前提和理性原则，而作出的关于政治社会的新法理论述，对政治权利的性质、原理及其可能秩序作了系统反思。

第一节　法国大革命的精神先驱

梁启超在《论学术势力之左右世界》一文中曾对《社会契约论》的深远影响作出如下评价：

> 自此说一行，欧洲学界，如旱地起一霹雳，如暗界放一光明，风驰云卷，仅十余年，遂有法国大革命之事。自兹以往，欧洲列国之革命，纷纷继起，卒成今日之民权世界。《民约论》者，法国大革命之原动力也；法国大革命，十九世纪全世界之原动力也。卢梭之关系于世界何如也！[1]

以梁启超为代表的晚清知识人，急切地将救亡图存的目光投向当时先进的西方。他们发现，《社会契约论》（当时通过日本学者的翻译称其为《民约论》）问世之后，以法国大革命为代表的欧洲各国革命"纷纷继起"，封建专制王权被彻底摧毁，民主制度广泛建立，西方各国相继挣脱了阻碍资本主义发展的政治枷锁，实现了富国强兵，并开启了近代以来对全世界的绝对统治。

因此，在 20 世纪初中国先进知识分子和革命人士那里，卢梭及其《社会契约论》得到了极力引介和推崇。

大革命的"圣经"

《社会契约论》主张人是生而自由平等的，国家是人们契约的产物而非暴力使然，其目的在于保障人民的生命、自由和财产；因此如果国家违备了人民的意志（公意），则人民有革命的权利等等。这些鲜明的思想主张，为当时欧洲革命尤其是法国革命提供了可依托的理论纲领，启蒙志士和民主人

---

[1] 梁启超：《饮冰室合集》，文集之六，中华书局，1994，第 113 页。

士都曾把卢梭的这本小书作为必须参考的章程研读，它对大革命之前思想氛围的形成有着巨大的激发作用。

1789 年 5 月，法国国王路易十六召开由天主教士、贵族和城市平民三个社会等级代表组成的"三级会议"，企图对第三等级增税。此举遭到了第三等级代表的强烈反对，他们要求限制王权，开启政治改革，并于 6 月宣布成立国民议会（后改称"制宪议会"）。国王路易十六急忙调集军队解散该议会，引发巴黎人民起义，攻占了象征着封建王权的巴士底监狱，标志着震惊世界的法国大革命爆发。

法国大革命持续时间长，民众广泛参与。在此过程中，封建旧势力与资产阶级之间拉锯，不同政治派别之间也争夺不断，政局变动频繁。然而无论哪个派别，要想宣称自己执政的合法性，就必须诉诸卢梭的公意和人民主权理论，"公意"在刊物的论战和议员代表们的演说中不断重复，成为金科玉律。[1] 1791 年罗伯斯庇尔甚至发表了《致卢梭》的演讲，径直称呼其为"神人"，并表示"如果我能永远忠于您的著作给我的启示，我将无比幸福"。[2]

【法国大革命的重要事件】

1789.7.14：巴黎人民攻占巴士底狱，大革命爆发；

1789.8.26：制宪议会发布《人权与公民权宣言》；

1790.6：制宪议会宣布法国教会脱离罗马教皇统治，法国实现政教分离；

1791.10：召开立法议会，法国模仿英国建立君主立宪制，此后周围国家担心法国革命"祸水"外流，成立反法联军攻打法国；

1792.7：法军节节败退，立法议会宣布国家进入危急状态。8 月，巴黎人民再次起义，攻占王宫，拘禁国王、王后，君主立宪派统治破产，吉伦特派上台；

1792.9.22：成立法兰西第一共和国；吉伦特派执政，商人投机倒把物价

---

[1] Eric Thompson, *Popular Sovereignty and the French Constituent Assembly*, 1789–91 (Manchester: Manchester University Press, 1952), p. 35.

[2] Maximilien Robespierre, "Dedication to Jean-Jacques Rousseau," quoted in Carol Blum, Rousseau and the Republic of Virtue: The Language of Politics in the French Revolution (Ithaca, NY: Cornell University Press, 1986), p. 156. 中译文参见史蒂芬·B·史密斯（Steven B.Smith）《耶鲁大学公开课：政治哲学》，北京联合出版公司，2015 年，第 241 页。

飞涨，人民不满；

1793.1.21：路易十六坐叛国罪被推上断头台；2月，欧洲各国成立反法联盟，对法国革命进行武装干涉，吉伦特派抵抗外侵无力，民怨沸腾；

1793.5-6：法国人民第三次起义，推翻吉伦特派的软弱统治，以罗伯斯皮尔为首的雅各宾派上台；

1794.7：雅各宾派的恐怖统治催生了反罗伯斯庇尔的热月党，发动热月政变，罗伯斯庇尔被送上断头台；

1795.10：热月党人成立督政府；

1796：拿破仑远征意大利战功累累，军人势力日渐强大；

1799.11：面对第二次反法联盟的进攻，军人力量接管政权；拿破仑发动雾月政变，建立临时政府。法国大革命高潮结束。

大革命的代表人物拿破仑（Napoléon Bonaparte 1769—1821）也曾坦诚道，"没有卢梭，就没有法国大革命"，这是来自当事者的亲口直述和终极认可，足见卢梭及其《社会契约论》对于法国大革命的影响力。仅在大革命暴发后的1789-1799这十年间，《社会契约论》就印行了30多个版本，成为革命时期出版最多的著作，有学者因此将《社会契约论》看作是法国大革命的"圣经"。[1]

《人权宣言》的"内核"

此外，大革命期间颁布的《人权与公民权宣言》（1789），在人类历史上第一次宣告了关于人之为人所享有的诸如自由、法治、平等、反抗压迫和私有财产神圣不可侵犯等"天赋人权"（natural right，又译"自然权利"）。它被视作法国大革命精神的集中体现，是启蒙运动的光辉成果，对之后欧洲各国资产阶级革命或改革，乃至亚非拉国家的民族独立解放运动，均产生了深远影响。其序言写道：

---

[1] Holger Ross Lauritsen and Mikkel Thorup （eds.）, *Rousseau and Revolution*, Continuum, 2011, pp.92–93.

组成国民会议的法兰西人民的代表们，相信对于人权的无知、忽视与轻蔑乃是公共灾祸与政府腐化的唯一原因，乃决定在一个庄严的宣言里，呈现人类自然的、不可让渡的与神圣的权利，以便这个永远呈现于社会所有成员之前的宣言，能不断地向他们提醒他们的权利与义务；以便立法权与行政权的行动，因能随时与所有政治制度的目标两相比较，从而更受尊重；以便公民们今后根据简单而无可争辩的原则所提出的各种要求，总能导向宪法的维护和导向全体的幸福。[1]

细读宣言全文我们可以发现，它的基本理念甚至部分条文都是直接来源于《社会契约论》，例如"人生来就是而且始终是自由的，在权利方面一律平等（第一条）""整个主权的本原根本上乃存在于国民（第三条）""法律是公意的表达（第六条）"等等。

《人权宣言》中所彰显的"自由"（Liberté）"平等"（Égalité），加上大革命期间及之后逐步酝酿出的"博爱"（Fraternité）等口号，成为法兰西的国家精神而被写进后来的法国宪法。而今天，世界上任何一个"现代国家"，都不能否认"主权在民"的理论。可见这本著作对人类文明产生了巨大的进步影响，这也正是梁启超感叹的"卢梭之关系于世界何如也！"

第二节　崇尚自然与自由的个性卢梭

大革命暴发的前十年（1778），卢梭就已去世。但是在大革命之后，经国民议会的表决，他的骨灰被移葬到法国巴黎的"先贤祠"中。1794 年 10 月 12 日，社会各界代表为此举办隆重仪式，人们手里纷纷举着大字招牌，上

---

[1] 中译文参考王建学主编：《1789 年人权和公民权宣言的思想渊源之争》，法律出版社，2013，第 1 页。

面写着"《社会契约论》是立法者的指路明灯。"国民议会主席更是高调宣布："我们的道德、风俗、法律、感情和习惯有了有益健康的改造，应该归功于卢梭。"[1]

然而与其身后盛名及荣誉相对照的，却是卢梭颠沛起伏的人生。

乐观主义者

卢梭 1712 年出生于瑞士日内瓦共和国，父亲是位钟表匠。他的家庭是拥有投票权的公民，而父亲也一直教导他相信日内瓦是像斯巴达或古罗马一样光荣的共和国。这奠定了他对于理想国家的想象典范，也成为他一生的身份骄傲，以至于他著作的题签通常都是"J.-J. Rousseau, citoyen de Genève"（让·雅克·卢梭，日内瓦的公民）。

卢梭出生后几天母亲便去世，后来父亲也因陷入与当局的纠纷而丢下了家庭，因此他 10 岁便离开了家乡，从此过着颠沛流离的生活。他在打杂、当学徒和做各种仆从的同时，坚持着阅读和学习。期间他还做过比他年长的一名贵妇华伦夫人（Madame de Warens）的情人，并在她的支持下大量阅读研究音乐、哲学、数学等著作。

1742 年 30 岁的卢梭前往巴黎，开始结识当时的百科全书派思想家狄德罗，以及一些启蒙运动思想家和名流。在巴黎，"他才开始有独立的精神发展，他的思想自觉第一次被真正唤醒。"[2]。此间他时常以教音乐、抄乐谱为生，并在 1743—1744 年曾短暂地到法国驻威尼斯大使馆当过大使秘书。他还应主编狄德罗之邀，为启蒙学派的代表作《百科全书》撰写音乐方面的内容。

在卢梭的不惑之年，他时常隐居在巴黎近郊读书写作，这期间问世了永恒的经典《新爱洛漪丝》（1761）、《社会契约论》（1762）和《爱弥儿：论教育》（1762）。但因此他被法国政府驱逐，加之与百科全书派和伏尔泰的交恶，遂离开巴黎流亡普鲁士、英国。

---

[1] 吉尔丁：《设计论证——卢梭的社会契约论》，华夏出版社，2006，"《卢梭注疏集》出版说明"第 1 页。

[2] 恩斯特·卡西勒（Ernst Cassirer）：《卢梭问题》，王春华译，译林出版社，2009，第 36 页。

由于不懂英文，在英国他无法结交新朋友，情绪也不大稳定，精神状态也开始出现问题。1767年，他被允许回到法国，然后用余生的大部分时间创作自传体文本，完成了《忏悔录》《卢梭审判让雅克》《一个孤独漫步者的遐想》等作品。晚年的卢梭健康恶化、生计艰难。1778年，他在巴黎散步时中风逝世。

卢梭一生饱受穷困颠沛之苦，但他以斯多葛式的[1]平和从容应付物质的缺乏。他清楚，物质的不平等不可避免；但人类应以庄严为支撑，去积极应对生活挑战，生命的"自由"才能显现。他热爱普鲁塔克[2]的那种英雄乐观主义，要人类努力地理解并主宰自己的命运，而非迷失于对生存苦难的徒然哀叹而无法自拔：

> 没完没了地抱怨自然的愚人们，要知道，你们一切烦恼都来自你们自身！[3]

这种关于"克己"、关于自我为自己立法的自由，也成了后来德国哲学家康德的哲学原则。康德将卢梭奉为思想的引路人，认为正是卢梭让他发现了道德的崇高性。[4]

声名鹊起

让卢梭声名鹊起的是他参加第戎科学院的两次征文。他提交的《论科学与艺术》（又称"一论"，1751年出版）和《论人类不平等的起源与基础》（又称"二论"，1755年出版），这两部著作一举奠定了他在当时思想界的

---

[1]斯多葛主义（Stoicism），是起源于古希腊的一个哲学派别，提倡按照自然律或宇宙理性生活，追求心灵自由和平静，重视伦理道德、信奉世界主义等等。

[2]普鲁塔克（Plutarchus，约公元46年-120年）罗马帝国时代的希腊作家，因著有《希腊罗马名人传》一书闻名后世。卢梭对古希腊罗马的城邦观念，深受普鲁塔克与马基雅维利著作的影响。

[3]参见《忏悔录》第八卷，转引自《卢梭问题》，同上，第73页。

[4]史蒂芬·B·史密斯（Steven B.Smith）《耶鲁大学公开课：政治哲学》，北京联合出版公司，2015年，第243页.

地位。[1]

在第一篇论文中，就"科学和艺术的复兴是否有助于使风俗日趋纯朴"这一征文主题，卢梭做了否定的回答，他批评人的知识越多则越会败坏德性，科学和艺术越繁荣则人类越是贪图享受、奢侈和追逐财富。而在第二篇论文中，卢梭从"自然状态"出发，考察在进入政治社会之前人类生活的淳朴境况，他歌颂野蛮人的自由和幸福生活，抨击家庭、私有财产以及法律让人类失去了这一切：[2]

谁第一个把一块土地圈起来，硬说"这块土地是我的"并找到一些头脑十分简单的人相信他所说的话，这个人就是文明社会的真正的缔造者……如果有人拔掉他插的界桩或填平他挖的界沟，并大声告诉大家："不要听信这个骗子的话……"如果有人这么做了，他将使人类少干多少罪恶之事，少发生多少战争和杀戮人的行为，少受多少苦难和恐怖之事的折磨啊！

两篇论文共同透视出一种观点，即文明、理性是一种蜕变和堕落；聪明败坏了德性，私有制败坏了心灵；文明的进步是人类"最大的不幸"，一切社会都是奴役，是自然的异化。总之，人类天生是好的，而只是因为这些制度习俗，人类才变坏。

在启蒙运动高涨的时代，卢梭直指理性和文明的弊病，其效果如晴天惊雷引人瞩目，引发了持续一年多的大论战，甚至当时波兰的国王都加入了讨论。而论文的写作对他自己而言也是一次思想和才情的大爆发。

多年之后卢梭回忆自己当年看到征文广告的那一瞬间：[3]

---

[1] 1749年10月第戎科学院登报有奖征文，题目为"论科学和艺术的复兴是否有助于使风俗日趋纯朴"，卢梭撰写并提交了论文，于1750年被科学院评为最佳论文，获得金质奖章，成为他的成名作。第一篇论文引起了思想界的论战，触及的问题远超科学与艺术范围，为此卢梭有意整理观点再写一篇公开的论文。1753年11月第戎科学院再次登报有奖征文，题目是"人与人之间不平等的起因是什么，这一现象是否为自然法所容许？"卢梭遂提交了第二篇论文。

[2]《卢梭全集》第4卷，李平沤译，商务印书馆2012年，第269页。

[3] 卢梭：《一个孤独的散步者的梦》，李平沤译，商务印书馆2009年版，第192页。

我突然感到心中闪现着千百道光芒，许许多多新奇的思想一起涌上心头，既美妙又头绪纷繁，竟使我进入了一种难以解释的思绪万千的混乱状态……我的心怦怦直跳，连呼吸都感到困难，甚至边走边呼吸的力气也没几有了，只好倒在路边的一棵树下……及至我站起来以后，才发现我曾不知不觉地哭了一场，眼泪把我的衣服的前襟全湿透了。

这段充满激情与真诚的文字，是卢梭文风的一个例证。其实，除了政治哲学，卢梭还研究音乐与植物学，并创作了若干歌剧，他热爱自然、时常激情澎湃而富有诗意和艺术气质。因此，不仅他的文艺作品，即使《社会契约论》这样的理论著作，读者在阅读时也会发现自己很难不被他不时流露的激情与浪漫所吸引。

可以说，卢梭的整个一生都渗透着一种崇尚自然的浪漫主义思想，他认为人类天性善良，但却被社会和文明所腐蚀，自然才是人类的天真美好状态，在那里人类享有自然的自由。

自然的自由

卢梭的一生在激烈的精神斗争中度过，他才华横溢但同时经常不见容于当时的社交圈，其性格中似乎有一种偏执的封闭，这使他的人际关系常常显得十分紧张。这其中的原因相当复杂，但毋庸置疑的是，卢梭并不是一个刻板的学者，相反是一个个性鲜明，极具浪漫情趣的人，而他紧张的人际关系或许正是植根于他始终要求回归自然的浪漫特质。

他在巴黎的时候，坦言自己无法融入、也不愿融入当时流行的都市社交文化。在《新爱洛漪丝》中，他通过圣·普栾之口表达了天性淳朴且热爱自然的自己身处巴黎社交圈时极不自在的内心感受：

我受到了非常热情的欢迎；人们全都与我友善；他们示我以千般礼数；他们待我以种种服务。但这却正是我所要抱怨的。你怎么能够与素不相识的人马上就结为朋友？[1]

---

[1] 参见《新爱洛漪丝》第二卷第十四封信，转引自《卢梭问题》，同上，第38页。

　　显然，卢梭怀疑这种过度的热情似乎是某种刻意的伪善，而非源于自然的真诚。

　　卢梭还热爱顺其自然的自由行动，而憎恶外在的社会束缚：

　　工作对他来说毫不费力，只要是他能够按照自己的，而不是别人的时间来做。……他必须做些事情，访客或是旅行？如果不催他，他会立即去做。如果逼他马上就做，他的倔劲就上来了。他一生中最为幸福的时候，是他扔掉了自己的怀表，抛弃了为着日复一日地生活下去而给未来制订的一切计划。"谢天谢地！"他喜不自禁，大声叫道："我再也不必知道现在是几点几分了！"[1]

　　他在字里行间透露着对率性天真、自由自在生活的向往，而"刻度化"的时间象征着社会约束和理性的安排，一旦能抛开这些他便情不自禁地欢呼起来。

　　这种对自然的崇尚也体现在他个人的学术研究方面，卢梭坦言：

　　我本不是一个生来就适合研究学问的人，因为我用功时间稍长一些就感到疲倦，甚至我不能一连半小时集中精力于一个问题上。但是，当我连续研究几个不同的问题，即使不间断，我也能够轻松愉快地一个个寻思下去。一个问题可以消除另一个问题的疲劳，用不着刻意休息脑筋。我在治学中实践这一发现，对问题进行交替研究，如此，我整天用功也不觉得疲倦了。[2]

　　此外，卢梭有在散步时才能写作的习惯。他称田野就是他的写作室，他在大自然中思考，在大自然中写作。他把田野漫步时候的思想匆匆写在一些破破烂烂的纸上，然后编排成书。

---

[1] 转引自《卢梭问题》，同上，第37页。

[2] 卢梭：《忏悔录》，黎星译，商务印书馆，1986，第292页。

两个面向

卢梭对他人随意安排、指手画脚自己的意志从来都是零容忍。这样的个性缘自对自然自由的生命追求，而这也成为了他教育思想的出发点。

在《爱弥儿：论教育》中，他认为，在一名学生的成长道路上，物质的障碍一个也不要帮他移开，而教育者需要为之操心的，仅仅是使他免于遭到外部意志暴烈的压制、免于接受他不理解其必然性的命令。换而言之，他憧憬的教育，是让孩子自然地成长，而非理性的强迫和规训；至于对物质困苦的自主克服和备尝艰辛，却有助于形成其独立自由的品格。

综上可见，卢梭虽是启蒙运动的领军人物，但他对理性和文明又似乎有着终其一生的拒斥感，从而成为启蒙运动的早期批判者，"浪漫主义之父"。实际上，卢梭的同时代人及后世研究者也为此而好奇和争议。针锋相对的双方都能为自己找到有力的论据支持，这在形式上也构成了所谓的"矛盾"与"分裂"。譬如，有人说卢梭是个人主义者，就有人说他是集体主义者；有人说他是极端的自由主义者，就有人说他事实上是集权主义者。[1]

正如英国政治学家巴克（Ernest Barker，1874—1960）指出的那样：

你是左派也好（特别是左派中的左派），是右派也罢（特别是右派中的右派），在卢梭那里都能找到你自己的教条。[2]

同样，相较于卢梭早期的两篇论文——《论科学与艺术》和《论人类不平等的起源与基础》所表现出的浪漫主义特点，《社会契约论》被许多研究者视为卢梭著作中的"另类"。他们无论如何也无法相信，一个热情讴歌自然状态，赞美淳朴的上古生活方式，尖锐批判一切有组织的人为制度和礼教的人，竟然也能成为理性的契约国家理论的提出者。

---

[1] 参见《卢梭问题》的英译者"导言"，同上，第1-7页。

[2] 同上，第7页。

第三节 《社会契约论》在讲什么?

"契约论"所为何事

正如本章导言所指出,在启蒙时代"合理性"要求的大背景下,一切旧的政治观念和政治建制,都将面临理性的质疑和重构。什么是国家或政治社会?人类为什么需要国家,怎样的政治制度才是好的制度?对类似问题的重新提出与回答,既契合新兴政治力量要变革既有政治秩序的现实需求,也是试图在面对时代的理论课题:如果人人都是自由、平等的理性个体,那么为什么需要以及需要什么样的国家或政治社会?

"契约论"即是在承认自由平等的理性个体的基础上,追溯国家的起源、论述政治社会的合法性的一种理论。它认为国家即是以个人同意为前提而共同缔造的政治权威,其目的在于保护每个人的自由和权利。

这一理论盛行于 17–18 世纪,在卢梭之前,英国思想家托马斯·霍布斯(Thomas Hobbes,1588—1679)就提出自然状态和自然权利学说,认为国家是人们"让渡"了自己的权利、共同订立契约所形成的利维坦(Liviathan),[1]具有绝对的权力,以结束战争和混乱。而稍后的约翰·洛克(John Locke,1632—1704)于"光荣革命"后出版两篇《政府论》,驳斥君权神授和王位世袭,也同样论述了人类从自由平等的"自然状态"通过"契约"进入政治社会,以寻求公共的权威,保障个人的生命、自由和财产。

卢梭的《社会契约论》深受英国古典自由主义的影响,其理论大厦的地基仍然在于"人是生而自由的"的这一时代断言,但其重要的进展、综合或理想在于:既强调通过契约形成的"公意"的绝对性,从而得以保护每个缔约者,同时又要确保人们在服从这个政治的权威时只不过是在服从他们自己的意志。为此卢梭小心翼翼地设计他的政治共同体的架构,他坚信这一联合体必须尽可能地完美,以形成一种公共利益与私人利益之间的完全一致。

---

[1]利维坦是《圣经》中提到的生活在海洋中的邪恶怪兽,霍布斯借此比喻人们通过契约建立的国家,具有压迫和暴力的绝对权力,令人恐惧。

当然，"契约论"只是作为一种政治合法性叙述的理论或模型，因此历史上的国家是不是真实地经历了同意和立约的过程，就无关紧要。"尽管卢梭这种自然法学派的推理遭到历史法学派的攻击，称之为全无史实依据的臆造，但卢梭本人对此明确回应：'我探讨的是权利的道理，我不要争论事实。'"[1]也就是说，即使人类社会历史上并没有自由平等的自然状态，也并没有集合起来订立契约以建立国家这回事，但契约论却是以人类自由平等的自然权利为基础，重新论证了政治与国家的法理。并且卢梭认为，他的论证是兼顾了现实利益和权利逻辑两个方面的：

> 我要探讨在社会秩序之中，从人类的实际情况与法律的可能情况着眼，能不能有某种合法的而又确切的政权规则。在这一研究中，我将努力把权利所许可的和利益所需要的结合在一起，以便使正义与功利二者不致有所分歧。（1.0, p.3）

本书的主要内容

归根结底，《社会契约论》的核心思想在于说服读者，一个完美的政治社会应是建立在契约之上的，公共意志与个人意志相统一的共同体。

本书分为四卷，共四十八章。

第一卷探讨人类怎样由自然状态过渡到政治状态，订立公约（契约）的必要条件，以及公约建立之后的结果例如"主权者"和"财产权"。卢梭强调政治的基础在于每个人的自由，而非"强力"；为此他通过"追溯一个最初的约定"，否定了为奴隶制合法性辩解的格劳秀斯的契约论。可以说，本卷涵盖了卢梭通过社会契约要讨论的所有重大问题，而余下各卷则是针对某些要义进行引申阐发。因此，《社会契约论》的第一卷最为重要，是全书的纲领，必须反复阅读，它是理解卢梭契约国家的精神，乃至理解卢梭从讴歌自然状态到设计理想社会转变的关键。

---

[1]卢梭：《社会契约论》，何兆武译，商务印书馆2003年2月第3版，"修订第三版前言"，第5页。本章对《社会契约论》正文的直接引用将以此中译版本为根据，如无必要则只在引文后标明章节和页码。

  第二卷重点讨论主权的各种特性，以及如何去为一个国家的人民"立法"，同时论述了符合这个理想的契约国家精神的合格公民所应具备的条件。立法对于卢梭的国家"创制"而言十分重要，他坚信不是所有人都有资格被纳入理性制订的法律之下，因此，"什么样的人民才适宜立法？"成了必须回答的问题。卢梭对自己亲手打造的这个"理想国"具有高度的自信和严苛的要求，而构成国家的主体——那些参与立约并值得为之立法的人民，那些他们的意见能够经由理性的汇总形成"公共意志"的人民，必须经过审慎的选拔和界定，甚至也必须经由"伟大立法者"所创设制度的教化。[1]正是在这一点上，卢梭这一"理性王国"的乌托邦色彩显现无遗。

  第三卷在立法权与行政权相区分的基础上，讨论政府的组织形式、不同政体的特点，以及为防止政治体的死亡与政府权力的蜕化而需要的制约和设计等等。其中在本卷的第八章"论没有一种政府形式适宜于一切国家"，卢梭从气候和地理差异展开论述，指出民主立法和投票选举的国家和政府组建形式，并非放之四海而皆准的金科玉律。实际上，鉴于国情的差异，卢梭在政府的组织形式上展现了极大的包容。因此在第九章回答"哪一种才是最好的政府"时，他说"各民族的绝对的与相对的地位有多少种可能的结合，也就有多少种最好的答案"。[2]

  第四卷阐明巩固国家体制的方法（按这个理解，实际上第三卷的部分章节也应该划入第四卷）。本卷中最核心的内容是"论公意是不可摧毁的"，即按照契约组成的共同体只能有一个意志，是国家的经常意志，这个意志必须得到每个成员无条件的服从。为此，卢梭区分了公意和众意，以探讨如何确保公意的权威，解决由民主到集中的问题。在维护公意的基础上，卢梭试图缓和个人自由的保障与公意的权威神圣不可侵犯的冲突，相继用"论投票""论选举""论保民官制""论独裁制""论监察官制"和"论公民宗教"等篇章来具体探讨其中涉及的公意与私意的矛盾问题。至此，卢梭的"理想国"基本打造完成。

---

[1]同上，第50—51页。

[2]同上，第106页。

第四节　从拥抱自然到走向契约

前文曾指出，读者和研究者都会好奇的是，一个讴歌自然状态赞美淳朴生活方式的浪漫主义卢梭，为何诉诸理性原则也成了契约国家理论的提出者。这个问题在卢梭《社会契约论》的论述内部，则体现为这样一个问题：为何人类会走出美好的自然状态而进入政治社会？

自然状态

"自然状态（natural condition）"是英国政治哲学家托马斯·霍布斯提出的概念，用来指称政治社会形成以前人类的生活状态。在自然状态下，人人都有按照自己意愿的方式进行自我保存（生存）的自由。他基于人性恶的预设指出，为了自我保存，人们相互争斗，因此这样的自然状态是一种非理性的战争状态，人人生活在恐惧之中。为了摆脱这种状态，人们彼此让渡权利，对个人自由作出限制，以缔结契约构造一个至高无上的"利维坦"来保全自己。[1]

洛克也沿袭霍布斯的路径，在《政府论》的下篇，他以"什么是政治权力"这个大问题开头，将其起源追溯到人类的自然状态：一种完备无缺的自由平等的状态。洛克的自然状态，不是放纵和战争的状态，因为在其间人人都必须遵守"自然法"。但其缺陷却在于：由于缺乏明文法和公正的制裁者，结果人人都可以是自然法的执行者，其标准和尺度难以统一，而公正的判决也缺乏执行力。为了个体彼此的舒适、安全与和平，则必须在这种状态下订立契约，寻求建立一个公共的权威。[2]

卢梭同样将自然状态作为"文明社会"的对立面，但认为它是自由的、

---

[1] 参见 Thomas Hobbes: *Leviathan*.（中译本见黎思复、黎廷弼译《利维坦》，商务印书馆，2017），第 13-15 章。

[2] 参见 John Locke: *The Second Treatise of Government*.（中译本见叶启芳、瞿菊农译《政府论》[下篇]，商务印书馆，1964）第 2、3、7、8、9 章等。

美好的、温情的人类天真童年的状态、和平状态。为此他对自然状态有着不竭的热情赞颂，并称赞野蛮人享有的自由远非所谓的"文明社会"所能及。

例如，在《论人类不平等的起源与基础》中，卢梭试图去描绘那个他从未见过、却让他魂牵梦萦的自然状态。而在《论科学与艺术》中，他尖锐地批评科学与艺术，认为它们的繁荣只会腐蚀道德，使人们愈加远离淳朴，和自由越来越远。这样的贵自然而贱文明的立场，与两千多年前中国《道德经》与《庄子》的作者似乎遥相呼应。

不过，卢梭非常理智地提醒读者，所谓自然状态"现在已不复存在，过去或许从未存在过，将来也许永远不会存在"，因此进入"文明社会"是不可逆转的，是必须面对的现实道路。换言之，离开自然状态是人类被逼无奈的选择：

我设想，人类曾达到过这样一种境地，当时自然状态中不利于人类生存的种种障碍，在阻力上已超过了每个个人在那种状态中为了自存所能运用的力量。于是，那种原始状态便不能继续维持，并且人类如果不改变其生存方式，就会消灭。（1.6，p.18）

与霍布斯、洛克都不同，卢梭认为人类从自然状态走向政治社会，虽是堕落，却是无奈的也甚至是必然的选择，因为由于环境和条件的改变，个体已无法单独生存，只能结合起来形成力量的总和、共同协作。

自然权利

"自然权利（natural right）"是基于"自然状态"而提出的，人类按照天性便平等地享有的天然权利，不需要依赖于政治制度或法律。自然权利学说奠定了近代西方政治社会的合法性基础，从而一切政治、经济、法律制度和价值观的设置，都不能违背或者说都是为了最终维护人类的自然权利。

例如，霍布斯认为，在自然状态下，人人都有按照自己意愿的方式进行自我保存（生存）的自由，这便是人的自然权利，确切来说即自然的正当（right），是天经地义的。政治社会的建立就是为了确保人类这一自然权利。

卢梭当然也承认"自然权利"的说法，不过在《论人类不平等的起源与基础》的序言中他指出，要探寻人类的自然权利，只能以人类原始的天性着手，不能从既有的社会性中去分析。人类的自然特性包含两个先于理性的因素：一是人们总是汲汲于维护自身的生存与幸福；二是当人类看到一切有感觉的生物尤其是我们同类惨遭死亡和痛苦之时，会产生一种天然的不忍目睹之心。可见，在卢梭这里，爱自己（追求生存与幸福）和怜悯他人，都是人性的基本要素、本能活动，对人而言是自然正当的，亦即自由和权利。[1]

他进而指出，此前的法学家们所津津乐道的"自然法"，其实是人类理性发展的产物，是从"爱自己"和"怜悯他人"这样的基本自然权利中推演出来。例如，因为怜悯他人，我就不会伤害他人，甚至不会伤害任何一个有知觉的生物，除非在自己的生命受到威胁时。动物也有追求生存的自然特征，但人类因为具备智慧和自由意志，认识到了这种权利，才自觉地上升为规则。[2]

在此须指出，在中文语境中，"自然权利"早期通常被翻译成"天赋人权"。诚然，"天"的概念在中文语境中并不必然（甚至并不经常）产生一种宗教性质的超越存在，它更多地应是指未经人力参与的"天然"倾向。但正如何兆武先生所言，这一术语在译回西方语言中就容易出现问题，"rights by Heaven"容易误导西方读者认为是"神授权利"，意思恰好反了，这是需要注意的地方。[3]

社会的自由

《社会契约论》开宗明义说道："人是生而自由的，但却无往不在枷锁之中"。"人生而自由"的旗号在此引人入胜，也构成了整本著作的前提，而其立即处于枷锁中又似乎令人惋惜。这句抑扬顿挫的话成了《社会契约论》立论叙述的出发点，究竟意味着什么呢？

---

[1]《卢梭全集》第4卷，李平沤译，商务印书馆2012年，第222页。

[2]同上。

[3]卢梭：《社会契约论》，何兆武译，商务印书馆2003年2月第3版，"修订第三版前言"，第5页。

卢梭崇尚自然状态下的自由，他的学说和生活都透露着对这种充满美好与温情的自由的向往。但是就《社会契约论》而言，对"无往不在枷锁之中"的强调，才会真正引出整本书要讨论的课题。因为，人类迫不得已从自然状态进入文明社会，自然的自由从此一去不复返，于是现在真正的任务在于，构造政治社会状态下的一整套权力体系，以最终保全和捍卫我们的自由。

因此，社会的"枷锁"与"自然自由"固然背道而驰，但它并非与"自由"势不两立。"文明社会"及其制度、法律、习俗等等，是对于"自然自由"的约束，但同时却意味着人类的正义和智慧替代了本能和欲望，人们将获得"社会的自由"：

人类由于社会契约而丧失的，乃是他的天然的自由以及对于他所企图的和所能得到的一切东西的那种无限的权利；而他所获得的，乃是社会的自由以及对于他所享有的一切东西的所有权。（1.8，p.26）

自然的自由基于欲望和本能，在自然状态下人们可以凭借自己的意志和能力去做任何想做的事情，这种自由是无限制的；而社会的自由基于理性和自我约束，人类通过契约的方式为自己订立了法律，对自然的自由作了限制，却真正成为了自己的主人，不再成为欲望的奴隶，因此成为了道德的人。就此，卢梭紧接着说出了那句著名的话："唯有服从人们自己为自己所规定的法律，才是自由"。这正是社会自由的要义所在。

强迫的自由

卢梭对自由的捍卫达到了前人所不能及的高度，他近乎极端地声称，放弃自己的自由，就是放弃自己做人的资格。既然政治共同体的建立，实现了人的社会自由，既然共同体体现了公共的意志，全体人民就必须遵循"公意"及其制定通过的法律，否则社会公约就会成为一纸空文：

任何人拒不服从公意的，全体人民就要迫使他服从公意。这恰好就是说，人们要迫使他自由。（1.7，pp.24-25）

共同体或主权者，要强迫公民自由，这一看似矛盾的表述意思是说，一旦通过社会契约形成共同体，每个人不仅拥有公民的权利，也应履行相应的义务。因为如果个别的意志与公共的利益相违背，他就可以不遵守共同体的法律，那么长此以往政治共同体就会毁灭。当然，对这一问题的理解还需要我们进一步厘清"公意"是怎么回事。

第五节　国家的"灵魂"与"身体"

在导论中我们提示过，"国家是大写的人"这一观念贯穿在古今西方政治理论中。随着近代以来对人性理解的变化，个体被看作是纯粹的灵魂主体与物质身体的结合，并且以自我保存为原则。与之相类比，国家也被按照自然人的形象，理解为拥有统一的意志和身体。对于霍布斯、卢梭而言，国家的实质即在于它是通过契约而形成的某种"主体"或意志。

"公意"的形成

由于自然状态下的生存障碍超出了每一个体的力量，所以人类只能结合起来、共同协作以实现自我保存。但是这种结合又必须不能反过来妨害了每一个体自身。在第一卷第六章《论社会公约》中，卢梭指明了社会契约所要解决的这一根本问题：

> 要寻找出一种结合的形式，使它能以全部共同的力量来卫护和保障每个结合者的人身和财富，并且由于这一结合而使得每一个与全体相联合的个人又只不过在服从其本人，并且仍然像以往一样地自由。（1.6，p.19）

为了达到这一要求，卢梭指出，这种结合可以归结为一个公式："每个结合者及其自身的一切权利全部都转让给整个集体。"

对此，他接着从三个方面来解释：（1）每个人都把自己的全部权利奉献出来，就意味着对所有人而言条件都是同等的；（2）转让既是毫无保留的，所以联合体就会尽可能完美，因为每个结合者都不会再有别的什么要求。

基于（1）（2），这一形成的共同体，就能平等地体现我们所有人的诉求和权利。但如此的形成过程，首先似乎是一个"集中"的过程，即将个人的所有权利收归共同体。正是在这里，卢梭也曾被指责要为大革命期间的流血和暴政负责，例如雅各宾派"专政"就实行了恐怖政策。

卢梭进而补充道：（3）每个人既然是向全体奉献出自己，他就并没有向任何人奉献出自己。因为我从他人那里获得的权利，将同他人从我这里获得的一样多，我们彼此仍然是独立平等的，没有谁依赖谁，同时却又都获得了来自共同体的保护。

因此，（1）（2）（3）综合起来，才能确保在权利转让和形成共同体时，不至于片面强调某一方面，从而实现既有共同体的保护，又不妨害个体自由，人们服从共同体实际上是在服从自己。如此之后，通过社会契约形成共同体，其本质就被概括为是"公意"的形成：

> 如果我们撇开社会公约中一切非本质的东西，我们就会发现社会公约可以简化为如下的词句：我们每个人都以其自身及其全部的力量共同置于公意的最高指导下，并且我们在共同体中接纳每一个成员作为全体之不可分割的一部分。（1.6，p.20）

这是"公意（volonté générale）"这一概念在本书中第一次出现，卢梭用它来指称契约共同体所形成的某种统一性、公共的大我、公共的意志。[1] 而在第四卷第2节，卢梭最终给出了一个简单定义："国家全体成员的经常意志就是公意。"（4.2，p.136）

---

[1] 同上，第21页。

国家的灵魂：公意

人们通过社会公约形成共同体，赋予了共同体以生命和意志；它体现了每一个个体的意志，而其自身却又是统一的一个意志，这种抽象的"公意"也被卢梭称为"公共的大我""公共人格""道德人格"：

> 这一由全体个人的结合所形成的公共人格，以前称为城邦，现在则称为共和国或政治体；当它是被动时，它的成员就称它为国家；当它是主动时，就称它为主权者；而以之和它的同类相比较时，则称它为政权。至于结合者，他们集体地就称为人民；个别地、作为主权权威的参与者，就叫做公民，作为国家法律的服从者，就叫做臣民。（1.6，p.21）

这个著名的段落展示了卢梭对古往今来关于国家、政治共同体的各种概念的综合与贯通，就此看来，国家的本质即是通过契约所形成的"公意"，只不过从不同角度考虑可以有不同的称呼。

卢梭对国家、政治共同体的这一理解，显然是与自然人相类比的，他在行文中也的确会一再运用这种类比。人有灵魂和身体，那么国家的灵魂便是公意、公共人格、公共大我；而既然国家反映了人民的公共利益和诉求，公意也即"人民意志"：

> 如果国家，或者说城邦，只不外是一个道德人格，其生命全在于它的成员的结合，并且如果它最主要的关怀就是要保存它自身；那么……正如自然赋予了每个人以支配自己各部分肢体的绝对权力一样，社会公约也赋予了政治体以支配它的各个成员的绝对权力。正是这种权力，当其受到公意指导时……就获得了主权这个名称。（2.4，p.37）

正如个体拥有自我保存的权利和自由，国家作为生命和意志也要求自我保存；为了自我保存，个体的意志需要支配身体的各个部分，同样公意或人民意志也需要支配国家的各个部分和成员，这种支配的绝对权力，就被称为"主权"，它是"公意的运用"。

由于公约的性质，主权的一切行为——也就是说，一切真正属于公意的行为——就都同等地约束着或照顾着全体公民……它是合法的约定，因为它是以社会契约为基础的；它是公平的约定，因为它对一切人都是共同的；它是有益的约定，因为它除了公共的幸福而外就不能再有任何别的目的；它是稳固的约定，因为它有着公共的力量和最高权力作为保障。（2.4，p.40）

卢梭进而对主权的绝对性作了补充限制：公民虽有服从主权的义务，但主权对所有立约者的要求须是人人平等的，且必须以追求公共幸福为目的。如果主权的要求超出了公共利益、公共幸福，那么公民对主权的服从就不是在服从他自己了。

公意与私意

个体拥有统一而不可分割、不可转让的意志，"我"就是纯粹单一的我，我的意志的运用不可转让给别人，并且尽管我自己有各种变化纷乱的思绪，但"我"之为我仍然是统一的、纯粹的、不变的。我们牢牢抓住关于个体及其意志的这些特征，也就容易理解卢梭在第二卷开头几章里关于公意和主权特征的那些论述：

首先，公意或主权是不可分割的，它是"一"，不是"多"，国家的主体是单一的"人民共同体的意志"。人民或者说人民意志，始终是单数，分割即意味着公意的毁灭。

其次，公意的运用即主权，它是不可转让的，只能由人民自己来行使。主权可以委托政府的机构来具体执行，但主权本身是不可以转让的。主权是自由意志，转让自己的某一部分或将自己隶属于另一主权者，即意味着自由的丧失、主权的消灭。

再次，公意代表了国家创制的目的，即公共幸福，体现了个别利益之间的一致和共同点、代表普遍的善，永远以"真正的"公共利益为依归，因此公意是不可能犯错误的，是永远公正的。

归根结底，公意之为公意，应视作"国家全体成员的经常意志"，而非个体的暂时意见。这种作为公共人格、作为抽象主体的公意，因而是稳定的、不变的、纯粹的、不可摧毁的。

但是每一个体总是会拥有自己的个别意志、私人意志，例如人们都愿意幸福，却并不总是能看清楚幸福，这时往往就会与"真正"追求公共幸福的公意相冲突。卢梭认为当人民能够充分进行讨论，从大量的小分歧中总可以产生公意。但是当公民之间相互勾结形成了派别时，形成了以牺牲大集体为代价的小集团，这时便不再有公意，占优势的意见只不过是小集团的意见，本质上还是个别的意志，这时国家便开始堕落。

卢梭使用"众意"（la volonté de tous）一词来表达个别意志的总和。众意不同于公意，公意只着眼于真正的公共利益，而众意则着眼于小集团的利益。每一小集团的意志对其成员而言虽然是公意，但对国家来说则是个别意志、私人意志：

因此，为了很好地表达公意，最重要的就是国家之内不能有派系存在，并且每个公民只能是表达自己的意见。（2.3，p.36）

国家的身体：政府

通过和个体的自由行动相类比，在第三卷第1章的"政府总论"中卢梭对政府的起源、与主权者的关系等进行了阐述。

一切自由的行为，都是由两种原因的结合而产生的：一种是精神的原因，亦即决定这种行动的意志；另一种是物理的原因，亦即执行这种行动的力量……政治体也有同样的动力，我们在这里同样地可以区别力量与意志；后者叫做立法权力，前者叫做行政权权力。（3.1，p.71）

立法权体现人民的意志、"公意"，它为着共同的利益目标而作出的规定便是法律。但法律或者说公意是"普遍的"，它需要一个代理人，以"具体地"执行法律，这便是行政权力：

　　他（代理人）对公共人格所起的作用很有点像是灵魂与肉体的结合对一个人所起的作用那样。这就是国家之中所以要有政府的理由；政府（gouvernement）和主权者（souverain）往往被人混淆，其实政府只不过是主权者的执行人。"（3.1，p.72）

　　行政权力的合法运用即为政府，它永远只执行法律，而负责这种行政权力的个人或团体称为君主或行政官。既然行政权只是主权、公意的执行者，所以在国家之内臣民对君主或行政官的服从，其实根本上只是一种"委托"和"任用"，其目的在于实现自身的自由或者说公共的利益。因此卢梭对政府的最终定义便是：

　　政府就是在臣民与主权者之间所建立的一个中间体，以便两者得以互相适合，它负责执行法律并维护社会的以及政治的自由。（3.1，p.72）

政府的形式

　　既然政府只是臣民与主权者之间的中介，卢梭因此提出了一个算术比率来衡量三者之间的权力关系：主权者 / 政府 = 政府 / 国家。这个公式实质是强调，政府所施之于国家（臣民）的行政权力，应该等于主权者所赋予政府的权力。这三者任一有所变动，就会破坏整体平衡，例如主权者权力过大则政府不能正常运转，政府权力过大则易成为暴政，而臣民权力过大或拒绝服从则会导致无政府状态。

　　正如在每种比率之间仅有一个比例中项，所以一个国家也只能有一种可能的好政府。（3.1，p.74）

　　因此政府的设置要符合每个国家的实际，使国家的权力关系能处于平衡状态，而其核心即在于确定上述这一比率。

影响这一比率平衡的因素有很多。例如政府的行政官越多，则政府也就愈松弛疲弱；而国家的人口规模愈扩大，则越需要政府有强力来约束臣民。有鉴于此，政府如果需要强力，则政府的规模应该紧缩；甚至整个政府若只操持于一人手中，此时就具有理论上的最高强度（独裁政府的力量最强）。从这样的角度来考虑，则

一般说来，民主政府适宜于小国，贵族政府适宜于中等国家，而君王政府则适宜于大国。"（3.3，p.83）

这就牵涉我们经常说的政府形式或"政体"问题。卢梭按照构成政府成员的人数区分了政府的不同类别或不同形式，它包括民主制（Démocratie）、贵族制（Aristocratie）和国君制（Monarchie）：

首先，主权者可以把政府委之于全体人民或者绝大部分的人民，从而使作行政官的公民多于个别的单纯的公民。这种政府形式，我们称之为民主制。

再则，也可以把政府仅限于少数人的手里，从而使单纯的公民的数目多于行政官，这种形式就称为贵族制。

最后，还可以把整个政府都集中于一个独一无二的行政长官之手，所有其余的人都从他那里取得权力。这第三种形式是最常见的，它就叫做国君制或者皇朝政府。（3.3，pp.81-82）

在第三卷的4-6章卢梭详细考察了每一政体需要的历史条件、运行中的优点与劣势，以及进一步的细分。例如民主制只适用于小国、民风要淳朴、人们彼此地位和财产要尽可能平等；而贵族制又可分为自然的、选举的与世袭的三种；国君制又总是会遭遇继承权带来的危机等等。

在这样的考察和论述中，卢梭是审慎而切实的。他指出，确切来说根本就没有单一的政府形式，实际的政治状况总会是一种混合的政府（第三卷第7章）；也没有一种政府形式适宜于一切国家（第三卷第8章）；因此要问哪一种才是最好的政府，这是没有确定答案的，人们对政府的具体要求也会

五花八门。但是政治结合的目的根本上是为了它的成员的生存和繁荣，因此始终要从这一点上去判断政府的好坏（第三卷第9章）。

第六节　论"公民宗教"

在《社会契约论》出版前后，卢梭在宗教问题上发表的著述很多，而归纳起来其实就是三个主题：人类社会需要宗教；现有宗教中，没有一种适合于根据《社会契约论》所建立的社会；宗教存在的目的在于务必使公民忠实履行对国家和社会的义务。与之相应，卢梭在本书第四卷第8章提出了一种"公民宗教"的想法。

民族的宗教

在本章一开头，卢梭指出，起初"人类除了神祇之外并没有别的国王，除了神权政体之外就没有别的政府"（4.8，p.165）。因此，每一政治社会之上都奉有一个神，从而有多少民族就有多少神，且服从君主的统治就是服从神。换而言之，民族、政权和神权那时是合而为一的。

但其结果就是，民族之间的政治上的战争也就是宗教之间的神学的战争，政治上的不宽容也就是神学的不宽容；要使一个民族皈依，就得去征服和奴役这个民族。例如，罗马人攻占一个地方之前，先要召请该处的神退位；而随着他们帝国的扩张，罗马人也就扩张了他们的宗教崇拜和他们的神。

这种"民族的宗教"能使公民衷心依附于国家，"把对神明的崇拜与对法律的热爱结合在一起"（4.8，p.174）。在这种神权政体下，君主即是教主，行政官员即是牧师。但这种宗教的坏处是，它往往建立在偏见、谎言和谬误基础上，宣扬迷信，挑动对信奉其他宗教的人的仇恨，结果使它自己与其他民族经常处于战争状态。

人类的宗教

后来基督教建立起了一个普遍的精神王国，从根本上破坏了政治和宗教的这种合一关系，把"地上的国"（凯撒）和"天上的国"（上帝）对立起来。基督徒对精神王国的认同，超越了对世俗政权的认同。于是在异教徒看来，这些基督徒被强力征服时只是伪装恭顺，随时都想着反叛；而在基督徒那里，一旦有一个有形的首领例如教皇，去号召他们，他们就会奉行"这个世界上最狂暴的专制主义"（4.8，p170）。这种政权与教权的二分，

> 造成了一种法理上的永恒冲突；这就使得基督教的国家里不可能有任何良好的政体，而且人们永远也无从知道在主子与神父之间应当服从哪一个。（4.8，pp.170–171）

宗教权威与世俗权威并存和对立，便是无休止的彼此迫害与相互战争。

卢梭将这种宗教称为"人类的宗教"（福音书的基督教），与前述"民族的宗教"恰好相反：它把世上的人们都看作同一个上帝的儿女，大家都是弟兄姊妹；可是这种宗教与国家和社会没有真正的关系——对"精神王国"的向往使得基督徒对世俗事务漠不关心，使得公民脱离国家。所以卢梭认为："一个真正的基督徒的社会将不会再成其为一个人类的社会"（4.8，p.176）。

此外，基督徒一心只关怀天上的事物，世上的好坏对他无足轻重，他们在这样的国家之内变得顺从而善良，但是只要出现一个野心家，其他人的善良就能被轻而易举地利用，所以基督徒的社会是很脆弱的，它的精神有利于暴君制和奴役的形成。因此，"基督教的共和国"，这根本上就是一个自相矛盾的称呼。[1]

公民的宗教

早在本书的第二卷论述立法者的角色时，卢梭就曾认为，人类进入政治

---

[1] 同上，第 177–179 页。

社会之后，就要靠宗教来维持。因为，在立约之后，要让公民们真正自觉地服从法律、爱好新的政治准则、遵循国家利益的根本规律，

立法者既不能使用强力，也不能使用说理，因此就有必要求之于另外一种不以暴力而能约束人、不以论证而能说服人的权威。（2.7，p.54）

这便是宗教的力量。他认为这样的宗教对于政治社会来说是必要的。但上述"民族的宗教"充满偏见和谎言，而"人类的宗教"又根本上脱离国家，都与《社会契约论》所设计的作为"自由人联合体"的国家格格不入。那么怎么办呢？卢梭认为，唯有"公民宗教"才能担当历史的重任。

后一种宗教（公民宗教）是写在某一个国家的典册之内的，它规定了这个国家自己的神、这个国家特有的保护者。它有自己的教条、自己的教仪、自己法定的崇拜表现。（4.8，p.173）

"公民宗教"无疑与一国的政治社会相契合，从而不同于普遍的人类宗教。但既然社会契约赋予主权者的权利，决不能超出公共利益的界限之外，因此公民宗教教导人们对主权者的服从，也是以那些与集体有重要关系的意见为限。它是以每个人的自由为前提，并限制在契约国家的范围内的。

每个公民都应该有一个宗教，宗教可以使他们热爱自己的责任。这件事却是对国家有很重要的关系的。（4.8，p.180）

换而言之，公民宗教是从契约国家对公民进行道德与责任"教化"的角度提出的，目的在于培养良好的公民，并且只是今生今世的好公民，无关乎来世。为此，卢梭明确主张，每个国家都应该有一部精神法典，"要有一篇纯属公民信仰的宣言"：

《宣言》的条款应该由主权者规定；这些条款……只是作为社会性的感

情……它虽然不能强迫任何人信仰它们，但是它可以把任何不信仰它们的人驱逐出境……不是因为他们不敬神，而是因为他们的反社会性，因为他们不可能真诚地爱法律、爱正义；也不可能在必要时为尽自己的义务而牺牲自己的生命。（4.8，p.181）

他还亲自起草了"公民宗教"的教义大纲，认为"公民宗教的教条应该简单，条款很少，文辞精确，无需解说和诠释"。这包括"正面的教条"：全能的、睿智的、仁慈的、先知而又圣明的神明之存在；未来的生命，正直者的幸福，对坏人的惩罚；社会契约与法律的神圣性。以及唯一"反面的教条"：不可有不容异端的行为（即必须保证宗教宽容）。[1]

卢梭的著作，几乎每一本都遭受过严厉的批评。如果说《社会契约论》中关于契约、政府形式、公意和法律等问题得到的批评更多来自于政治和哲学领域（其中不乏他的朋友们），那么他的"公民宗教"观念以及其中包含的对基督教的批评，则当然招致了基督教卫道士们的猛烈抨击。但是需要注意，"公民宗教"这个概念不可脱离于《社会契约论》的整体原则和理念之外，它甚至不是通常意义上的"宗教"，而是在讨论主权者与公民关系时作出的一种教化设计。

结　语

热爱自然、对文明社会的礼教深感厌恶的卢梭，最终成为了契约社会的设计者。他高举"自由"的大旗，试图将根据理性契约建立的政治共同体加以"人格化"；其中，国家的灵魂即人民意志、公意，而国家的身体即行政机构，而其目的即在于保障每个公民的自由和权利。《社会契约论》当然绘制着卢梭建立新理想国的蓝图，但这"理想"绝不是水月镜花，而是有着它

---

[1] 卢梭：《社会契约论》，何兆武译，商务印书馆 2003 年 2 月第 3 版，第 181–182 页。

的时代背景和历史需求。本书中关于人民主权的思想，关于政府形式的论证与设计，在18世纪之后的各国革命中迅速被仿效、实践、修正，直到今天仍然保持着鲜活的生命力。

通过本章的学习，我们对卢梭写作《社会契约论》的背景和影响有了更充分的认识，对现代西方政治文明的新法理叙事有了进一步理解。在人类正经历着"百年未有之大变局"的今天，更加冷静地还原这种现代政治话语和价值观的建构，从卢梭的政治共同体设计思路中，澄清一些被政治修辞模糊甚至错误征用的概念，将有助于我们去进一步思考和探寻人类政治的演化、价值和前景。

【思考题】

1. 卢梭对于"什么是好政府"是怎么定义的？他认为有放之四海而皆准的政治体制吗？对于不同的文明传统和国情，卢梭有无给出具体的"契约方案"？就天赋人权、民主、自由、法治等启蒙概念而论，只有唯一的标准答案和实现形式吗？请用卢梭的观点阐述之。

2. 你如何理解"人是生而自由的，但却无往不在枷锁之中"这句话？枷锁之下的自由还是自由吗？自由是否真的需要"不逾矩"来限定？自然状态下的自由和政治共同体中公民的自由有什么区别？结合自身的经历，谈谈你对自由及其边界的理解。

【扩展阅读】

1. 关于《社会契约论》的其他译本还有：李平沤译《社会契约论》（商务印书馆，2017）；王峰导读并注释的英文版 The Social Contract（上海译文出版社，2020）。

2. 关于《社会契约论》的相关解读性著作和对于卢梭及启蒙时代的研究，可参看李平沤《主权在民 vs "朕即国家"——解读卢梭〈社会契约论〉》（山东人民出版社，2001）；Becker, Carl L.: The Heavenly City of the Eighteenth-Century Philosophers（中译本见何兆武译《18世纪哲学家的天城》三联书店，2001）。Cassirer, Ernst: Die Probleme Jean-Jacques Rousseaus（中译本见王春华译《卢梭问题》，凤凰译林出版社，2009），以及同样来自 Cassirer 的 *Rousseau，Kant，Goethe：Two Essays.*（中译本见刘东译《卢梭·康德·歌德》，三联书店，2015.）；Gouhier，Henri：*Rousseau et Voltaire：Portraits dans deux miroirs*（中译本见裴程译《卢梭与伏尔泰：两面镜子里的肖像》，华东师范大学出版社，2008）Plattner，Marc F.：*Rousseau's State of Nature*（中译本见尚新建、余灵灵译《卢梭的自然状态》，华夏出版社，2008）等。

3. 关于卢梭的其他著作，可阅读：《论科学与艺术》（何兆武译，上海世纪出版集团，2007）；《论人与人之间不平等的起因与基础》（李平沤译，商务印书馆，2015）；《爱弥儿》（李平沤译，商务印书馆，2008）；《忏悔录》（李平沤译，北京：商务印书馆，2010）。

4. 关于卢梭之前的早期契约论著作，可阅读：Hobbes，Thomas：*Leviathan.*（中译本见黎思复、黎廷弼译《利维坦》，商务印书馆，2017）；Locke，John：*The Second Treatise of Government.*（中译本见叶启芳、瞿菊农译《政府论》〔下篇〕，商务印书馆，1964）。

《论道德的谱系》

　　《论道德的谱系》是德国著名哲学家尼采的著作。在书中他从道德的起源、善恶观念的历史形成、捏造良心愚化民众、敌视生命等方面对基督教中的禁欲主义展开了猛烈批判；同时饱含着对构成西方文明重要根基的理性主义传统的反思，或者说是对理性主义到达顶峰后所引发的问题的反思。透视近代以来西方文明面临的内在危机，理解20世纪之后不同的"反思现代性"的思想与道路，尼采的著作是绕不过去的。

　　关键词：意志、生命、主人道德、奴隶道德、禁欲主义、理性批判

第六章
文明的自我反思与批判

在关于荷马史诗的讲读中，我们曾提到，"理性"和"信仰"这两个分别体现古希腊和希伯来文明底色的源流，它们构成了西方文明的两大根基。而经过两千多年的发展，二者在当今西方甚至全世界仍旧占据着主流地位。

前几章我们追溯了理性主义经历文艺复兴、启蒙运动后，如何成为了现代社会的统摄性的原则，也曾涉及宗教改革对现代社会建构的影响。到了 19 世纪晚期和 20 世纪初，西方主要国家的现代化都已成型，与此同时，"现代性"带来的种种问题全面显现。对启蒙本质及其过度理性化的后果的反思，对人的工具化、技术至上、工业资本主义等等的反思，遂成为一代新锐们的思想潮流，尼采正是这一时期现代性批判思潮的代表人物。

尼采对西方文明的两个根基都进行了极富彻底性和整体性的批判。他对"理性"的批判上溯至古希腊，尤其是柏拉图以来的哲学传统，而他对"信仰"的批判则回溯了基督教征服罗马世界所造成的道德价值不断转化的谱系。在他看来，无论是西方两千年来引以为豪的"理性"文明，还是传播至全世界的基督教文化，根本上都是在对现实生命的本能或者说"意志"的压制。为此，尼采提出要"对一切价值进行重估"，通过重新定义善恶、重塑道德，来恢复生命的价值、生命的本来意义。

《论道德的谱系》主要涉及的就是对西方传统价值观，尤其是基督教文化的批判。它对善恶、良心、负罪等等观念进行了历史谱系学的考察，逐步揭示其中包含的"奴隶道德""弱者逻辑"，以及对苦难的病态歌颂等等；

它指出这样的宗教传统及其体现的理性主义道德价值观念，是西方文化的一种痼疾因而亟须治疗，呼唤要打破精神禁锢，重新释放活泼泼的生命力量。

本课程对西方文明经典的介绍，最后以尼采的著作为暂时的终点，其历史关切落在了西方文明面临危机与转换的时代关键处。尼采对西方文明的哲学批判，正体现着这一文明在经验危机和寻求更新之际的一种自我反思。这样的过程从来都很漫长，20世纪后经历两次世界大战和两极格局，西方文明内部的自我反思批判也从未停止，始终在面向未来探索另一种道路和思想的可能性。

第一节　尼采的"位置"

尼采生前是瑞士巴塞尔大学古典语文学教授，1871年开始写作自己的第一部代表性著作《悲剧的诞生》，他在该书中借用古希腊悲剧里日神阿波罗和酒神狄俄尼索斯的形象，来论述理性主义与非理性主义（理性原则与感性原则）之间的关系。阿波罗所代表的是"光明""理智"和"静观"，它们是自古希腊以来的西方哲学传统；而狄俄尼索斯所代表的则是"迷狂""情感"和"运动"。

在《悲剧的诞生》中，尼采对理性与感性两个原则表现出一种与当时主流意见截然相反的倾向，他认为在古希腊悲剧的背后，隐藏着的实质是狄俄尼索斯所代表的酒神精神。著作一出，一方面遭到了来自以维拉莫维茨（Ulrich von Wilamowitz-Moellendorff）为首的古典语文学家们的攻击；但另一方面，也引起了思想界的极大关注，因为它体现了尼采对已如日中天的理性主义传统的批判，而这一批判也将贯穿尼采一生的思想。

理性主义对感性的压制

我们在讲述笛卡尔的《第一哲学沉思集》时曾经提到，"我思"这一概念实质上体现了对思维或理性的终极肯定，以及对感官感觉或感性要素的否定：感觉是不可靠的，只有理性才是真理和自由的保障。这为后来欧洲大陆上的理性主义，尤其是以康德和黑格尔为代表的德国观念论（Idealism，又译作理念论、唯心论）开辟了道路，当然同时也奠定了现代文明的哲学原则。黑格尔曾评价说：

从笛卡尔起，我们踏进了一种独立的哲学。这种哲学明白：它自己是独立地从理性而来的，自我意识是真理的主要环节。……在这里，我们可以说到了自己的家园，可以像一个在惊涛骇浪中长期漂泊之后的船夫一样，高呼"陆地"。笛卡尔是那些将一切从头做起的人们中间的一个；近代的文化，近代哲学的思维，是从他开始的。[1]

事实上，德国观念论和理性主义的源头不只要追溯到笛卡尔，甚至还要追溯到柏拉图。因为柏拉图在其《理想国》中，将世界分为了可思的"理念世界"和可见的"现象世界"，而后者只是对前者的模糊模仿，是不真实的。这一传统不断延续，并且在康德与黑格尔那里得到了创造性的总结。黑格尔更是企图要创造一个无所不包的哲学体系，在他看来，相比于理性，感性的东西仅仅只是精神发展或理性历史发展中较低级的一个环节，最终将被扬弃在更高的理性或精神形态之中。

因此，如果我们从坚持理性主义这一面来考察西方的哲学史，那么确实如英国哲学家阿尔弗雷德·怀特海（Alfred North Whitehead）所说：整个西方哲学史就是对柏拉图的脚注。[2]

总之，西方哲学自古希腊开始就一直尝试追求某种确定的、不变的、永恒可靠的知识，古往今来的哲学家们大多倾向于摒弃感性经验，试图构建一个又一个理性的哲学理论和体系，因为哲学家们相信："感觉是变幻的，而理智是恒固的"[3]。尼采生活的时代，正是自柏拉图以来的理性主义，或者说它的巅峰形态，在文化的、思想的和社会的层次，全面占据统治地位的时代。

非理性主义的发端

但是，世上的一切事物真的都能用理性和理智来解释和安排吗？

---

[1]［德］黑格尔：《哲学史讲演录》第四册，贺麟、王太庆译，北京：商务印书馆，1978年，第59页。

[2] 原句出自怀特海的 *Process and Reality*（《过程与实在》）：The safest general characterization of the European philosophical tradition is that it consists of a series of footnotes to Plato，后来在汉语圈经过改编广为流传。

[3] 谢地坤（主编）：《西方哲学史（学术版）》第7卷，南京：凤凰出版社，第86页。

尼采之前，在反对理性主义的道路上，还出现过另一位至关重要的哲学家：亚瑟·叔本华（1788-1860）。叔本华认为，理性不能解释和统治一切，理性加入外在的感性材料才是完整的，才可能在实实在在的事物之中"运动"起来；理性不过是对直观表象、感性材料进行概括，从而获得抽象和反思的一种能力。

叔本华在其《作为意志和表象的世界》中也区分了两个世界：意志的世界和表象的世界。但在他看来，意志才是世界的本原。理性能力不过是消极的、被动的、静观的能力而已。真正积极能动的力量是意志，即一种"感性的、实在的'力'，具有主动性和创造性"。[1]

归根结底，理性不再是解释世界本质的第一位要素，理性要为意志服务。因此，叔本华开创的哲学也被称作非理性主义或唯意志主义。不过，与当时崇尚理性主义的哲学教授们对人以及人的理性所持的乐观精神相对，叔本华受到浪漫主义思潮的影响，他认为：崇尚情感、打破一切传统教条和秩序，想要真正创造和实现自身价值的个体，在有限的时空中是无法得到满足的，人生说到底是悲苦的。[2]

尼采所处的时代，正是这样一个理性主义发展到巅峰，将理性和对永恒真理的追求奉为圭臬的时代，但同时也是理性原则所带来的问题逐渐暴露，非理性原则开始抬头的年代，人们开始对那些虚无缥缈的理念和真理产生怀疑，更多地把注意力转向个体生命本身，强调具体的感性的生命所具有的力量和意志。尼采正是这一潮流中的思想家。

尼采哲学的影响

尼采对生命意志的发扬，影响了后世诸多思想家和哲学家，其哲学已成为欧洲大陆乃至整个现当代哲学中除理性主义之外的第二大源流。他的名言"上帝死了"摧毁了以往哲学家们和基督教构建起的整个价值体系。理性和信仰同时失去了自身的根据地，整个西方的精神世界被带入一种"虚无"的

---

[1]谢地坤（主编）：《西方哲学史（学术版）》第7卷，南京：凤凰出版社，第38页。

[2]对叔本华的这种虚无主义哲学，尼采也进行了批判，见本章第六节。

境地，人们不得不开始为自己重新寻找建立价值的新地基。

这种"虚无"的境地直接影响了后来的存在主义哲学家，如海德格尔、萨特、加缪等人，促使他们摆脱传统哲学体系，创立新的哲学流派。而其对现代理性的批判同时还为"后现代主义"哲学家提供了思想源泉，引起了一波又一波的后现代主义的哲学浪潮。

当然我们也要看到，虽然尼采力图打破两千年来西方传统中"理性"和"信仰"给人加上的枷锁，强调要重视生命本身的价值，实现生命应有的意志，但是其对一切既有价值观的彻底否定、对"奴隶道德"的批判，加上对"强者道德"的极度宣扬，也引发了各种道德、伦理、政治上的问题，因此需要审慎对待。

例如，尼采对《旧约》和犹太教的批判，就很容易被人拿来利用，常常会有人把尼采对犹太教义理的理论性批判与希特勒及纳粹的反犹太、反人类行为联系起来。[1] 我们在阅读相关著作时，须注意摒弃这种政治意见式的片面和肤浅解读，而从西方文明中理性主义的发展及其危机批判的高度，来理解尼采哲学在文明史和思想史中的位置。

第二节　理性、信仰与生命意志

哲学家与"敌基督者"

尼采并不像传统意义上的哲学家那样通过哲学术语、概念及理性思辨来写作，而是擅长以箴言警句的形式来表达其原创的哲学思想，其著作极具文学性。从其作品中我们还可以看到，尼采常常引经据典，但是这些典据往往

---

[1] 这中间离不开尼采妹妹伊丽莎白的"功劳"，尼采死后，其著作的出版事宜交由妹妹伊丽莎白负责，后者是个民粹主义者，被认为对尼采死后出版的著作进行过篡改。

又没有标明出处，读者需要在他纷繁复杂的典据中找到他想要表达的哲学观点和思考。也正因此，直到 1920 年代，尼采仍未被视作真正意义上的哲学家；30 年代开始，经过海德格尔、洛维特（Karl Löwith）以及施特劳斯（Leo Strauss）等人的阐释，尼采作为重要哲学家的地位才日益明确。

尼采著作的风格，似乎表明了他对传统理性主义话语的有意拒斥。而他的人生经历与转变，也显示出他似乎生来就是文化传统的反叛者。

尼采出生在一个路德宗家庭，并且自新教改革以来，祖上就一直是新教信徒，他在童年时代还立志要像自己的父亲一样成为牧师。但是按照尼采自述，他从 13 岁开始思考"善恶观念的起源"问题，那时候就已把上帝尊为"恶之父"（p.5）[1]；而他关于道德起源偏见的思考则要追溯到《人性的、太人性的》一书（p.4）；到了写作《朝霞》一书时，他已经展现出了对基督教的成熟批判，在后来的《快乐的科学》一书中，更是不断地呼喊出"上帝死了"（Der Gott ist tot）这一"警世名言"。最后，在他精神崩溃前写的《敌基督者》，全面揭示基督教的历史与本质，这既是一种思想批判的探索，而其书名也似乎标识了尼采思想的最终倾向。

在接下来的文本讲读中，我们将看到，尼采对基督教的批判植根于对古希腊，尤其是对柏拉图以来的理性主义哲学的整体批判。他试图在那个把人变得蹑手蹑脚，长久以来压制其他一切新价值的理性主义之外，为价值世界找到新的创造性动力。

理性主义与禁欲主义

在尼采看来，理性主义和禁欲主义，在反对生命意志这方面如出一辙。传统的哲学和科学崇尚理性，反对激情和感性，这与崇尚受难和苦难、反对情欲的基督教禁欲主义，并没有本质上的区别。它们都是在限制人的自然天性，是在一种可把控的范围内试图为人寻找一种低级的"自信"。

尼采认为人们向来把知识看作人类的瑰宝，最大的宝藏，但对自己的生

---

[1]　[德]尼采：《论道德的谱系》，周弘译，北京：生活·读书·新知三联书店，2017 年。下文所引原文，若未标注书名，其页码均来自周弘译本。

命（Leben）本身和（对生命的）"体验"（Erlebnis，或译"经历"）却没有认真对待过。所以尼采说，"我们并不认识自己"（p.3），"我们对自己必定仍然是陌生的，我们不理解自己，我们想必是混淆了自己……对于我们自身来说我们不是认知者"（pp.3-4）。

苏格拉底曾用理性的方式说出："未经审视的人生是不值得过的。"这一格言和要求，在启蒙时代甚至上升为理性法庭的明确职责，一切观念、制度、风俗都需要经过理性的审判和批判才能获得正当性。但正如哲学家德勒兹所说："苏格拉底以高等价值之名来审判及谴责生命，然而狄奥尼索斯知道生命没什么该被审判的、生命本身相当正当、相当神圣。"[1]

同样，在尼采看来，理性的审视不构成评判或审判生命价值的独一标准。并且按照德勒兹的解读，尼采用狄俄尼索斯这个古希腊酒神形象所要针对的不仅是（代表理性的）太阳神阿波罗，还有最早的理性代表苏格拉底，当然还有一个对手就是基督教的传统价值观。因此，尼采不仅对理性抱有怀疑态度，还对以往的善恶价值判断提出质疑：

即人在什么样的条件下形成了善与恶的价值判断，这些价值判断本身的价值又是什么？到目前为止，它们对于人类繁荣是起阻碍作用还是起推动作用？它们是不是生活的困苦、褫夺、退化的标志？抑或是相反，它们显示了生活的充实、力量和意志，显示了生活的勇气、信心和未来？（p.6）

什么是"善的"，什么是"恶的"？通过这一类问题，尼采实际关心的是，既有的对善恶（价值）的判断方式和标准，本身对人的生活和生命有价值吗？有积极意义吗？为此他就首先要去追溯这些关涉善恶的概念的起源，尼采要看看，究竟是什么原因，使人们形成了如今的基督教文化传统中的善恶观念和价值判断标准。

---

[1]［法］德勒兹：《尼采》，王绍中译，上海：上海人民出版社，2020年，第41页。

第三节 三篇论战文章

《论道德的谱系》（*Zur Genealogie der Moral*）出版于 1887 年，是尼采于 1889 年初精神崩溃前出版的重要著作中最具体系性一部，是其道德哲学的代表性作品，全书由三篇论战文章组成。这三篇文章实际是对一位瑞士批评家维特曼的回应，后者对尼采于 1886 年完成的《善恶的彼岸》（*Jenseits von Gut und Böse*）一书提出指责，认为书中强调的"贵族"概念和"超人"理想是"无政府主义的指南"，并将其比作"炸药"。尼采读过评论后，在十五天内起草了三篇文章，[1] 也就是我们现在看到的这部著作。

在自传《瞧，这个人》（*Ecce homo*）中，尼采对这三篇文章做过总结：

第一篇论文的真理是基督教的心理学：基督教之诞生源于怨恨精神，并不像人们多半相信的那样源于"精神"——就其本质来讲，该文是一种反动，是反对高贵价值之统治地位的大起义。第二篇论文给出良心的心理学：良心并不像人们多半相信的那样是"人心中上帝的声音"，它是残暴的本能，这种本能在再也不能向外发泄之后就掉头转向自己。在这里，残暴作为最古老、最必不可少的文化根基之一，首次得以昭示。第三篇论文意在回答如下问题：禁欲主义理想、教士理想的巨大权力来自哪里，尽管这种理想是绝对有害的理想，是一种求终结的意志，一种颓废理想。[2]

本书第一章主要论述的是"主人道德"（强者道德）与"奴隶道德"（弱者道德）的起源和逻辑。强者道德是先定义"好"，再去定义"坏"，"坏"是"好"的派生概念。而在弱者那里，逻辑是倒过来的，他们先把某些东西看作"坏"的，然后说：我们不要那些东西，所以我们是"好"的。

第二章主要论述了宗教（尤其是基督教）中"负罪"和"良心谴责"这

---

[1] 参看孙周兴，《尼采著作全集》第 5 卷，北京：商务印书馆，2020 年，中文版编者后记，第 526 页。

[2] [德]尼采：《尼采著作全集》第 6 卷，孙周兴等译，北京：商务印书馆，2020 年，第 451 页。

些核心概念最早是如何被制造出来的。尼采认为，这两个核心概念来自奴隶道德的逻辑。"负罪"（Schuld）的最原始本意只是物质意义上的"欠债"（schulden）而已，而基督教却把人类遭受到天灾人祸而产生痛苦时无法归因的一切东西，都推到人祖（亚当）对上帝欠了债，也就是"原罪"。从此，人唯一所要做的，就是牢记这份"罪"，这份"债"。那这罪要怎么赎，这债要怎么还呢？就是用自己的痛苦来还，好像把自己折磨得越痛苦，上帝就越高兴，上帝所应允的就能在末日得到实现。

第三章主要强调，这种自我折磨的禁欲主义是一种病态的弱者逻辑，通过这种逻辑被保存下来的生命是无意义的。禁欲主义理想就是把生命降到最低，"以生命来反对生命"。尼采认为，这种弱者逻辑不仅仅在基督教内部，而且也深远地影响到了哲学和科学；不仅是中世纪，直到尼采的时代，这种弱者的道德逻辑仍然大行其道。

第四节　善恶观念与奴隶道德

在第一篇论文开头，尼采就提出了"善恶""好坏"概念的来源问题，他援引了两种关于善恶概念起源的通常观点，然后又将它们全部否定。接着他进行了自己的善恶观念溯源考察，最终揭示出了一系列惊世骇俗的结论和思想命题。

善恶起源的旧观点

第一种是以往的道德史学家们的观点。他们将"善"的起源简单地归结为"效用——遗忘——习惯"的逻辑：人们从"不自私"行为中"享受到效用"（也就是受益），因而把这种行为赞许为"好的"；而在形成"习惯"之后，"效用"这个环节就被"遗忘"了，后来人们就径直地把"不自私"称为"好的"了。

但在尼采看来，"不自私就是好"这种说法，根本不是来自不自私的行为的受益者，而是自认为自己的行为是"不自私"的那部分人，他们想要以此来证明自身或自身的行为比其他人更高尚、高贵。因此，"好"的概念和关于"好"（和"坏"）的判断并不是来自于"不自私行为"的受益者，而是这种行为的鼓吹者。这些鼓吹者，同时也是道德上的"统治者"，是他们定义了"好"和"坏"。

道德史学家们声称，不自私行为带来的效用被遗忘了，但在尼采看来，"好"和"效用"之间的联系其实并没有消失，而是越来越明显。于是，尼采援引了第二种关于"善"的观念起源的观点，即斯宾塞[1]的观点："有效"或"实用"就是"好"的同等概念。——什么是"好"东西呢？就是向来"有效的""实用的"东西。

斯宾塞和所谓道德史学家的观点看起来相似，但其内在倾向却是对立的。后者认为，"好"起源于"不自私"的行为让行为的对象感觉到了效用，因而对该行为进行称赞。比如，圣徒牺牲了自己保全了信众，那么这个牺牲的行为就是好的；再比如，国王体恤臣民，下令免除赋税，这个行为对民众而言也是好的。因此，其根本倾向还是在于强调"不自私"。

但是在"'好'的就是向来有效的、实用的"这个观点中，根本倾向是实用和有效。因此可能会出现这样的情况：比如，对资本家而言，尽可能多地剥削劳动者身上的价值是"好"的，因为这对增加自己的财富是有效且实用的，而"不自私"在这里对自己的财富是没有用的。

不过，在尼采看来，这两种对"好"这个概念的追溯都是同样错误的。那么尼采自己是如何考察"善恶"概念起源的呢？

骑士的与教士的

尼采认为，通过对"好"这个词进行词源学考察，可以得知："好"最

---

[1] 赫伯特·斯宾塞（Herbert Spencer, 1820 –1903），英国哲学家、社会学家，提倡社会进化理论和社会有机体理论。

开始总是指向"高尚""高贵"这样的概念（最初的涵义）。由此衍生了出"精神高尚""高贵"这样的概念，"好"就变成了"精神崇高""精神特权"的"好"（衍生的涵义）。骑士－贵族们借由这些标志着"好"的词汇，强调自己是高尚的上等人，因此这是由等级观念延伸出来的"好"。

有了对"好"的理解，那么对"坏"的理解也就顺理成章了："坏"就是"普通""粗俗"和"低贱"（衍生的对立含义）。比如德文里的"坏"（Schlecht）字就和"简朴"（Schlicht）一词通用。并且，将"好"定义为"高尚"的那些上等人，除称呼自己为"强有力者"之外，还称自己为"真实的""真诚的"：

在概念转化的这个阶段，真实成了贵族的口头禅，而且彻底地包含在"贵族的"词义里，以示和被蒂奥哥尼斯认之为并描述为不诚实的下等人相区别（p.19）。[1]

与上等人对"好""坏"的界定不同，教士等级（群体）给出了一种截然相反的定义逻辑。教士们认为自身是"纯洁的"（rein），而其他人则是"不纯洁的"（unrein），以此将自身与他人区分开来。这一区分后来推广得更一般之后，就有了等级观念之外的"好""坏"观念："好"意味着"纯洁"。

但尼采提醒说，"纯洁""不纯洁"这样的观念在最初的语言里没有那么多的价值含义，仅仅表示身体或食物干不干净、洗没洗澡而已。当时教士们缺少运动，只会玩弄"思想"，在"不事操作，有几分酝酿筹划亦有几分感情用事的习性中"[2]，很容易患上肠道疾病和精神疾病，所以他们给自己想出的治疗方法就是斋戒、节制性欲。

于是，在教士们看来，人（或者说教士们自己）之所以强大，正在于人能在充满欲望的土地上克制住欲望，生存下来，达到精神上的"高深"和纯洁。

---

[1]此处"不诚实"可以和尼采批判基督教为"伪善"相应合。此处的蒂奥哥尼斯是古希腊诗人。

[2]原文："in…dem Handeln abgewendeten, theils brütenden, theils gefühls-explosiven Gewohnheiten"，参看《尼采著作全集》第5卷，赵千帆译，北京：商务印书馆，2020年，第336页。

怨恨与精神胜利法

教士们所谓的"克己禁欲"逻辑，和骑士－贵族的价值观是完全背道而驰的。骑士－贵族崇尚的是"战斗、冒险、狩猎、跳舞且比赛等等所有强壮的、自由的、愉快的行动"（pp.22–23），但教士们仇视所有这些东西。

出于"无能的仇恨"，他们认为：只要彻底重新评定他们的敌人，也就是骑士—贵族的价值体系，就可以在精神上打败后者。所以教士们开始鼓吹："好＝高贵＝有力＝美丽＝幸福＝上帝宠儿"这条逻辑是不对的。他们转而坚称：

> 只有苦难者才是好人，只有贫穷者、无能者、卑贱者才是好人，只有忍受折磨者、遭受贫困者、病患者、丑陋者才是唯一善良的，唯一虔诚的，只有他们才能享受天国的幸福——相反，你们这些永久凶恶的人、残酷的人、贪婪的人、不知足的人、不信神的人，你们也将遭受永久的不幸、诅咒，并且被判入地狱！（p.23）

尼采将上述价值的倒转称为："道德上的奴隶起义"，并且这起义最后是"取得了完全的成功"（p.24）。

这种出于无能仇恨而发起的道德起义，在经历了两千年的进化之后，生长出了某种"无与伦比的东西，一种新的爱"（p.24）。在尼采看来，耶稣基督就是由这种"道德起义"发展进化（或制造）出来的，"他"的最深层的本质就是"把祝福和胜利带给贫苦人、病患者、罪人"的"救世主"。（p.24）对于无能仇恨的人而言，耶稣受难的形象简直是终极的精神诱饵。因为，这是他们源于对强者的怨恨而诉诸的"精神胜利法"。

由此，"主人被打败了，平民的道德取得了胜利。"尼采把这种无能的精神"胜利"称为"败血症"（p.26）。原本这种毒症或毒素会传播得更加广泛，只不过历史上教会的种种糟糕行为开始让部分人对基督教清醒起来了。但本质上，人们还是热爱这种"毒素"的。

"奴隶道德"与"主人道德"

通过上述一系列区分，尼采进而提出有两种道德。"奴隶道德"是起源于怨恨的道德。

这种怨恨发自一些人，他们不能通过采取行动做出直接的反应，而只能以一种想象中的报复得到补偿。（p.27）

这种怨恨首先是对"外界"，对"他人"，对"非我"的否定。因此奴隶道德需要一个外部环境，供其仇恨。这是一种"被动价值"或"刺激—受动"价值逻辑，它和强者的主动产出价值的逻辑不同。

"主人道德"、强者逻辑则相反，它第一步是先肯定自己，否定他者只是第二步。所以在高贵的强者那里，"坏"只是由"好"派生出来的对立概念。例如在古希腊贵族那里，是因为首先有强烈的自我肯定，他们才充满了对平民的轻蔑和怜悯——"不幸""可怜""低贱"等等就是他们用在平民身上的词汇。

总之，精神高贵者（高贵的人、强者、主人）是先确认了"好的"，而后才引申出一种"坏的"东西。例如，"力量、行动、幸福"这些都是好的，由此可以得出，"无能""不幸"相对"力量""幸福"则是坏的。但是在无能的怨恨者（弱者、奴隶）那里，情况是反过来的，"力量""幸福"这些都是"恶"的，只有"不幸"的他自己才是"好的"，而且越是"不幸"，就越显示他自己是"好的"。

所以尼采说，出身高贵者或高贵的人"浑身是力，因此也必然充满积极性"，而无能的怨恨者则是"感染了有毒的和仇恨的情感"。（p.28）

他举历史上的雅典人和日耳曼人为例，说他们正因为自己的能征善战而被他的受害者勾画为"野蛮人"，而受害者作为具有贬低欲和报复欲的仇恨者，则把自己勾画为"文化人"，以此来对抗所谓"野蛮人"。尼采认为，

他们体现的是人类的退化！这些"文化工具"是人类的耻辱，其实是一

种怀疑，一种对"文化"的反驳！（p.33）

但奴隶道德已经在欧洲横行！整个欧洲的人都在"趋于渺小和平均"。这在尼采看来是"欧洲的劫难"（p.34），人身上的对"力量"和"行动"的崇尚已经消失殆尽。

无能的怨恨者和强力的高贵者之间的关系，还被尼采比作羊羔和猛兽之间的关系。在羊羔看来，猛兽当然是"恶"的，那它自己不显而易见地是"好"的么？但是在猛兽看来，羊羔可不是什么坏东西，羊羔是好东西，"没有什么东西比嫩羊羔的味道更好了"（p.35）。

此外，在无能的仇恨者（弱者）看来，强者完全可以不要成为强者，不要去征服和统治别人，成为和他们一样的无能者，那多好啊。尼采认为，这是无能者错误地把强者和强者的行动区分开来了，好似强者的行动背后还有个什么中立的主体一样，可以选择行动或不行动；其实强者之所以为强者，就只在于他会毫不犹豫地进行有力的行动，去征服弱者！

与之相对，弱者则主张，让那些强者去作恶吧，"我们这些弱者的确弱，但是只要我们不去做我们不能胜任的事，这就是好"。（p.36）说到底，不作为，这也是一种行动嘛，也是自由和功绩嘛！

弱者逻辑中的"美好"品质

弱者在自己的逻辑里，把自身的种种出于无能和怨恨的行为，美化成积极的和美好的品质：

不报复的无能应被称为"善良"，卑贱的怯懦应改为"谦卑"，向仇恨的对象屈服应改为"顺从"（根据他们对一个人顺从，这个人吩咐他们屈服，他们称这个人为上帝）。弱者的无害，他特有的怯懦，他倚门而立的态度，他无可奈何地等待，在这儿都被冠上好的名称，被称为"忍耐"，甚至还意味着美德；无能报复被称为不愿报复，甚至还可能称为宽恕。（p.38）

在那些弱者的鼓吹者们嘴里，情况应该是这样的：我们弱者应该尽管去服从，去逆来顺受，因为一切苦难都只能证明我们比强者或主人更"好"而已嘛，末日的幸福终究还是我们的嘛！"上帝的王国"终究会到来的。（p.40）尼采为此援引但丁和托马斯·阿奎那的论调，讽刺了所谓末日审判的观念。

在尼采看来，强者和弱者，高贵者和无能怨恨者的较量，对应到历史上就是罗马人和以色列人（犹太人）之间的较量，是罗马人和基督教之间的较量。那么在这场较量中，谁获胜了呢？无疑，罗马人落败了，尽管在文艺复兴时期，"古典的理想、高贵的价值观念曾经历了光辉夺目的复苏"（p.44）。

尼采甚至极端地把宗教改革和法国革命也分别看做是基督教和平民的胜利，在此意义上，也就是弱者的胜利。相反，拿破仑则是强者和高贵者的象征。他为此喊出了"少数人的特权"这样的口号，用以反对"众数的特权"（p.44）。

第五节 "负罪"与"良心谴责"

在第二篇论文中尼采提出，"负罪"和"良心"这样的概念，并不是如基督教所宣扬的那样，是上帝在人心中产生的声音，而是基督教制造出来的概念，目的是更好地、更便利地统治信众。在这种概念制造背后，则是一种残酷的逻辑，即通过不断在信众心中唤起苦难的记忆，使信众永远记住自己的祖先与上帝订立的契约，唯有如此，才可在死后进入上帝应许的天堂。

宗教仪式和禁欲主义的本质

基督教借以唤起信众"痛苦"记忆，并让后者保持"负罪感"的基本方式，就是宗教仪式。因为"人烙刻了某种东西，使之停留在记忆里：只有不断引

起疼痛的东西才不会被忘记"。而基督教（或犹太教）在人的记忆中植入的可以不断再次引起的痛苦就是

那最恐怖的牺牲和祭品（如牺牲头生子）[1]，那最可怕的截肢（如阉割）[2]，那些所有宗教礼仪中最残酷的仪式（所有的宗教归根结底都是残酷的体系）。（p.51）

进而尼采认为，不仅这些宗教仪式，所有禁欲主义行为也都是为了唤起痛苦而设计的，目的就是为了克服人类的健忘，（p.52）。在这些痛苦的不断唤起中，人们终于记住了"五六个'我不会'[3]"，并许下诺言。而这就是宗教里所谓的"理性"：

理性，严厉，控制感情，所有这些意味着深思熟虑的暗淡的东西，所有这些人类的特权和珍品，它们的代价有多高啊！（p.52）

欠债与补偿：苦难的逻辑

尼采指出，道德谱系家似乎根本没有意识到，"负罪"（Schuld）这个道德和宗教概念，其起源仅仅只是一种非常物质化的关系，也就是"欠债"（schulden）。进而作为报复手段的"惩罚"也来自于这种关系，因为按照最古老的原则，当出现损害他人利益者或肇事者，可以使肇事者受到相应程度痛苦作为补偿。

为了确保债权的履行，债务人就需要作出一定的许诺。例如在无法还清债务时，许诺债权人可以享有债务人尚能拥有和支配的其他东西；更有甚者，

---

[1] 指亚伯拉罕听从上帝指示，意欲献祭当时的独生子以撒。参看《圣经·创世纪》，22.7-22.13。

[2] 指旧约中的割礼，上帝吩咐亚伯兰为自己及男性子孙都要受割礼，以表明和上帝所立的约。参看《圣经·创世纪》，17.9-17.14。《新约》免除了基督教徒的割礼。

[3] 有学者认为这里的"五六个我不会"指的是道德社会或人类维持社会运行的最低要求（只不过是以宗教规训式的方式显现出来的），类似康德的绝对命令。（David Owen, 2007, p.102; Volker Gerhardt, 2004, p.85）

还可能让债务人转让他后世的幸福，以至于还可以不是用实际利益来补偿债权人的损失，"而是以债权人得到某种快感来作为回报或者相应的补偿"。（p.55）尼采认为，这种以快感作为回报或补偿的心理：

> 来自于能够放肆地向没有权力的人行使权力，这种淫欲是"为了从作恶中得到满足而作恶"，这种满足寓之于强暴：债权人的社会地位越低下，他就越是追求这种满足，而且这种满足很容易被他当作最贵重的点心，当作上等人才能尝到的滋味。（p.55）

正是从欠债的关系中，产生了负罪、义务等观念，而"罪孽"和"痛苦"也因"补偿"而建立起了联系：欠债是负罪，还债是义务，（给债务人）制造痛苦可以给（债权人）带来快感，债权人的损失能够靠这种痛苦得到补偿。于是给债务人制造痛苦就变成了一种淫欲式的庆祝、一种对债务人的变态惩罚。

刻意制造痛苦、这种"残酷"，在历史上不断被升华和"神化"，贯穿了整个所谓上等文化的历史，它甚至还在很大意义上"创造了上等文化的历史"：

> 看别人受苦使人快乐，给别人制造痛苦使人更加快乐——这是一句严酷的话，但这也是一个古老的、强有力的、人性的、而又太人性的主题。（p.57）

那么反过来，那些承受痛苦和困难的人，又是如何反应的呢？悲观主义者面对苦难会怀疑人本身的存在和价值（p.58），但基督徒们不是奋起反抗苦难，而是为痛苦发明出诸神，让人们认为自己有罪、对神有亏欠，需要通过受苦受难来偿还所欠、洗清罪孽，从而为自己正遭受的苦难以及苦难者的身份进行辩护。这是受难者所能发明的最高级的把戏和绝招[1]，以表明"为一个神所喜闻乐见的任何不幸都是正当的"（p.59）。

---

[1]原文：Kunststück，参看《尼采著作全集》第5卷，赵千帆译，第383页。

强者的"惩罚"观念

基于古老的买卖交换，在最早期、最原始的人际关系那里，形成了"比较、计量和估价权力的习惯"（p.61），从而有了一种普遍的结论："任何事物都有它的价格"，"所有的东西都是可以清偿的"。这是正义的最古老和最天真的道德戒律，是地球上一切"善行""公允""好意"以及"客观性"的开端。（p.61）但这种交换的正义，是在势均力敌者中间通行的初期的正义。

之后人类进入公社生活，社员享受着公社的优越性，受到援助和保护。此时如果社员犯事或违背公社约定，就要被逐出公社，失去保护，遭受各种外部的危险。当公社进一步发展壮大，对个别犯事者的惩罚就会变弱，甚至会阻止受害者任意报复犯事者，而是采取等价物补偿的原则。当公社足够强大富有的时候，它甚至都不会惩罚犯事者。

也就是说，真正的强者在惩罚犯事者或欠债者的过程中，往往是以尽可能减小损失为宗旨，以欠债者偿清所欠债务或事物为原则，而非以单纯发泄仇恨、给欠债者刻意制造痛苦以获得快感为原则。惩罚只是必要的手段，而非最终的目的。

相反，给负债额外地加上一层道德含义，并将刻意制造的痛苦和惩罚正当化，是某些人别有用心的"发明"。例如，关于惩罚的起源和目的，最流行的说法便是，惩罚是为了在犯人心中唤起一种负罪感。

惩罚据说是具有价值的，为的是要在犯人心中唤起一种负罪感，人们在惩罚中寻找那种能引起灵魂反馈的真实功能，他们把这种灵魂反馈称为"良心谴责""良心忏悔"。（p.73）

在尼采看来，这种解释与事实完全不符。惩罚不仅不能唤起犯人的良心，反而会让犯人更加坚强冷酷。单纯的惩罚甚至根本无法触及犯人犯罪行为的核心，更不用说唤起"良心"。数千年来，那些遭到惩罚的惹祸者，关于他们的"违法行为"，他们的感觉是"这次一定是出了什么意外"，而不是"我不该这么做"。（p.75）

因此惩罚并不会让人出现"良心谴责"，那么"良心谴责"的观念究竟是怎么回事呢？

"良心谴责"的起源

从第二章的第16节开始，尼采才真正切入本章主题，也就是要考察"良心谴责"（坏良心[1]）的起源，他为此提出了自己的解释。

首先，在尼采看来，良心谴责似乎是人类进入文明和"国家"状态，被理性彻底束缚，人的本能需求或自由的向外发泄的生命受到了限制，只能向内在世界发展的结果。人们被禁锢在压抑的狭窄天地和道德规范中，只能蹂躏和迫害自己：

> 野蛮的、自由的、漫游着的人的所有那些本能都转而反对人自己。仇恨、残暴、迫害欲、突袭欲、猎奇欲、破坏欲，所有这一切都反过来对准这些本能的拥有者自己：这就是"良心谴责"的起源。（p.77）

这样的"良心谴责"，其所引发的后果则是灾难性的，导致的是最严重最可怕的疾病：

> 人为了人而受苦，为了自身而受苦，这是粗暴地和他的野兽的过去决裂的结果，是突然地一跳一冲就进入了新的环境和生存条件的结果，是向他过去的本能，向那迄今为止一直孕育着他的力量、快乐和威严的本能宣战的结果。（pp.77-78）

其次，那么人为何会与他的野兽状态决裂而进入一种理性的或国家的状态呢？尼采指出，这是由于例如作为强者的雅利安人的强势入侵，挤压了被

---

[1]"良心谴责"的原文为：schlechtes Gewissen，意为"坏良心"，指禁欲主义发明出来的那种用以控制弱者，鼓吹弱者正义的"良心"，使弱者保持一种"良心不安"，用以指明基督教的"负罪"或"亏欠"的概念纯粹是由怨恨者所发明出来的"品质恶劣的'良心'引起的"。（参看《尼采著作全集》第5卷，赵千帆译，第368页。）

征服者的自由状态，后者作为怨恨者而发明了"良心谴责"。[1]"如果没有这些人"，也就是"黄头发的强盗"（p.79）[2]，"如果不是他们的铁锤的打击和他们的艺术家的残暴把大批量的自由挤压出了世界，至少是赶出了视野，也就不可能有良心谴责这可憎恶的生长物。"（p.80）

在尼采看来，上述过程中强者对外的武力征服、弱者向内的自我折磨，实际上是人的同一种本能力量，即生命意志（强力意志、权力意志，der Wille zur Macht）发挥作用的体现，只不过向内的自我折磨是权力意志向倒退方向的发展，是生命意志的一种自我堕落。

归根结底，"良心谴责"是一部分人在遭受束缚和痛苦之后，由于无力向强者进行回击而刻意"发明"出来的逃避痛苦的手段。此后在面对苦难时，他们所采取的首要态度就变成了将自己拥有的一切力量都用来对付自己，折磨自己，而不是（按照人具有的自由的本能）用来改变苦难的现状，改变外在的现实，从而丧失了其生命力和创造力。

祖先崇拜中的良心谴责

尼采还提及，"良心谴责"作为一种病症，它达到其最严重的状况，还体现在现代人对于祖先的所谓"债务"关系中。

在原始部落，或早期社会，人们认为种族得以延续，是由于祖先的牺牲和功业，并且这些祖先会被神化，为后世的人提供源源不断的力量，由此后代也就对祖先欠下了无数的"债务"。那后代要怎么回报他们的祖先呢？"用祭品（开始是出于最低的理解力向他们提供食物）、用庆贺、用神龛、用礼拜，特别是用服从来偿还。"（p.82）

尼采在此提出了一种祖先崇拜逻辑：某个部落或群体越强大，后代对祖先的力量也就越恐惧；反之，某个部落或群体越是衰落，他们对祖先的恐惧也就越少。到最后，留存下来的群体对祖先的恐惧就会达到鼎盛。可以说，

---

[1]这与第一章中尼采的说法契合，即德国人原本应该是奉行主人或强者道德的民族，只是在后来才变成温顺的基督徒的。

[2]关于发色和肤色所代表的种族以及各自奉行的道德逻辑，参见《论道德的谱系》第一章，第15节，p.19。

这是一种祖先神化的进化论。

这种粗浅的逻辑最终将导致的结论无非是：最强大的部落的祖先必终被不断增长着的恐惧想象成一个巨人，最后被推回到一种阴森可怖、不可思议的神的阴影中去：祖先最后不可避免地变成一个神。也许这就是神的起源，也就是说源于恐惧！（pp.82–83）

"人类继承了部落神灵和种族神灵的遗产的同时，也继承了还不清债务的负担和最终清还债务的愿望。"（p.83）而"作为迄今为止'最高神明'的基督教上帝的问世因此也就使得世上出现了负债感之最。"（p.84）

赎罪与上帝观念

关于欠债和惩罚的概念与逻辑发展起来之后，首先对准的就是那些所谓的"债务人"。

因为良心谴责目前正在他身上扎根，正在侵蚀他、捉弄他，而且像癌一样在向广度和深度蔓延，最后使得他得出结论认为：因为债务是无法清还的，所以赎罪也是徒劳无功的，从而形成了罪孽无法赎清的思想，即"永恒的惩罚"的概念。（p.85）

面对"永恒的惩罚"，面对赎不清的罪和绝望的无意义，人应该怎么办呢？基督教给出的答案是：上帝牺牲自己来替人赎罪，这样债务不就偿清了吗？逻辑似乎闭环了。

基督教的这一绝招使备受折磨的人类找到了片刻的安慰：上帝为了人的债务牺牲了自己。上帝用自己偿付了自己，只有上帝能够清偿人本身没有能力清偿的债务——债权人自愿地为他的债务人牺牲自己，这是出于爱（能令人相信吗？），出于对他的债务人爱……（p.85）

但是这样一来，人就处在了对于上帝无止境的亏欠中，"他情愿建立一种意志，一种'神圣上帝'的意志，以此为依据证明他自己是毫无价值的"（pp.86-87）。人们放弃了自己野兽般的生命，就陷入了内向化的自我摧残。

如果我们对比一下第一章中提及的古希腊诸神的形象，或许可以发现：古希腊神话里的众神像是作为强者、主人和高贵者的希腊人，将自身性格中的各个面向神化的结果，他们自由、健康而快乐；而基督教的神化逻辑或上帝概念是相反方向的，他是由弱者、有良心谴责病的弱者，设置或呼唤出来用以拯救他们的荒唐形象。

对此怎么办呢？尼采提出，要在疾病（良心谴责）蔓延的德国重新发掘出人身上强力自由的一面，把人从基督教的信条禁锢中解救出来，让人重获"健康"，并宣称：

这一使意志重获自由、使地球重获目标、使人重获希望的伟大决定，这个反基督主义者、反虚无主义者，这个战胜了上帝和虚无主义的人——他总有一天会到来。（p.90）。

尼采在对压制生命的理性与宗教进行批判时，反复呼唤、反复主张，期待那样一种武德丰沛的、具有本来生命意志、展现生命欲望的强人的回归或者出现。

第六节　禁欲主义意味着什么？

在第三篇论文中，尼采批判了禁欲主义的各种形式。本章第一节曾提及，叔本华反对理性主义，主张"意志"才是世界的本原。但是尼采在此一并批判了叔本华，其理由就在于叔本华根本上将意志仍旧当作是一种理性思维活动。在尼采看来，一旦哲学家或艺术家放弃了对生命本身或意志的追求，转而寻求理性以及以理性为代表的传统价值体系，就掉到了和禁欲主义僧侣们同样的地位。

艺术家和哲学家

尼采列举了"禁欲主义理想"在不同人那里的不同体现，这包括艺术家（主要指理查德·瓦格纳）、哲学家（叔本华）、女人、多数的普通人、教士和圣徒。他认为，最关心禁欲主义理想的是后三种人，也就是"生理上的不幸者和扭曲者（终有一死里的大多数）""教士们"和"圣徒们"。对这些人而言，禁欲主义是对抗外界那些比自己强大的力量时所需要的消极武器，是拔高自己的工具，是走向虚无的借口。

尼采首先批判的是艺术家瓦格纳。他指出，瓦格纳晚年开始循规蹈矩起来，崇尚起贞洁来了（p.93），失去了此前的自由与激情。这从瓦格纳最终没有完成歌剧《路德的婚礼》的创作，而实际流传下来的是《纽伦堡的名歌手》这一事实就可以看出。[1] 尼采认为，对德国人而言，路德最大的贡献莫过于他敢于有他的情欲（Sinnlichkeit）[2]，而瓦格纳在其作品里刻意设置的那些贞洁与情欲的对立毫无意义。更有甚者，其实晚年的瓦格纳已经在作品中宣扬皈依基督的思想，他的最后一部歌剧《帕西法尔》（1865－1882）就是以盛过耶稣基督的血（圣血）的圣杯展开的。

如果说艺术家的思想总是受制于某种道德、某种哲学，或是某种宗教，那哲学家总应该是独立自由的。然而尼采批判的第二个对象就是哲学家叔本华。叔本华固然是尼采在哲学上的引路人，但是尼采认为，瓦格纳之所以敢于在晚年开始崇尚禁欲主义理想，是因为他把叔本华的虚无主义哲学当成了

---

[1] *Die Meistersinger von Nürnberg*，实际意思也可能是"纽伦堡的工匠歌手们"，讲述的是一位年轻骑士华尔特在制鞋工匠同时也是"名歌手"的萨克斯的帮助下赢得工匠演唱比赛，抱得美人归的故事。《路德的婚礼》描述的是"关于路德与天主教决裂和他与一位前修女的婚姻；其中路德形象以他（瓦格纳）自己当时的状态为原型，其时他苦于与柯西玛的私情，并为了让她离婚再嫁而授意后者退出天主教"（《尼采著作全集》第5卷，第421页译注）。

[2] 路德发起的对基督教的改革中有一项是，神职人员（牧师）可以娶妻生子，而在天主教中的僧侣们不可以。

自己的保护伞。叔本华认为，音乐应该是独立的艺术，可以与思想本身齐平，这才使得瓦格纳开始谈论形而上学，谈论禁欲主义理想。

在尼采看来，叔本华虽然以不同于康德的方式理解艺术，但本质上没有摆脱康德关于美的定义，后者宣称："美就是没有私利的愉悦"。尼采认为的真正的观察家和艺术家司汤达，对美的定义是"对幸福的许诺"（p.100），也就是说美不能脱离欲望和利益。叔本华则是把"不含私利"这个形而上学的概念用到"日常经验"上了，放弃了"意志"的努力，主张"美的效用就是镇定意志"（p.101），这是典型的禁欲主义，归根结底将意志当成了理性的算计。

压制或反对情欲不光是叔本华作为哲学家的特质，也是所有追求所谓"崇高理性"的哲学家们的特质，他们只是站在自己是最高理性的代表的位置上考虑自己，并不考虑世人的实际生活和生命。禁欲主义是所谓高级精神活动的必要条件之一，同时也是这类活动的自然结果，因此哲学家从来都是禁欲主义理想的支持者：

简言之，哲学精神总是要先装扮成已被公认的冥思者的模样才能粉墨登场……禁欲主义理想在很长一段时间里就被哲学家用作唯一的表现形式和生存前提。……哲学家们特有的那种讨厌尘世、敌视生命、怀疑感官、摒弃情欲的遁世态度一直延续到了今天，而且几乎赢得了哲学态度自体的地位。（p.112–113）

禁欲主义的僧侣

尼采认为，禁欲主义者的基本特征就是对哪怕一点点的美好都怀有嫉妒和仇恨，试图通过否定一切与生命价值相关的事物来拔高自己，以逃避一切价值的方式实现他们自身的"价值"。他们越是能够证明生命的痛苦和错误，越是让人相信作践自己的生命是应该的、苦难是好的，他们就显得越是成功。

禁欲主义僧侣把生命看作虚无的、错误的，是误入歧途，是迷误，"一种应当用行动去纠正的迷误；然后他就要求人们跟着他走，而且只要可能，他就要强迫人们接受他的存在价值"。他们否定生命、厌倦生命。"他们尽可能多地给自己制造痛苦，为的是从中得到享乐——这也许就是他们的唯一享乐了"。"禁欲主义者的生命就是一种自相矛盾！"（p.115）

禁欲主义宣扬否定感官，排除意志，扼制情感，但是尼采认为，这些都应该是智能（Intellekt）的一部分，否认它们，无异于阉割智能。禁欲主义的这种"以生命反对生命"的现象，是最荒唐的现象。但这种禁欲主义理想其实起源于某种退化着的生命的保护和救治本能：

> 生命在禁欲主义理想中，并通过禁欲主义理想和死亡搏斗，抗拒死亡，禁欲主义理想是一种用来维持生命的"把戏"（p.118）。

也就是说，禁欲主义僧侣否定生命和感性，其目的在于获得精神的永生；但他们走错了路，所寻求和愿望的东西却是在生命之外的别处。因此这种对别处的愿望的强力（Macht），是退化的自我保存本能。

> 偏偏是这强力使他保存住了一大群各种各样的失败者、颓唐者、落难者、不幸者和自戕者，使他本能地像个牧羊人似地引领着这群人（p.119）。

尼采在这里明确地讽刺，禁欲主义理想是弱者和怨恨者的精神"武器"，使人陷入一种精神上的病态。

错误的治疗方案

这种弱者的病态已经流行开来，"现在已经完全控制了德性"，并且宣称："只有我们是好人、正义者，只有我们是善良的人"。（p.121）那这病要怎么治疗呢？病人该由谁来照料呢？尼采认为，让正常的健康人去照料病人是不可能的，否则所有的健康人也要被这些病人毒害。强者要远离这些病人！

解铃还须系铃人，似乎只有发明这种病的那些人才能治疗这些病人了。这些人就是禁欲主义的僧侣。僧侣的存在价值在于，他把病羊的怨恨引向一个方向，让他们认为，自己的不幸和苦难必定是由什么人造成的，一定是什么人犯下的罪过。

　　——每只病羊都会这么想。可是他的牧人，那禁欲主义僧侣，却对他说：
"你完全正确，我的羊儿！这肯定是什么人的罪过，不过这个人正是你自己，
这只是你自己的罪过——你只能责备你自己！……"（p.127）

　　由此，如"负罪""邪恶""罪孽""堕落""罚入地狱"这类概念就
成了禁欲主义僧侣控制羊群的极佳工具，似乎成了治疗病羊的良药。

　　然而如此一来，禁欲主义僧侣开出的药方只是让怨恨者把怨恨的矛头
对准了自己，达到缓解痛苦的效果，引起痛苦的根源并没有得到根治。
基督教就是一座巨大的、收藏最丰的精神安慰工具的宝库。作为疾病发
明者，同时也是治疗者的僧侣们为疾病开出的药方，归结起来有以下几种
（pp.129–144）：

　　（1）要把生命感本身压到最低点。如果可能的话，不再有意愿、希望，
回避所有会产生情感或引发激情热血的东西。
　　（2）第二种方法则是机械活动，也就是劳动。禁欲主义僧侣只要略施
小计，就能让下层的苦难者"把可憎恨的事物看成是一种享受，一种相对的
幸福"。
　　（3）第三种药方是微小的快乐，"如慈善、馈赠、缓和、帮助、劝说、
安慰、夸奖、赞扬等等"。
　　（4）而在禁欲主义僧侣开的处方中包括一剂最能激发人的生命欲望的药
方，就是"爱他人"，通过最后一剂药，弱者的群体意志就出现了。

　　所有这些药方都是朝着一个目的，就是教导人躲避感觉和对抗痛感。但
是每次躲避感觉的行动后所付出代价都是：不仅没能治病，而且"疾病"飞
快地加重并蔓延。禁欲主义僧侣当然觉得自己是出于好心才使用这些方法，
并且深信它们是有效的。于是禁欲主义僧侣发明出了"罪孽"的说法，暗示
苦难者要从自己身上寻找苦难的原因，形成"良心谴责"，这样病人倒成了
"罪人"。

其他禁欲主义形式

在尼采对禁欲主义的批判中，我们感受到了他的激烈、他的嘲讽，甚至感到他是在反复地控诉，而这控诉中暗含着绝望。对他而言，禁欲主义、理性主义已经成为统摄一切的力量，完全控制了人性和生命的强力。

它不屈服于强力，它只相信它对于那强力的优先权……，地球上的所有强力都只是从它那里获得一种意义……作为实现它的目标，那唯一的目标的道路……在禁欲主义的逻辑里，一切的强力都没有了用武之地，就像铁锤砸在了棉花上一样（p.149）

所有的反抗都显得疲软。因为，禁欲主义不仅统治了一切，也败坏了一切趣味。

并且不仅仅基督教的教义体现了一种禁欲主义理想，而且古往今来的哲学理论都是，它们永远都在追求所谓"真理"，而逃避生命。至于现代科学，看起来似乎是禁欲主义理想的对立面，面向现实、不需要上帝和彼岸，但事实上，它并没有那么自信，"相反却是禁欲主义理想的最新、最高的形式"。（p.149）

这就是尼采的批判中那令人窒息的基调！他急切地问道：

这种全封闭的意志、目标和诠释系统的对立面在哪？为什么没有这种对立面？那"另一种目标"在哪儿？

结　语

基督教文明把人"驯化"成"柔弱的羊羔"，面对尘世的苦难，羊羔不再通过自己的力量去改变、去对抗，而是妄想有一个牧羊人终有一日能把自己带离尘世的种种苦难，到达彼岸极乐。更有甚者，被驯化的人为了争取通往极乐世界的入场券，不惜让此岸的生命遭受最大的苦难，将生命带向最大的虚无，从而向上帝证明自己是"好人"，这便是尼采强力批判的"奴隶道德"。

在尼采看来，基督教所宣扬的道德观以及崇尚苦难的精神，是在贬低甚至反对生命；而"理性"看似是人类最值得引以为傲的品质，但它带来的所谓"成功"以及无休止的计算、计较和设计，同样是对现实生命的压抑，抑制了实现生命价值的多种可能性。二者的共同点就是让实实在在的生命陷入虚无缥缈的信仰和贫瘠的概念世界之中。

尼采的思想涉及许多方面，在艺术、哲学、历史与政治的许多主题上都产生了极大的震动，但综其一生可以说他都在围绕着两千年来西方的理性与信仰这两大传统进行反思与批判，而其核心即在于对为理性和礼教所束缚的生命意义的重新发现和召唤。

我们通过《论道德的谱系》的讲读，试图引领读者对此有所领略。阅读尼采，不仅能激发我们冲决罗网、快意生命的那种生命冲动，也能初步把握理性主义现代性、西方传统道德的内在问题。如何"走出西方现代性"、人类现代文明是否有别的可能性与道路，这是20世纪以来具有世界意义的思想课题。希望与尼采相伴的这一路，能促进我们具备宽广从容的历史与思想眼光。

【思考题】

1.阅读《论道德的谱系》第一、第三章，我们经常说"苦难使人升华"，但是尼采在这里批判了基督教文化"崇尚苦难"的特征。请结合文本说明一下尼采批判的根据或理由？"苦难使人升华"和"崇尚苦难"是否一样？你又是如何看待人生中出现的苦难、不顺或压力的？

2.结合文本，谈一谈尼采所谓精神高贵者的价值观与无能怨恨者的价值观分别是什么内涵？总结一下尼采认为这两种价值观形成的内在机理分别是什么？你是否认同尼采所倡导的强者道德、强力意志，为什么？

【扩展阅读】

1.《论道德的谱系》目前主要有以下几个译本，周弘译本（1992/2017），谢地坤译本（2007/2020），梁锡江译本（2015），赵千帆译本（2015）。每个版本各有所长，对于刚进入大学的同学，周弘译本是较为合适的，其可读性最强，而对于已有一些哲学功底的读者，可以选择后三个译本。

2. 与《论道德的谱系》紧密相关的尼采著作还包括：《查拉图斯特拉如是说》（1883—1885 年）、《善恶的彼岸》（1886 年）、《瞧，这个人》（1888年）、《敌基督者》（1888 年）、《权力意志》等。当然，尼采的著作并不好阅读，它们的晦涩并不在于概念和推理的困难，而是在于其充满隐喻的语言，让我们这些习惯了理性训练的现代人，读起来经常摸不着头脑。然而，这不正是我们需要的另一种风格么，阅读尼采的过程，或许正可以当作从理性暂离的旅行，帮助我们激发起久违的诗意和生命激情。

3. 关于尼采的传记和思想的整体介绍，可参考 Spinks, L.（李·斯平克斯）的《导读尼采》（重庆大学出版社，2014，丁岩译），该书篇幅不大、语句易懂，整体脉络清晰，按照不同主题介绍了尼采的关键思想，例如悲剧、隐喻、善恶的彼岸、超人、强力意志等。此外，劳特里奇导读系列中 Hollingdale R.J 的（尼采：那个人和他的哲学）（*Nietzsche: The Man and His Philosophy*, London: Routledge and Kegan Paul, 1965）是尼采的传记，按时间顺序将不同主题串起来，介绍了尼采不同时期的著作，也非常具有可读性。

通识写作

古人尝谓读书有三到，心到、眼到、口到，近之学者往往强调，还必须要手到。这是说，读书须一边阅读一边有所标记，不能仅满足于过目和记诵，否则习之不深、行之不远。对经典阅读类通识课程而言，读书报告写作可督促、引导和检测自主阅读，反刍经典内容，提升思维和表达能力，最终激发学生在与经典的深度互动中，生长并留下属于自己的真实而个性化的思想印记。因此，如果将"经典阅读"理解为一种教学模式，写读书报告就是内在其中重要而有效的教学方法。文明以止、立德树人，在"文明经典"的阅读修习中，为什么要写读书报告？什么是读书报告的本质？怎样写读书报告？对这些问题的澄清，不仅是表面的写作要义及方法指导，也是以写作促进学生自我成长的修身路径的提示。

第七章
经典阅读与读书报告

　　自主阅读、读书报告撰写、小班讨论、大班讲授，是"文明经典"通识核心课程的四个主要环节，它们之间包含紧密逻辑关联：自主阅读为修习基础，后三者皆为此服务。具体而言，读书报告撰写和小班讨论，是对自主阅读效果的提升、检测、兼及表达能力训练；大班授课，则是在历史和理论脉络上，为自主阅读效果提供更大的检验参照系，促进课程每一位参与者与经典文本发生更有深度的"碰撞"。

　　相比小班讨论和大班授课，读书报告撰写对自主阅读的辅助作用更为关键。一方面，进入经典文本是它的内在要求，没有对经典文本的细致阅读，读书报告必定东拉西扯、空话连篇；另一方面，读书报告撰写是一种思想输出，输出不是不明就里的学舌，而是读者基于全部情感、经验乃至"偏见"对经典文本的消化吸收。这意味着，对经典文本的自主阅读，不能是被动和机械的阅读，而应是主动和反思的阅读，如此，读书报告撰写，注定是一种思想"碰撞"的记录，而非经典踩在我们头脑里的鞋印。

　　不管对"文明经典"通识核心课程整体，还是对读书报告撰写这一具体环节，其根本学习目标，不在于猎取知识，而在于复杂性思维和批判性思维的获得；不在于在纯客观的意义上探索绝对真理，而在于通过阅读、思考体会古往今来圣贤处世情境，并在真实当下的人生情境和社会情境中去建立自我体察、认知和反思的意愿。因此，如何"认识你自己"，在历史情境和当下现实的意义上把握人生在世的位置与意义，便成为其中至关重要的贯穿性

问题。

　　读书报告撰写，既然总需要每一个具体的"我"投入其中，便不可能有标准模式，它恰恰看重"个性"和独立见解，反对"平庸"和千人一面。当然，这并不意味读书报告的写作没有共性上的要求和规范。要想把握这些要求和规范，首先需对读书报告这种文体的性质及意义有所认知。

第一节 为什么要写读书报告？

"可疑"的读书报告

日常生活中，对出具报告这一行为，我们并不陌生，比如实验之后，根据实验的目标、过程及结果，就形成了一份叫作实验报告的东西；体检之后，根据参加的检查项目以及检查结果，相关单位也会出具一份体检报告。读书报告，顾名思义，就是阅读之后，将阅读过程所产生的心得体会，形成一份文字记录。

问题在于，一次精心设计的实验过后，或者为达到某些要求和预期参加的体检之后，似乎出具报告是顺理成章的事情，因为实验或体检过后如不出具报告，实验或体检就将失去意义。而日常生活经验却告诉我们，读书之后即便不出具报告，阅读行为本身不会因此失去意义。既然如此，读书之后，为什么要写读书报告？

在回答为什么要写读书报告这个问题之前，另外一个问题需首先被回答：为什么我们会觉得，实验和体检之后不出具报告，会取消实验和体检的意义，阅读之后不出具报告，却不会取消读书本身的意义？这里便涉及人类行为方式中两种理性的区分。按照马克斯·韦伯的说法，我们做任何事情，都不同程度被两种不同的理性所驱动：一种叫作工具理性，另一种叫作价值理性。

工具理性以结果为导向，指我们为做一件事付出的时间和精力，依凭其结果来取得意义；价值理性则不以结果为根本导向，认为我们做一件事的意义，主要是由做这件事的动机和过程赋予的。之所以出现上述差异，深层原因在于，赋予我们行为以意义的来源不同。依凭工具理性做事，其意义来源往往是外部世界对个体的要求和期待；而依凭价值理性做事，其意义来源却常常是个体对某种固有价值的"纯粹信仰"。因此，当我们做一件事的动力来自外部时，取得结果就是获得意义的前提；反之，当我们做一件事源于价值认同的内部驱动，那么通常不需要特定结果来保证它的意义。

当然，不能武断地说，做实验或体检，完全是结果导向，而阅读就必然是动机和过程导向。相反，做实验，完全可能出于纯粹的乐趣，做体检，也完全可能出于对体检过程的好奇；而阅读，也完全可能出于功利，即为了达到某种特定的外部目的而阅读。但在更多日常生活场景中，做实验或体检，总与某种结果挂钩，我们往往为取得实实在在的结果，才去做这件事；而阅读，尤其是所谓"课外阅读"，更多却与兴趣、消遣或所谓"素质""修养"乃至"格调"挂钩，对上述这些乐趣或"好处"的取得，在阅读过程即可潜移默化达成，而不需要专门再在阅读之后出具一份报告了。

由此，阅读之后不写读书报告，似乎丝毫不会带给我们空虚、荒诞或滑稽的感觉；况且，读书的意义，已由我们早已普遍接受的诸如"开卷有益""读万卷书，行万里路""读破万卷书，下笔如有神"等价值观念所天然保证。反倒是，读书之后要写读书报告这件事，必须给出充分理由，否则，它的合理性和必要性就大为可疑。

作为"手段"的读书报告

做任何事，都需意义感做支撑。当觉得做一件事很有意义，我们便更具动力和热情；而当认为做某些事无意义又不得不做时，我们常常倾向于懈怠或应付。尽管，多数时候，如休谟所说，习惯是人生的伟大指南，我们完全可以在大量习惯成自然的场景下，不事事追问意义，这并不会带来什么妨害。但对那些尚未"习惯"的事物或行为，我们常常会产生追问其意义的冲动，如此才会觉得这个事物或行为"顺理成章"。

那么，为什么在经典阅读之后要写读书报告，写读书报告的意义究竟是什么呢？

这里所说的读书报告，首先是"文明经典"通识核心课程中的一个学习环节。如此，写读书报告的意义是什么这个问题，又可表述为：为什么在"文明经典"通识核心课程中，读书报告写作被设计为一个重要环节？这个环节出现在课程设计中，出于何种考虑，又将起到何种作用？

"文明经典"通识核心课程包括四个主要环节：自主阅读、读书报告撰写、小班讨论、大班讲授。其中，自主阅读是基础，课程设计中的后三个环节，不过是从不同侧面来服务它。具体说来，读书报告撰写，作用主要是帮助提升自主阅读效果，小班讨论，作用则主要在于对此效果进行检测，在这两个环节中，我们的书面和口头表达能力将得到训练；到了大班授课环节，它的作用主要在于将经典文本放置在其历史和理论脉络中，以期让课程的每一位参与者在更大的参照系中检验自主阅读的效果，促进其与经典文本"碰撞"出更多火花。

如此理解读书报告撰写环节对于自主阅读的意义，也就是理解何以将有助于提升自主阅读效果。为回答这个问题，首先需对自主阅读对象的性质有清楚认知。

作出如下区分并不困难：同样是行万里路，旅游和科学考察是不同的；同样是读万卷书，阅读经典和网络小说也是不同的。"文明经典"通识核心课程的研读对象，是作为"伟大之书"的文明之"经典"，一本著作在文明的量级可称得上"经典"，门槛并不低，至少要具备以下两方面特征：其一，这本著作对于它同时代的重大问题有回应能力，且这种回应能力在今天仍具生命力；其二，内在素质上它必须具备足够的严肃性、复杂性以及开放性。如此，一本文明经典著作：一方面，它是深深嵌入同时代历史的，能够成为从今天回望的"路标"；另一方面，它又是活在当下的，能够成为理解现实的"启示录"。这样，我们必然对它既熟悉又陌生，既信赖它经历漫长时间筛选沉淀而产生的经典性，又不得不承认阅读、理解和分析它的难度。

文明经典著作本身，已是难啃的骨头，针对它来写读书报告，表面看来，似乎是在难度上又加了难度。于是，读书报告撰写时常让我们在阅读时倍感压力，因为此次阅读旅程，不能再如平时那样做甩手掌柜了，却必须在阅读的"进货"基础上，完成随后"生产"和"经营"工作。可是，事实的情形，却与此正相反——读书报告撰写这一环节的设定，其根本宗旨，实际上在于帮助我们降低经典阅读的难度。

经典如海，做孤胆英雄，纵身一跃，固然潇洒，却容易迷失方向。读书报告撰写这一环节及相关的思考题预设，根本在于提供了一个目标和航向，这就使我们在经典阅读时，不是无准备、无预期地进入，而是带着问题和目标感主动进入。主动的、带着问题的阅读，与被动的、机械性的阅读，效果有天壤之别。原因在于，阅读对象是极其博大和复杂的，这决定了我们必须保持谦虚态度、使用有效策略。纵使聪慧如苏轼，也坚持"八面受敌"读书法，即每次阅读只从一个视角或问题进入，反复多次阅读，才能对所读之书的要义有所精通。漫无目的而随心所欲地在经典海洋中遨游，非但难以收益丰厚，反倒容易竹篮打水，以至影响我们的阅读自信。

因此，读书报告作为被设计出来的"要求"，内置于自主阅读过程之中，作用在于对自主阅读的引导与督促，旨在促进阅读，而非限制阅读，旨在降低难度，而非增加难度。如果阅读效果得到真正提升，文思自然如泉涌，读书报告的文字版本也便不过就是阅读行为水到渠成的后果。

"用笔思考"与"用脑思考"

既然读书报告看起来不过是一种提升阅读主动性和目标感的手段，是否当我们学会带着问题主动阅读后，就可以抛弃它呢？并不可以。原因在于，读书报告除在课程环节设计上有其功能外，它自身还具备不可取代的思想助产作用。写作本身，绝非只是单纯将头脑中的想法记录下来，它还具备对思维潜能的实现和提升效用。这里就涉及"用笔思考"和"用脑思考"的差异问题。

所谓用笔思考，指的不是键盘或笔墨能思考，而是说它们可成为思考的得力帮手。键盘或笔墨辅助思考，体现在写作过程中，使思考具有"一步一个脚印"向前进展的特征，它宛如梯阶，让我们步步为营，不断攀升。

具体说来，思维运作过程"瞻前顾后"的倾向，在写作中得到了最佳的实现舞台：正在写作的部分，总要考虑其与前文的连续性和呼应性，同时它本身又要不断为后文的展开创造条件。如此"瞻前顾后"地持续推进，会使思维自身被不断增加的"垫脚石"越抬越高，也就意味着思维的链条被拉长了。尤其这一被拉长的思维链条中的每一个环节，已经被文字形式相对固定，极方便我们将前后文不断比对、反复查验，确保其逻辑的连贯性和一致性，如此必将提升思维对复杂性问题的处理能力和作者的自我诘问程度。

与之相对，所谓用脑思考，指的是不动笔墨的思考，这样的思考趋向天马行空，会带给我们极为自由的舒畅感觉。然而，受限于记忆和思维运作能力，单凭头脑思考，时常如开闸洪水，气势固然大，可其漫无目标的耗散性，却往往要大于建设性。因为野性的思维力量如果缺乏必要的约束和引导，容易用力过猛，极可能起初一炮冲天，却后程乏力，半途而废。况且，这种不动笔墨的思考，因其始终停留在观念形态，也便相应缺乏严格"出厂检验"流程，即缺乏一个被反复检查、确认无误的自诘过程。未经充分检查的自然形态思考内容被直接表达出来，通常效果欠佳，最常见的局限就是容易简单化和片面化看问题，难以建立对思维对象的整体性考虑和复杂化认知。

某种意义上，用笔思考和用脑思考，大体可类比于数学运算中的笔算和口算。简单算术问题可轻易用口算完成，然而面对复杂问题，笔算则是准确完成计算的必要手段。这又可类比于建房子，一座房子被建造起来，当然要靠设计师的蓝图，同时更要靠泥瓦匠将一砖一瓦依次摆放黏合起来。如果阅读、思考过程相当于绘制蓝图，那么读书报告撰写则类似于盖房子的具体过程和实际结果。

用脑思考可以确定建造一座什么样的房子，但设计的观念如何落到实处，建成一座结构坚固、布局合理、外形美观的房子，就必须依靠"一笔一画"的建造过程，并且，建造过程中，还要不断修正、打磨最初蓝图中不尽合理或有待完善之处。可见一如在水中学会游泳，建房子或写作的能力只能在建房子或写作的过程中才能得到提升，这是难以绕过的"旅程"。

第二节　读书报告是什么？

此"报告"非彼"报告"

在自主阅读经典文本时，想到读后还要结合相应思考题撰写读书报告，阅读经典文本的主动性和目标感便会增加，进而提升阅读效果；同时，撰写读书报告时用笔思考这种思维运作方式，能帮助拉伸思维链条长度，进而增进对阅读对象整体性和复杂化的把握程度；在写作过程中，思维和表达能力也将得到同步训练。这是"文明经典"通识核心课程读书报告撰写环节的功能和意义所在。

然而，明白做一件事的意义，未必意味着知道这件事的本质，如果无法弄清一件事的本质，即便相信这件事有意义，颇值得一做，却未必能准确找到做这件事的门径和方法。原因在于，做一件事的门径和方法，不由这件事的意义或功能决定，它只能来自一件事自身的内在纹理或质地，也就是它的本质规定性。庖丁解牛何以游刃有余？庖丁自谓："臣之所好者，道也，进乎技矣。"在庖丁看来，"道"优先于"技"，而什么是"道"，它指的就是事物自身的内在规律，也就是其本质规定性。那么，读书报告究竟有什么内在规律？什么是读书报告的本质规定性？

还是从出具报告这一行为本身说起。首先做一个概念上的分辨：我们日常生活中遇到的各种"报告"，它们内在意涵都一样吗？仍以实验报告和体检报告为例，这里的"报告"，与读书报告中的"报告"，它们指的是同一件事吗？

就性质来说，二者非常相似，不管是读书报告，还是实验报告或体检报告，都无非是对某种行为所产生结果的记录。然而，稍加分辨，就会发现二者虽同为"报告"，本质规定性上实则大异其趣：对于实验报告或体检报告而言，它们的本质规定在于其纯粹客观性；而读书报告的本质规定却体现为它的双重交融性，亦即，历史情境和当下现实的交融、作者"个性"和经典要义的交融。

在实验报告和体检报告中，是不能有丝毫主观成分的，它必须得是对客观现象的真实记录和分析，其中不能掺杂进任何实验人员或医生个人的情感和价值好恶。这是由实验或体检活动的本质规定性所决定的，它们都必须符合科学事实，这只能在严格的客观因果律中获得。

可是，当基于经典阅读撰写读书报告时，我们面对的对象，不再是冷冰冰的实验材料或医学仪器，而是凝积着厚重历史和思想内容的经典著作文本。这里我们遭遇的不再是"科学"，而是"人学"。所谓"人学"，即关于人本身认知、情感、意志、存在意义以及人与人之间关系、人类社会发展等面向的深刻思考或再现的言说形态。虽长期以来，它们也被称为人文科学或社会科学，但这里的"科学"却不能与自然科学中的"科学"画等号。尽管在人文科学或社会科学中当然也有"规律"可循，可在这里鲜有放之四海皆准的所谓科学规律，雅典民主与现代民主不尽相同，基督教道德与儒家道德亦大异其趣。

因此，面对经典文本而作的读书报告，便绝无纯粹客观之可能，必须在其中抱有历史化和当下化的双重眼光，既要基于真实的历史情境去理解经典文本，同时又不能两耳不闻窗外事，一心只读圣贤书。对经典文本的理解，也没有标准答案可言，我们命中注定地必然带着自己的全部情感、经验乃至"偏见"与经典文本遭遇。从而，读书报告中的"个性"也便无可回避。

当然，这里所谓"个性"，不能被看作闭门造车的私人性和任意性，因为个体只能是特定历史条件、社会环境的产物，思维过程中所发生的"个性"，只是理解经典文本的一种可能视角、可向他人传达的一种可能经验。这也可说明，为何在读书报告撰写之后，"文明经典"通识核心课程还设置了"小班讨论"环节，它正在于尝试创造不同理解视角之间碰撞和交流的平台。

值得强调的是，与读书报告撰写的基本特点相一致，小班讨论中的碰撞和交流，也绝不是漫无边际的，更不能是主观肆意的，它也须在历史和当下的双重参照中，与经典文本的要义紧密结合。因为所有这些后读环节，都要以自主阅读为前提，都要在经典著作所打开的思想视野和框架中开展。

读书报告是一种论说文

总结来说，作为"文明经典"通识核心课程环节的读书报告撰写，一方面，它内在要求进入经典文本阅读，没有对经典文本的细致阅读，读书报告便成了无源之水、无本之木；另一方面，它内在地要求自主阅读的输出性。所谓输出性，即强调对经典文本的阅读不是被动、机械、旁观的阅读，而是需坚持阅读的主动性、当下性和反思性，即要带着自己的全部情感、经验乃至"偏见"去与经典文本的内容和形式发生"碰撞"，读书报告即是对此的记录，成为"进入"经典的"踪迹"。

我们的当下"个性"，与作为历史"路标"和现实"启示录"的经典文本相"碰撞"，读书报告作为对此的记录，决定了以下两个后果：第一，读书报告必然是一种需要发表看法和观点并结合经典文本对此做出分析和论证的文体，它本质应是一种论说文；第二，既然我们是主动带着当下的情境、观念和感受"进入"经典文本，那么每一次与经典文本的遭遇和碰撞，就必然包含着基于真实当下的人生情境和社会情境去建立自我体察、认知和反思的意愿。由此，读书报告撰写必然不可能具有整齐划一的模式，它内在地要求着自身的多样性。

读书报告撰写本质是一种论说文写作，论说文就是以议论、论述为主要表达方式的文体。通俗来讲，如果记叙文最终无非是要讲一个故事，那么对于论说文而言，最终无非就是要讲一个道理。讲道理这件事我们并不陌生，当说"君子动口不动手"，这里所谓"动口"，其实就是讲道理。谁能够令人信服地把道理讲清楚，我们便会说，这个人是讲理的，继而就会有另一个我们同样熟知的说法："有理走遍天下，无理寸步难行。"那么，怎样才能把道理讲清楚？

　　要想把道理讲清楚，在一个有讲理空间的环境下，至少还要包含以下两个方面的要素：

　　第一个方面，你要是有道理的。有道理的反面，就是无理取闹、胡搅蛮缠。落实到读书报告写作中，也就是这篇读书报告的基本论点，应是有逻辑合理性的、有思想价值的、且要体现一定的社会规范和伦理道德原则。也就是说，读书报告不能是为了去论证某个"歪理邪说"。当然这也并不意味着，读书报告所讲的道理，就要按部就班、四平八稳、循规蹈矩、人云亦云；读书报告写作鼓励个性，个性的本质是看待问题的一种独特视角或风格，而"歪理邪说"的本质是错误和败坏。

　　第二个方面，在讲道理的时候，要有基本的听众意识。所谓听众意识，就是讲道理时要有与他人对话的意识。应时刻谨记，我们是在同他人讲道理，而不是自言自语；我们的目标是说服他人接受我们的观点，而不是沉迷在自说自话的夸夸其谈中，根本不在意自己在讲道理时是否给他人留出一个舒服的聆听位置。写作之时，应意识到，读书报告不是私人日记，而是面向潜在读者和对话对象公开性的论说文。因此，须尝试站在读者角度来考虑自己的写作。当然，保持读者意识，不等于迎合读者、讨好读者，而是要心怀读者，心怀对话意识。

　　总结来说，在撰写作为论说文的读书报告时，要有道理，这个道理就是这篇读书报告的中心论点，整篇读书报告，都要围绕这个中心论点展开；在论证它的过程中，绝不能自说自话，须保持读者意识，使用具有对话性的清晰明确、逻辑连贯的语言来让读书报告的中心论点得到最清楚的呈现和证明。

第三节　读书报告怎么写？

读书报告的外形特征

当我们看到一个人，会形成一些基本印象，如这个人是由头、躯干、四肢等构成的。深入而言，头里面还装着大脑，躯干里面还装着五脏六腑，而整个身体里面，还包含各种骨骼、神经、血管、肌肉、脂肪等。甚至这个人的穿着、打扮、行动姿态、精神气象等，也会吸引我们的注意力。一篇读书报告同样如此，它也是由不同部分构成的，这些部分也包括外形上的特点和内在构成上的构造原则。

首先看读书报告的外形特征。一篇完整的读书报告，主要应包含以下几个基本要素：标题、开篇、主干、结尾。以下分而述之。

读书报告不能没有标题。以人体做类比，没有标题的读书报告，宛如无头之人；以人的社会身份做类比，没有标题的读书报告，则相当于无名之人。

标题作为读书报告的"头"和"名"，它的重要性自不待言。那么一个好标题应该是什么样呢？它至少应符合两个基本要求：其一，应能概括整篇读书报告的核心观点，成为全文"主脑"的概括化体现；其二，应与全文构成相辅相成关系，成为整篇读书报告的有机组成部分，而不是一个可有可无的外挂标签。

就功能而论，标题除概括全文核心观点并成为其有机组成部分外，它的"引入"作用也应引起重视，即，一个好的标题应成为吸引读者进入全文阅读的"广告词"，甚至还可以成为引燃全文的"导火线"。

开篇，对于读书报告也至关重要，它的作用相当于旅游景点进门处的导览图，便于读者规划"路线"，不至于初来乍到就晕头转向。在读书报告的开篇，作者应向读者展示：在这篇读书报告中，我将向你论述一个什么问题，何以这个问题是重要的。这其实就是所谓开宗明义或开门见山。

当然，也未必见得读书报告第一句话就一定要直陈观点，有时，简洁而适当的铺垫，也会对文章观点的提出起到"引入"效果。比如，可以引用与论题紧密相关的经典原文或名人名言乃至生活现象等来做铺垫，它们就会像诱饵或催化剂一般，一方面把读者引进来，另一方面则把中心论题引出来。

读书报告的主干，相当于人体的躯干，"主脑"之外的所有重要"器官"，都包含在这一部分，在这里，要做的事情只有一件，那就是竭尽全力用充足的证据和合乎事实与逻辑的严密论述过程，清楚论证这篇读书报告的中心论点。

证据从何而来？对于"文明经典"通识核心课程的读书报告写作而言，证据主要来自经典著作的原文，当然，证据也包括我们在日常生活和阅读中所获得的理论观点、积累的人生经验、观察到的生活现象等。既然读书报告本质是论说文，那么写作过程中，须做到有一分证据，说一分话，而不能凭空臆想。一篇读书的中心论点是否有说服力，主要就看这个主干部分的论证工作是否做得到位。

完成标题、开篇和主干后，一篇读书报告提出问题和论证问题的过程也就完成了，在结尾，可对全文作出适当总结。这一总结，可以是对全文中心论点的重申，也可作为对文章中因其论域限制而未能充分展开内容的补充交代。读书报告的延展性，就体现在这里。所谓延展性，即承认本篇读书报告的有限性。任何读书报告，必然都是有限的，因为它只能围绕一个中心论点展开论述，而这个中心论点，放在更大的视野或论域里，只不过是一个分论点。因此，读书报告结尾的这种写法，便是坦白交代，这份读书报告，只是对一个问题的阶段性回答，而不是终极性回答。

这里，还需对一种可能出现的不良倾向作出提醒，那就是读书报告的结尾不能写成口号式、表态式、夸奖式或者抒情式的，这样的写法，都是终结性和空洞性的，它常常流于空疏，变成语言的自我繁殖，这是一种为了结尾而结尾的写法。从实际效果看，这样的写法更近似于狗尾续貂、花拳绣腿和自欺欺人的语言戏法，它只能给读书报告带来"完整"的假象，实际带来的却是更大的"残缺"。

对于读书报告的"外形"，最后还应注意格式上的正确和美观。所谓正确，即应避免错别字和语病，标点符号应正确使用，段落首字应缩进等；所谓美观，即应始终有读者意识的自觉，在整体形象上具备基本的体面和美感。不分段落，字体、行距过小，黑压压一片，不美观；段落区分过碎，字体、行距过大，稀稀落落，也不美观。所谓见字如面，文章也是我们自身性格、气质、修养的体现和表达，虽在读书报告写作中，最重要的是其中的"干货"，但如果能将"干货"打扮得干净利索、漂漂亮亮，也是一种较易实现的锦上添花。

读书报告的构造原则

如果读书报告是一座建筑，我们基于自身"个性"与经典文本碰撞得出中心论点的过程，就是一个设计师绘制出蓝图的过程，但这还只是观念层面的运作，想要得到一座结构牢固、经久耐用的建筑，我们还需具备泥瓦匠技能，将设计师的蓝图，按照一定的构造原则，一砖一瓦地落实下来。那么，在读书报告写作中，我们应该坚持哪些构造原则？

第一，以经典原文为中心。在"文明经典"通识核心课程读书报告撰写环节，经典文本是写读书报告的唯一原材料。因此，读书报告写作中，须紧紧围绕所读经典文本，关注其中主题、结构、形象、观念等层面的具体问题，从小处着眼，从一个易把握的切口进入，凝练出读书报告将要去谈论的中心论题，更要以此为基础去完成对它的论证。

正如对泥瓦匠而言，石灰、水泥、砖瓦等构成他展开工作的基本材料，对读书报告写作而言，经典文本便是我们的基本材料。在这个意义上，读书报告虽然不反对旁征博引，但并不鼓励一味旁征博引，如何更好地基于经典原文做好材料上的准备和预制，细腻、准确地建立前后文关联、既有分解又有综合地分析经典原文，并借此提出和论证自己对相关问题的看法，才是读书报告应坚守的第一要义。归根结底，读书报告首先一定要基于经典阅读。

第二，需言之有物。读书报告中，应充满干货，少注水分。还是以建筑做类比，完成一座建筑，实际包含两个阶段，一个是建造阶段，另一个是装修阶段，二者中心任务完全不同，写读书报告主要对应的是建造房子的阶段，在此阶段，真材实料比华而不实要关键得多，结构坚固比外形靓丽要重要得多。当然，这样说并不意味"装修"就不重要，只是应回避"装修"中所可能出现的一些不良倾向。如过于华丽铺张，对应到读书报告写作，就是过于文学化，即堆积大量繁复修辞和空洞抒情，逻辑过于跳跃甚至缺乏逻辑；又如过度矫饰化，对应到读书报告写作，就是使用过多空话、套话、官话，穿靴戴帽，架空论述；再如材料不环保，对应到读书报告写作，就是使用过多自己尚未充分理解的概念、术语、范畴，这样做，乍看会使文章"高大上"，若过多夹生使用，反而容易让文章变得"消化不良""血管梗死"，出现明显的"毒素"反应。

第三，注重谋篇布局。所谓谋篇布局，指在一篇文章中先做什么，后做什么，按某种有意识的秩序组织，最后使每一部分组合在一起达到一加一大于二的效果。正如一大堆砖瓦材料，按序最后组成建筑，建筑便具备了个别砖瓦所不具备的功能和价值。就读书报告写作而言，它本质是一种论说文，论说文的核心元素，即论点、论据、论证。读书报告的谋篇布局，也无非就是把一个论点用充分证据，在分析性、逻辑性和层次性的论述过程中论证出来。

所谓分析性，即读书报告要分析问题，就必然要将问题分而析之、层层深入，如此读书报告便具有纵深层面上的推进性或推导性特点，而不应是平面化的机械重复或修辞重复的样貌。在这个意义上，那些对经典纯粹知识性乃至常识性内容的罗列，便只能称得上是描述或复述，而不能称得上是分析或论证。

分析，体现在读书报告中，一定是对经典文本的分析，那么在读书报告写作中的分析过程，经典文本就占据核心的主体地位，"我"的所有言说，不是表达"我"的喜好，而只能是表达"我"对经典文本的理解，因此，读书报告中更多的表达方式应是《伊利亚特》文本怎么说，《诗经》文本怎么说，而非"我"对这些文本单纯评价性或感受性的语言。后者主观、武断、情绪化，不具有公共性，前者才是摆事实、讲道理，可验证、可论辩。读书报告一出，其真理性不在于是谁说的、谁写的、谁喜欢的、谁厌恶的，而在于它言之有物、言之成理。

所谓逻辑性和层次性，指读书报告写作中的分析和论证，要有基本秩序，先分析和论证什么，后分析和论证什么，二者之间是什么关系，要时时心中有数，把握好其中来龙去脉的连续性和关联性。

这里也需注意，逻辑性和层次性的读书报告写作要求，不仅体现在读书报告的总体结构安排上，还体现在段落与段落之间，以及段内句子与句子之间的关系之中。说一篇读书报告的论证过程是严丝合缝的，其实就是在说它在推进过程上是具有分析性的，而分析过程的不同环节之间，从句子到段落，从段落到篇章，又都是具有逻辑性和层次性的。

实际上，读书报告分析过程的逻辑链和层次链，就是它推进思路的致密"脚印"，也可说就是这篇读书报告的文脉。文脉畅通，读书报告才能具有动感和活力，看起来不是一堆僵死的砖瓦，而是如生气贯注生命体一般，读之宛如参入到一场"灵魂的冒险"，不禁为之拍案叫绝。

结　语

本章主要回答三个问题：为什么要写读书报告？读书报告是什么？读书报告怎么写？搞清楚意义，才能获得动力；看清楚本质，才能获得方法；掌握好规则，才能更加自由自在。

经典阅读与读书报告写作，并非神秘之物。我们常说"言由心生"，又有谁是无心之人呢？但凡是有心之人，总要有话说，话说出口，却不尽相同；某些场合下，不同"言"的水平，高下立判。因此，很多时候，我们愿意听某人说话，听得满心喜悦、如饮甘泉；相反，有的时候，我们却不得不去忍受很多聒噪和呓语。

经典阅读是什么，无非"修"心，读书报告写作又是什么，无非"炼"言。"修"心有不同法门，经典阅读的法门，强调应将自己置于历史和现实之中，在与经典碰撞中"认识你自己"，认清"自己"及自己所位身的现实和观念情境的来龙去脉。"炼"言也有众多方法，读书报告写作是伴随经典阅读的思维和表达能力的训练，让我们学会在经典打开的思想空间和视野里，发现问题，分析问题，并将之诉诸行之有效"讲理"的语言结构当中去。而无论"修"心还是"炼"言，在此都高度依赖于自主阅读和大量写作，在实践处事之外，注重阅读与写作，对于促进自我发展、成就自由而宽广的境界，无疑是一条"人迹更少"的道路，但既然要走，何不"潇洒走一回"？

【思考题】

1. 谈谈读书报告与实验报告或体检报告之间的差异。

2. "用笔思考"和"用脑思考"有何不同？

3. 既然读书报告写作注定是"个性"的，那么为何还具有可交流性？

4. 如何看待读书报告写作中的"读者意识"？

5. 谈谈你对读书报告写作中论点、论据、论证之间关系的认识。

【扩展阅读】

写作困难症是当代大学生中较为显著的问题，刘军强《写作是门手艺》（广西师范大学出版社，2020年版），正从这样的问题意识入手，结合生活和自身从教经验，手把手教读者写文章。此书充满哲思妙语和深入浅出的样例，涉及写作中的文体、风格、提问、文献、论证、结构、故事等各方面。

写作应成为读书人、文化人的基本技能，而不是什么高要求，因此写作的训练应该是所有教育阶段的基本科目，理应成为覆盖全体学生的"通识"课程，许多高校因此也成立了通识写作中心，开设了相关课程，出版了系列成果，代表性成果如葛剑雄主编的《通识写作：怎样进行学术表达》（上海人民出版社，2020 年版），以及苏婧的《大学写作通识 12 讲：送给学术小白的公开课》（清华大学出版社，2022 年版）。